Laura Marques Gonçalves

Bens digitais *post mortem*: o jogo de interesses

Marco Teórico
Editora

A editora Marco Teórico considera a publicação de um livro como a mais nobre forma de intercâmbio cognitivo, associada à oportunidade de expor o resultado da criação intelectual de profissionais das mais diversas áreas. Por isso, concentra esforços para oportunizar, a autores selecionados, o mais amplo acesso ao mercado literário, estimulando iniciativas e conteúdos que fomentam o desenvolvimento do potencial criativo e promovem a evolução do saber técnico e científico. Tudo isso, com o escopo de disponibilizar à humanidade as conquistas obtidas por aqueles cuja principal ferramenta é o **CONHECIMENTO**!

LAURA MARQUES GONÇALVES

BENS DIGITAIS *POST MORTEM*: O JOGO DE INTERESSES

Marco Teórico
Editora

Bens Digitais *Post mortem*:

O Jogo de Interesses

Concepção	Laura Marques Gonçalves
Elaboração, edição e revisão	Laura Marques Gonçalves
Capa	Etiene Luiza Ferreira Pleti
Projeto gráfico e diagramação	Rafaela Tarcinali Pleti

Editora Marco Teórico
CNPJ/MF nº 41.239.994/0001-80
Avenida dos Ferreiras, 475, casa 631, Uberlândia – MG
CEP 38.406-136
www.marcoteorico.com.br

Dados Internacionais de Catalogação na Publicação (CIP)

G617
2023

Bens Digitais *Post mortem*: O Jogo de Interesses / Laura Marques Gonçalves.
Uberlândia: Marco Teórico, 2023.
292 p.

Inclui bibliografia.
ISBN: 978-65-85313-29-2

1. Bens Digitais. 2. *Post mortem*. 3. Jogo. 4. Interesses. I. Gonçalves, Laura Marques.

CDD: 340 / CDU: 344.7

Catalogação na fonte

Geilson Nunes
Doutor em Direito e Mestre em Direito pela Universidade de Marília – SP. Professor da UNIMAR e do Curso de Formação de Sargentos e Soldados da PMMG.

Heloisa Helena de Almeida Portugal
Doutora em Direito Constitucional pela PUC-SP, Mestre em Direito Negocial pela Universidade Estadual de Londrina. Professora da Universidade Federal do Mato Grosso do Sul - UFMS

Karlos Alves Barbosa
Mestre em Direito Público pela Universidade Federal de Uberlândia. Professor da Universidade Federal de Uberlândia – UFU.

João Victor Rozatti Longhi
Pós-Doutor no International Post-doctoral Programme in New Technologies and Law do Mediterranea International Centre for Human Rights Research (MICHR - Università "Mediterranea" di Reggio Calabria), Itália. Pós-Doutor em Direito pela UENP. Doutor em Direito do Estado na Faculdade de Direito da Universidade de São Paulo - USP. Mestre em Direito Civil pela Universidade do Estado do Rio de Janeiro - UERJ. Defensor Público do Estado do Paraná.

Luiz Carlos de Melo Figueira
Doutor em Direito Administrativo pela Universidade Federal de Minas Gerais. Professor de Direito Administrativo da Universidade Federal de Uberlândia - UFU.

Marco Aurélio Machado de Oliveira
Doutor em História Social pela Universidade de São Paulo. Professor Titular da Universidade Federal de Mato Grosso do Sul.

Michel Canuto de Sena
Doutor com ênfase em *bullying* entre crianças e adolescentes: a questão dos direitos humanos e dos conflitos escolares (UFMS). Mestre com linha de pesquisa na Lei nº 11.196/05 - financiamento de pesquisas pela Universidade Federal de Mato Grosso do Sul – UFMS.

Philipe Anatole Gonçalves Tolentino
Mestre em Direitos Humanos pela Universidade Federal de Goiás. Advogado e

Assessor Jurídico da Defensoria Pública do Estado de Goiás – DPE/GO.

Rafhaella Cardoso
Doutora em Direito Penal pela Faculdade de Direito da Universidade de São Paulo - USP. Mestre em Direito Público pela Universidade Federal de Uberlândia - UFU. Advogada.

Rosiris Cerizze
Mestre em Direito Empresarial pela Faculdade de Direito Milton Campos/MG. Mestre em Tributação Internacional pela Universidade de Lausanne – UNIL, Suíça. Advogada

Tales Calaza
Mestrando em Direito pela UFMG. Advogado.

Tiago Nunes
Doutor e Mestre em Direito pela Universidade de Marília-UNIMAR. Professor de Direito Administrativo na Faculdade ESAMC/Uberlândia.

Viviane Ramone Tavares
Mestranda em *Compliance* pela AMBRA *University*. Advogada.

Wendel de Brito Lemos Teixeira
Mestre em Direito Público pela Universidade Federal de Uberlândia Professor da Pós-graduação de Direito Processual Civil da PUC-MG (Uberlândia). Advogado.

APRESENTAÇÃO

Muito refleti quanto à viabilidade da publicação dessa obra, que é fruto de Dissertação de Mestrado desenvolvida no âmbito da Faculdade de Direito da Universidade Federal de Minas Gerais, defendida em 2021 e maturada por dois anos, até que se transmudasse no atual livro.

Com intensa revisão bibliográfica e verdadeiro esforço de compilação de tantos trabalhos grandiosos, a obra mergulha em tema extremamente desafiador e dissonante, dentro das complexidades da herança digital. Busca trazer luz para novas reflexões, criticando o foco exclusivo na proteção da personalidade digital dos falecidos, com a intenção de desvendar o jogo de interesses por trás da reprodução inequívoca dessa teoria.

Como professora substituta na Faculdade de Direito da Universidade Federal de Uberlândia e entusiasta do direito sucessório e do direito digital, acompanho estudiosos extremamente qualificados, e responsáveis intelectual e academicamente, defendendo com veemência a impossibilidade da transmissão *causa mortis* do acervo digital de caráter existencial. Respeitosamente discordo, todavia, de que essa é a melhor opção a nosso dispor, e busco defender o outro lado da moeda no atual trabalho.

Assevero que não almejo fazer papel de vilã e ignorar toda nossa teoria do direito privado, que assenta suas bases no princípio do personalismo ético, colocando o indivíduo no centro do ordenamento e valorizando sua autonomia e seu espectro da personalidade, sobretudo intimidade e privacidade. Esse percurso nos é muito caro e não pode, mesmo, ser ignorado. A intenção é, lado outro, chamar atenção para o real problema: o exacerbado poderio das *Big Techs* e a preservação de seus interesses através do domínio unilateral de informações digitais inclusive após a morte dos usuários.

Agradeço genuinamente aos membros da Banca de Defesa de Dissertação de Mestrado, professores Edgard Audomar Marx Neto, Karina Nunes Fritz e Pedro Marcos Nunes Barbosa, pelas valiosíssimas contribuições ao trabalho. À professora Karina, inspiração teórica de seriedade e perspicácia no enfrentamento da temática da herança digital, agradeço imensamente pelo entusiasmo, elogios e incentivos para a publicação do trabalho. Agradeço, especialmente, ao meu orientador, professor Marcelo de Oliveira Milagres, exemplo de seriedade e compromisso, por ter aceitado o desafio de me guiar na execução da pesquisa, com tema tão desafiador e controverso, navegando entre tantas perguntas, com maestria, paciência, confiança e respeito ao meu desenvolvimento.

Os desafios em torno da aplicação da herança digital são alarmantes, envolvendo impasses acerca do gerenciamento das informações digitais; da definição dos dados transmissíveis; da quantificação; da proteção dos direitos da personalidade do *de cujus* e da tutela de direitos de terceiros; do confronto entre disposições das plataformas e interesse dos usuários; da possibilidade de prolongamento da exploração patrimonial do acervo digital do falecido, entre outros. A necessidade de definição de parâmetros hermenêuticos inspira a investigação desses temas e a busca por soluções praticáveis. A preocupação é com a coerência do sistema frente à realidade pensada para o cenário analógico e à mais segura aplicação dos fundamentos jurídicos.

A realidade é que os interesses dos grandes conglomerados digitais têm predominado, em contexto de cada vez mais dependência das tecnologias por eles fornecidas, e de incremento da quantidade de dados que alimentam tais sistemas. Considerar o real jogo de interesses, pautado na hegemonia das grandes plataformas digitais, é essencial para valorizar a autonomia dos próprios usuários e resguardar os direitos de personalidade *post mortem*, transferindo a competência para sua preservação aos legitimados legais, e ainda detentores do direito fundamental à herança.

Uberlândia – MG, agosto de 2023.

Não quero que a minha vida tenha passado em vão, como a da maioria das pessoas. Quero ser útil ou trazer alegria a todas as pessoas, mesmo àquelas que jamais conheci. Quero continuar vivendo depois da morte!

— O DIÁRIO DE ANNE FRANK

Prefácio

Recebi, honrado e com grande alegria, o convite da professora Laura Marques Gonçalves para prefaciar este magnífico trabalho intitulado "Bens digitais *post mortem*: o jogo de interesses". Trata-se de mais uma relevante contribuição do Programa de Pós-Graduação da Faculdade de Direito da Universidade Federal de Minas Gerais (UFMG).

Prefaciar um trabalho traz também a elevada responsabilidade de apresentar sua autoria. Laura Marques, desde a graduação na UFMG, destacou-se, por sua inquietude intelectual, como pesquisadora séria. Ao receber a provocação, na disciplina Direito das Coisas, sobre a distinção entre bens e coisas e a realidade da coexistência do corpóreo e do incorpóreo, com a crescente digitalização das relações humanas (a *era do acesso* ou *a sociedade em rede*), soube a autora muito bem construir projeto para abordar a candente e a contemporânea discussão sobre o destino dos denominados bens digitais, em razão da morte do seu titular.

A competência, a persistência, o talento e o trabalho da autora possibilitaram o seu ingresso no Programa de Pós-Graduação, percurso coroado com a aprovação, em banca integrada pelos eminentes professores Edgard Audomar Marx Neto, Karina Nunes Fritz e Pedro Marcos Nunes Barbosa, da dissertação de mestrado que resultou no presente e festejado livro.

A alegria maior de um professor é ver o sucesso dos seus alunos. Laura colheu duplo sucesso e gerou dobrada alegria, pois hoje é uma competente colega, professora na Faculdade de Direito da Universidade Federal de Uberlândia. Tudo, fruto da sua dedicação e continuado estudo.

A discussão sobre a proteção dos direitos de personalidade, sobretudo na sua projeção *post mortem*, e o poderio das *big techs* é tema extremamente atual. Qual o destino do conteúdo em contas de redes sociais e serviços de *cloud computing* após a morte de seus titulares? — indagações como essa clamam por reflexões que articulem tradição jurídica e conhecimentos acerca do universo tecnológico.

A autora desenvolve a temática em três bem construídos capítulos. A partir das clássicas noções de coisas, bens e patrimônio, com o olhar atento à realidade, o trabalho contribui para o reconhecimento do patrimônio e da herança digital. A questão da (in)transmissibilidade da herança digital é apresentada com base em teorias e em experiências nacionais e internacionais. O ápice do trabalho é a discussão sobre os interesses envolvidos: dos usuários (titulares dos bens), dos seus herdeiros e das *big techs*.

A discussão sobre a transmissibilidade *causa mortis* não é nova. O desafio atual é o conteúdo incorpóreo. Do ponto de vista prático, podemos apontar, inclusive, a avaliação do denominado acervo digital (*valuation*) e as alternativas de disposição de caráter testamentário.

A professora Laura Marques, a partir de análise de julgado do *Bundesgerichtshof* (BGH), incursões doutrinárias aprofundadas e exame da legislação vigente e projetada, apresenta importantes conclusões que servem de norte para continuados estudos bem como para seguras e futuras decisões.

A denominada arquitetura do planejamento sucessório não pode mais olvidar o cenário do visível, mas intangível.

Este prefácio é um singelo *vol de l'oiseau*, um convite para o leitor conhecer toda a relevante obra, cuja leitura recomendo vivamente.

Marcelo de Oliveira Milagres

Professor Associado de Direito Civil

Faculdade de Direito da UFMG

Lista de imagens

SUMÁRIO

CAPÍTULO 2

CAPÍTULO 3

Introdução

Pensar em direito sucessório hoje não mais significa mera disposição de bens móveis e imóveis, obediência a testamento ou disputa entre herdeiros. A crescente dinamicidade e evolução digital atrai debates quanto à transmissão sucessória de natureza imaterial, envolvendo as mais variadas discussões, relacionadas, por exemplo, ao que fazer com os perfis e com todas as informações armazenadas em contas de redes sociais, serviços de *cloud computing* ou plataformas de *streaming* após a morte de seus usuários.

A realidade digital suscita indagações e desafios que agitam o debate jurídico nos últimos tempos. O advento das novas tecnologias e a digitalização das relações humanas impactam a organização social e a valorização de novos instrumentos, que frequentemente têm aspecto econômico. Essa tendência cresce exponencialmente com a chegada do Metaverso e de novas ferramentas de inteligência artificial.

Não há mais como negar a presença de questões atreladas à herança digital no meio atual. A morte de personalidades famosas como o apresentador Gugu Liberato e a cantora Marília Mendonça, além do comercial que recriou a imagem e a voz da cantora Elis Regina com recursos de inteligência artificial, fomentam as discussões no cenário nacional, e conflitos já são levados à apreciação do Poder Judiciário.

Embora a problemática ganhe ares de contemporaneidade, pelo próprio desenvolvimento tecnológico, deve-se recordar que os desafios não são inéditos. O universo jurídico lida com questionamentos e impasses de sucessão patrimonial na realidade corpórea, sendo essencial analisar as técnicas já pensadas e trabalhadas, e sua possível aplicação e adaptação ao novo cenário.

O destino do patrimônio com a morte de seu titular é preocupação inerente à vivência social. A concepção patrimonial, entretanto, mostra-se bastante diferente do que já foi no passado. Com o surgimento de novos conteúdos desse complexo patrimonial, nasce o impasse quanto à sua inclusão no monte hereditário, bem como quanto ao direito de sucedê-lo.

Os dados dessas contas e o direito de acessá-las integram o complexo hereditário? Caso não haja declaração prévia do titular, os herdeiros poderão acessar os perfis e tomar conhecimento das informações lá armazenadas? E de continuar usando-os, ou explorando-os para fins econômicos? Será válida disposição testamentária negando acesso dessas contas aos herdeiros? Como compatibilizar as restrições impostas pelos usuários com a expectativa dos herdeiros à sucessão? Quais direitos e deveres têm a plataforma que gerencia essas contas? Quais os limites e qual tratamento deve se dar à projeção *post mortem* da personalidade pela tecnologia?

Os diversos questionamentos aumentam a relevância na investigação da herança digital. É no intuito de delimitação do problema e de busca por soluções e respostas, na perspectiva da patrimonialidade, que se fundamenta o presente estudo.

De início, problematiza-se: a *(i)* definição do objeto que se transmite e das pessoas dele destinatárias, e a *(ii)* determinação dos poderes contemplados pela transmissão, avaliando-se, inclusive, a *(iii)* possibilidade de exploração econômica de contas digitais de pessoas falecidas. Além dessas questões principais, cita-se a dúvida de como avaliar o patrimônio digital e o envolvimento de direitos de outros usuários. Ainda, apura-se o que prevalecerá no confronto entre os direitos legalmente assegurados aos herdeiros, a vontade manifestada pelo falecido e os termos das plataformas.

Na busca de enfrentar os desafios expostos acima, o trabalho divide-se em três principais capítulos.

Na primeira parte, denominada "Ativos Digitais", estuda-se o contexto imaterial em que a realidade digital se insere, buscando entender a lógica do acesso e identificar experiências correlatas no cenário analógico. Aprofunda-se na concepção e características do objeto de estudo, pretendendo delinear enquadramento, definição, qualidades e classificações dos bens ou ativos digitais. Investiga-se as potencialidades do patrimônio digital, apontando a irrelevância de distinções funcionais.

No segundo capítulo, "Herança Digital", adentra-se na compreensão do tema, nos debates acerca da transmissibilidade sucessória, nos principais desafios na sucessão de bens digitais e nas implicações envolvidas nesse processo. Debruça-se sobre a demanda judicial apresentada na Alemanha, em caso inédito e paradigmático, que reconheceu a hipótese de ampla transmissibilidade do acervo digital de usuária falecida a seus familiares. Para a compreensão do atual estágio da problemática, investiga-se as três teorias e correntes sobre a transmissibilidade de bens digitais, seguidas do estudo das esparsas publicações dos Tribunais brasileiros. Do ponto de vista legal, investiga-se as inovações legislativas evidenciadas no cenário internacional sobre herança digital, em especial na Espanha, França, Itália, China e Estados Unidos. Ainda, estuda-se alternativas aos usuários que pretendem criar relativas disposições de caráter testamentário.

No terceiro e último capítulo, é apresentado o "Jogo de Interesses", analisando os anseios envolvidos na problemática da herança digital. Com foco nos bens com repercussão patrimonial, é estabelecido panorama de estudo dos contratos assinados com plataformas digitais, com recorte em redes sociais e serviços de armazenamento em nuvem ou *cloud computing*, analisando criticamente os termos de serviço de: *Facebook*, *Instagram* e *YouTube*, e *Google Drive*, *OneDrive* e *Dropbox*, além dos serviços de *streaming*. Busca-se analisar os conflitos existentes entre usuários, provedores e herdeiros e, ainda, defende-se a possibilidade de prolongamento da exploração patrimonial *post mortem*. É, por fim, apresentado o cenário legal brasileiro, com análise crítica dos Projetos de Lei apresentados e em tramitação. Após buscar possíveis soluções nas disposições legais existentes e nos projetos de lei apresentados ao Congresso Nacional, aponta-se a importância de tratamento próprio, com ousada sugestão de texto legal regulamentando o tema.

Metodologicamente, o marco jurisprudencial adotado é a análise do julgamento paradigmático do *Bundesgerichtshof* (BGH) na Alemanha. Em decorrência, o marco doutrinário reporta-se nas análises apresentadas, sobretudo, pela autora Karina Nunes Fritz. Nesse sentido, a pergunta que inspirou a pesquisa foi: é possível ampla transmissão *post mortem* de bens digitais? O estudo envolve perspectiva de análise doutrinária, legislativa e jurisprudencial, com pesquisa bibliográfica e exploratória, por meio de vertentes metodológicas jurídico-dogmáticas e dedutivo-indutivas. Ao final, com viés propositivo, apontam-se soluções para os principais problemas apresentados.

A intenção é ir além do impasse classificatório, e do imbróglio acerca da distinção funcional entre bens existenciais e patrimoniais. Almeja-se denunciar o verdadeiro jogo de interesses por trás das discussões, por vezes rasas e incipientes, em torno de um assunto que interessa a todos que se consideram, ainda que eventualmente, usuários – ou interessados – digitais.

1

ATIVOS DIGITAIS

1.1. Universo da Imaterialidade

1.1.1 Contexto imaterial

Se há algo que se destaca, na atual sociedade, é a desmaterialização da comunicação e das próprias relações humanas. A forma de interação e, sobretudo, de valoração do ambiente, mudou consideravelmente na sociedade "ultraconectada"[1]. O desenvolvimento tecnológico inaugura nova etapa, com infinitas possibilidades e constantes desafios.

Seres humanos aprendem a transferir suas vidas para o meio eletrônico, encantados com a facilidade e a praticidade que lhes são características, além da economia de tempo e dinheiro no processo. Adotam desde a virtualização de agenda de contatos e calendário pessoal, até o uso do meio eletrônico como principal fonte de renda.

A desmaterialização de bens e a digitalização das relações humanas coloca em destaque a utilização de criptomoedas, comunicação eletrônica, *e-commerce*, anúncios publicitários, redes de armazenamento de conteúdo

---

1 LIMA, Marcos Aurélio Mendes. *Herança Digital*: Transmissão *post mortem* de bens armazenados em ambiente virtual. 2016. 95f. Monografia (Graduação) – Curso de Direito, Universidade Federal do Maranhão, São Luís, 2016.

em nuvem, entre várias outras ferramentas. Mudou-se a forma de guardar e de compartilhar informações, pois "tudo pode ser digitalizado, reduzido a códigos binários"[2].

A presença de elementos descorporificados na atual sociedade é presente, crescente e inegável, sendo que:

> A vida, cada vez mais experienciada em um meio virtual, faz com que os bens corpóreos passem a ficar em segundo plano na lista de interesses das pessoas na era contemporânea, lançando novas perguntas e gerando novas demandas que clamam por soluções justas e modernas[3].

A expressão universo da imaterialidade se justifica pela realização de um novo mundo de relações, em que novos elementos passam a ser valorados, e a matéria, a corporeidade, deixa de ser imprescindível. Por imaterial, como ativos virtuais ou digitais, entende-se tudo o que não possui corporeidade, que é destituído de substância física, de materialidade, e requer plataforma ou recurso eletrônico para ser acessado.

A lista publicada pela Forbes anualmente com as organizações mais valiosas do mundo vem mantendo o padrão nos últimos anos de destinar as primeiras colocações a bancos e companhias de tecnologia digital como *Microsoft, Apple, Amazon, Samsung* e *Alphabet*[4].

Na mesma tendência, pesquisa conduzida pela Kantar BrandZ

---

2 TEIXEIRA, Ana Carolina Brochado; KONDER, Carlos Nelson. O enquadramento dos bens digitais sob o perfil funcional das situações jurídicas. In: TEIXEIRA, Ana Carolina Brochado; LEAL, Lívia Teixeira (Coords.). *Herança Digital*: Controvérsias e Alternativas. Indaiatuba: Foco, 2021, p. 27.

3 GUILHERMINO, Everilda Brandão. Direito de Acesso e Herança Digital. In: TEIXEIRA, Ana Carolina Brochado; LEAL, Lívia Teixeira (Coords.). *Herança Digital*: Controvérsias e Alternativas. Indaiatuba: Foco, 2021, p. 97.

4 MURPHY, Andrea; TUCKER, Hank. Forbes Global 2000: quais são as maiores empresas do mundo em 2023. *Forbes*, [*s. l.*], 09 jun. 2023. Disponível em: https://forbes.com.br/forbes-money/2023/06/forbes-global-2000-quais-sao-as-10-maiores-empresas-do-mundo-em-2023/. Acesso em: 22 jun. 2023.

apresentou as marcas mais valiosas de 2022[5], identificando a liderança de *Apple, Google, Amazon* e *Microsoft*, respectivamente. Na sequência da lista, aparecem outras marcas como *McDonald's* (6ª posição), *Louis Vuitton* (10ª posição) e Coca-cola (17ª posição), que se destacam, igualmente, pelo valor imaterial carregado. Embora as indústrias de tecnologia despontem na lista, as últimas três marcas citadas representam companhias da indústria alimentícia e da moda que conseguiram elevar seu preço ao investir em patrimônio intangível.

O valor atribuído a vários negócios na atualidade se deve substancialmente ao conceito de intangibilidade, em técnicas registradas como propriedade intelectual por meio de marcas e patentes[6]. Independentemente de essas corporações lidarem com tecnologia em seu produto principal, todas detêm expressivo capital relacionado a segredos empresariais, direitos de propriedade intelectual e noções incorpóreas em geral. É esse valor imaterial que diferencia e eleva tanto o *valuation* (avaliação financeira) desses nomes.

A *Apple* foi a primeira empresa a atingir a marca de US$3 trilhões em valor de mercado[7], patamar que certamente não contou apenas com o somatório de lojas físicas, fábricas e de aparelhos em estoque, e sim, deve-se especialmente ao acúmulo de informações de propriedade intelectual e ao valor agregado da sociedade empresarial enquanto conjunto de dados,

---

5 WHAT are the most valuable global brands in 2022? *Kantar*, [*s. l.*], 15 jun. 2022. Disponível em: https://www.kantar.com/inspiration/brands/. Acesso em: 28 jun. 2022.

6 GONÇALVES, Thatiane Rabelo. A promoção dos ativos intangíveis e a mudança de valor no mercado. In: PARENTONI, Leonardo (Coord.). GONTIJO, B. M.; LIMA, H. C. S. (Orgs.). *Direito, Tecnologia e Inovação*. Belo Horizonte: D'Plácido, 2018, v. 1, p. 72.

7 DA REUTERS. Apple é 1ª a atingir US$3 trilhões em valor de mercado. *Forbes*, [*s. l.*], 03 jan. 2022. Disponível em: https://forbes.com.br/forbes-money/2022/01/apple-e-primeira-empresa-a-atingir-us-3-trilhoes-em-valor-de-mercado/. Acesso em: 28 mar. 2022.

softwares e todo o gigantesco acervo de dados digitais.

O cenário inaugurado pela pandemia decorrente do enfrentamento do vírus Sars-Cov-2 ou Covid-19 acentuou o processo de desmaterialização, pela utilização necessária e mais pungente da internet. Interessante estudo promovido na Universidade de Oxford, com foco na carência de conexão de internet em algumas regiões do globo, reforçou o considerável aumento do papel da internet, especialmente com a realização de julgamentos virtuais, a disseminação do ensino remoto e a utilização da telemedicina[8]. "Fala-se, portanto, do isolamento social consequente da crise do coronavírus como outro marco temporal decisivo para a vida digital"[9]. Ainda que as questões afetas à pandemia ultrapassem o escopo do atual trabalho, é importante mencioná-las, pois o incremento da necessidade do universo material implica também a valorização econômica dos ativos em rede.

Como um dos principais examinadores dessas características, o sociólogo polonês Zygmunt Bauman retratou em sua obra Modernidade Líquida[10] a fluidez que norteia as relações atuais em sociedade. A elementar obra usou a ideia de liquidez do título como metáfora para a realização de modificações constantes. O impulsionamento da vida digital promove o processo de valorização do universo imaterial, pela fluidez, ao representar ativos desconectados de limitações de tempo e espaço.

Assim: "ainda que 'imateriais' porque formados por *bytes* ou signos

---

8 BHANDARI, Vrinda. Improving Internet Connectivity During COVID-19. *Digital Pathways at Oxford Paper Series.* Reino Unido: Oxford, 2020, n. 4, p. 2. Disponível em: https://ssrn.com/abstract=3688762. Acesso em: 10 dez. 2020.

9 HONORATO, Gabriel; LEAL, Lívia Teixeira. Propostas para a regulação da herança digital no direito brasileiro. In: EHRHARDT JÚNIOR, Marcos; CATALAN, Marcos; MALHEIROS, Pablo (Coord.). *Direito Civil e Tecnologia.* Belo Horizonte: Fórum, 2020, p. 379.

10 BAUMAN, Zygmunt. *Modernidade Líquida.* Tradução de Plínio Dentzien. Rio de Janeiro: Zahar, 2001.

digitais, os 'documentos digitais' são coisas hábeis a documentar fatos, observadas as especificidades concernentes à segurança e à individualidade ou individuação da coisa representada"[11].

Surgem expressões para retratar tal cenário de hiperconexões. A terminologia comumente empregada é a de *sociedade da informação*[12], em que basicamente a informação passa a ter expressivo valor em si mesma, como ativo transferível, volúvel, imaterial, imersa em contexto de altíssimo tráfego eletrônico de dados e disseminação de conteúdo. Cria-se uma rede mundial de informação, que rompe a visão linear da história e que é fomentada pelo avanço tecnológico.

Para autores como Manuel Castells, o termo sociedade da informação deve ser preterido pelo *sociedade em rede,* por melhor retratar a condição essencial de redes tecnológicas que interconectam pessoas e serviços na atualidade:

> [...] a estrutura social de uma sociedade em rede resulta da interação entre o paradigma da nova tecnologia e a organização social num plano geral. Frequentemente, a sociedade emergente tem sido caracterizada como sociedade de informação ou sociedade do conhecimento. Eu não concordo com esta terminologia. Não porque conhecimento e informação não sejam centrais na nossa sociedade. Mas porque eles sempre o foram, em todas as sociedades historicamente conhecidas. O que é novo é o facto de serem de base microelectrónica, através de redes tecnológicas que fornecem novas

---

11 MARTINS-COSTA, Judith. Usucapião de coisa incorpórea: breves notas sobre um velho tema sempre novo. In: TEPEDINO, Gustavo; FACHIN, Luiz Edson (Coords.). *O direito e o tempo*: embates jurídicos e utopias contemporâneas – Estudos em homenagem ao Professor Ricardo Pereira Lira. Rio de Janeiro: Renovar, 2008, p. 650.

12 MATTELART, Armand. A era da informação: a gênese de uma denominação descontrolada. Tradução de Francisco Rüdiger. *Revista FAMECOS*. Porto Alegre. n. 15, p. 11, ago. 2001. Disponível em: https://revista seletronicas.pucrs.br/ojs/index.php/revistafamecos/article/download/5399/3937. Acesso em: 07 abr. 2021.

capacidades a uma velha forma de organização social: as redes[13].

Independentemente da nomenclatura empregada, vive-se giro evolutivo enquanto civilização que presencia cenário disruptivo, com técnicas se superando em velocidade ímpar. As novas gerações, criadas no contexto de disseminação de plataformas com acesso à internet, sentem-se ainda mais à vontade para navegar, criando verdadeira relação de dependência virtual. O incremento do acesso a provedores eletrônicos inspira desafiadores conflitos que exigem reflexão, como o que fazer com os elementos imateriais deixados pelos usuários após sua morte. É preciso insistir nas perguntas e projetar respostas, inspirando a compreensão de riscos e potencialidades.

1.1.2 Acesso "versus" pertencimento

Adentra-se o universo da imaterialidade, trazendo luz para a encantadora potencialidade do acesso, termo que será abordado em dois sentidos. Em primeiro, coloca-se o acesso como ato de fazer uso de qualquer entidade, seja ela corpórea ou incorpórea. Em segundo, como a ideia de acesso própria dos recursos eletrônicos, que dialoga com a possibilidade de compartilhamento. A seguir, são tratados os dois pontos, em enlace com a perda de atratividade do direito de propriedade, no processo de ruptura com a noção de pertencimento.

Há uma crise no conceito tradicional de propriedade. Busca-se a condição de gozo de bens móveis e imóveis, em detrimento do sonho de propriedade. Os poderes de disposição e a possível eficácia *erga omnes* perdem espaço no cenário de economia dinâmica, em que os poderes de uso

---

13 CASTELLS, Manuel. A Sociedade em Rede: do Conhecimento à Política. In: CASTELLS, Manuel; CARDOSO, Gustavo (Orgs.). *A Sociedade em Rede*: Do Conhecimento à Acção Política. Conferência. Belém: Imprensa Nacional, 2005, p. 17. Disponível no site: https://egov.ufsc.br/portal/. Acesso em: 04 abr. 2020.

e fruição ganham proeminência.

Enquanto as gerações passadas cresciam com o sonho da acumulação, de aglomerar e colecionar bens próprios, a atualidade respira o estímulo de poder usar sem ser dono, como estratégia, inclusive, de economia e praticidade. Da valorização do poder exclusivo, passa-se à ideia do poder compartilhado.

Nota-se o sucesso, por exemplo, de aplicativos de transporte que alteraram significativamente o mercado automobilístico em diversas regiões, e a difusão da ideia de moradias compartilhadas. Esse paradigma dialoga e se harmoniza com a sociedade marcada por carros por assinatura, *coworking* e multipropriedades. Cresce a economia do compartilhamento, que altera o relacionamento de indivíduos com os bens e modifica "a própria percepção a respeito da ideia de propriedade, a exemplo de aplicativos como o *Uber*, o *Airbnb* e dos espaços de *coworking* e *coliving*, que flexibilizam a concepção proprietária clássica, baseada na lógica exclusiva e absoluta"[14].

A dinamização do acesso pelo compartilhamento sugere, também, o preenchimento da função social, pois novos arranjos contratuais afastam a ociosidade e permitem melhor uso do espaço urbano[15]. No meio incorpóreo não é diferente, vez que também se estimula a possibilidade de acessar conteúdos eletrônicos sem adquirir titularidade.

A linguagem incorpórea envolve mais o uso, a experiência, o acesso, o

14 TEIXEIRA, Ana Carolina Brochado; LEAL, Lívia Teixeira. Tutela Jurídica dos Bens Digitais ante os regimes de bens comunheiros. In: EHRHARDT JÚNIOR, Marcos; CATALAN, Marcos; MALHEIROS, Paulo (Coords.). *Direito Civil e Tecnologia*. Belo Horizonte: Fórum, 2020, p. 334.

15 GUILHERMINO, Everilda Brandão. Acesso e compartilhamento: a nova base econômica e jurídica dos contratos e da propriedade. *Migalhas*, [*s. l.*], 23 set. 2019. Disponível em: https://www.migalhas.com.br/coluna/ migalhas-contratuais/311569. Acesso em: 07 jun. 2020.

compartilhamento, do que apenas guardar, conseguir exclusividade. As transformações tecnológicas, sobretudo no meio eletrônico, aceleram as mudanças na concepção de propriedade, enquanto o acesso dos usuários às plataformas digitais ganha especial destaque. No ano de 2006 já se afirmou que "as tecnologias de processamento, armazenamento e compartilhamento de informações tornou modelos alheios ao direito de propriedade mais atrativos e eficientes que nunca"[16].

Em resumo, na sociedade em rede, o uso do bem, seja ele de natureza corpórea ou incorpórea, é frequentemente mais almejado que a aquisição da propriedade. E esse fenômeno se intensifica no universo digital, pois a realidade imaterial favorece mais o acesso e o compartilhamento que a própria idealização de ter pertences individuais. Porém, não se trata de oposição; os dois extremos convivem: posse e propriedade, uso e pertencimento. Abrem-se novas possibilidades de interação, pelo uso compartilhado em harmonia com a propriedade individual[17].

Com isso, "a tutela do acesso passa a ser tema de extrema relevância porque amplia os horizontes normativos, garantindo ao ordenamento a máxima de efetividade"[18]. Assim, cresce, em geral, a noção de acesso. A princípio, trata-se do ato de acessar, que remete ao poder de utilização, com

---

16 "[...] the basic technologies of information processing, storage, and communication have made nonproprietary models more attractive and effective than was ever before possible". BENKLER, YOCHAI. *The Wealth of Networks*: How Social Production Transforms Markets and Freedom. New Heaven: Yale University Press, 2006. E-book, local. 462.

17 "[...] the basic technologies of information processing, storage, and communication have made nonproprietary models more attractive and effective than was ever before possible". BENKLER, YOCHAI. *The Wealth of Networks*: How Social Production Transforms Markets and Freedom. New Heaven: Yale University Press, 2006. E-book, local. 462.

18 GUILHERMINO, Everilda Brandão. Direito de Acesso e Herança Digital. In: TEIXEIRA, Ana Carolina Brochado; LEAL, Lívia Teixeira (Coords.). *Herança Digital*: Controvérsias e Alternativas. Indaiatuba: Foco, 2021, p. 97.

ênfase na imediatidade e na possibilidade de extrair funcionalidade. É atrelado ao efeito de posse e à habilidade de usar, de possuir sem necessariamente ser dono. Em segundo lugar, desponta a ideia de acesso como a característica íntima dos recursos digitais, que culmina no compartilhamento. Trata-se do acesso enquanto habilidade própria e como força motriz de desempenho dos recursos tecnológicos.

Fato é que os novos arranjos contratuais alteram elementos clássicos das relações negociais. A forma de contratar e a linguagem que permeiam a negociação mudaram e continuam evoluindo, lançando novos e vastos desafios. Por meio das licenças de aplicativos, a contratação afeta o conceito de termos do direito civil, provocando alargamento de institutos como assinatura, armazenamento, vontade e consentimento.

Na era do acesso e do compartilhamento, o consentimento virtual transmuda o sentido tradicional de vontade. A declaração de vontade externalizada passa a ser compreendida a partir da concordância com termos de uso das plataformas. Perde espaço, com isso, o espectro pessoal do usuário contratante, para dar lugar ao clique de aceite, que representa o consentimento exteriorizado.

A assinatura, que valida o negócio jurídico, também sofreu alterações e hoje, através da modalidade digital, facilita a negociação em diversas esferas sociais. Se um dia foi milimetricamente cunhada por penas esferográficas e caligrafias desenhadas, agora a assinatura se traduz em simples cliques, senhas e *tokens*. O crescente uso de assinaturas digitais simboliza avanço na desburocratização e informatização dos negócios jurídicos.

A utilização de programas eletrônicos envolve o acesso funcionalizado, como objetivo principal de plataformas e *softwares*. O acesso no meio eletrônico pode culminar em atributos como utilização, aquisição, armazenamento e transmissão. Os conceitos, todavia, nem sempre terão a mesma conotação do mundo analógico, sendo necessário revisitar essas expressões.

O *YouTube*, por exemplo, é feito e idealizado para que o material ali carregado seja acessado pela comunidade virtual e alcance engajamento, principalmente, por meio de sucessivas visualizações, além de interação por ferramentas como curtidas, "descurtidas", comentários e inscrições em canais selecionados. A partir da criação de uma conta na plataforma, o usuário adquire a titularidade daquele perfil e a possibilidade de fazer carregamentos de arquivos e vídeos, ou gravações ao vivo (*lives*), posteriormente ali armazenados. Porém, ainda que o criador da conta adquira sua titularidade no *YouTube*, a transmissão do perfil a outrem não lhe é autorizada, em regra, pois a disposição do perfil não se operacionaliza com o acesso à plataforma. Por outro lado, a palavra "transmissão" ganha novos ares nesse contexto e passa a significar o próprio compartilhamento dos vídeos, pelo ato de compartilhar informações e dados por meio de conteúdo audiovisual.

A compreensão de transmissão como ato de compartilhar conteúdo e não como ato de dispor de bem de propriedade exclusiva representa verdadeira revolução no direito das coisas, a partir do acesso. E possui fortes implicações, em especial, nos serviços de *streaming*, que alteram o meio de consumo e de armazenamento de produtos digitais.

Como quadro geral: "o direito de acesso revolucionou a estrutura do direito de propriedade e tem grande potencial para revolucionar o direito sucessório, redimensionando seu pilar mais denso que é a apropriação exclusiva sobre um bem"[19]. Os delineamentos apresentados demonstram que não há resposta pronta nem fácil. O acesso aqui retratado desperta intensos desafios, sobretudo quando projetados na sucessão *causa mortis*. Compreender melhor esse novo contexto é caminho chave para identificar

19 GUILHERMINO, Everilda Brandão. Direito de Acesso e Herança Digital. In: TEIXEIRA, Ana Carolina Brochado; LEAL, Lívia Teixeira (Coords.). *Herança Digital*: Controvérsias e Alternativas. Indaiatuba: Foco, 2021, p. 102.

problemas e buscar soluções, partindo de alternativas pensadas para situações no mundo analógico.

1.1.3 Experiências do cenário analógico

Se um indivíduo morre e deixa uma carta ou diário pessoal entre seus pertences, os herdeiros naturalmente acessam o conteúdo dos documentos, que se transferem com a universalidade do patrimônio deixado pelo *de cujus*, pelo princípio de *saisine*[20]. Quando o exemplo envolve conteúdos armazenados eletronicamente, contudo, surgem impasses.

Se os mesmos documentos estiverem salvos no *hard drive* pessoal do falecido, é possível aplicar analogicamente o raciocínio de cartas e manuscritos em versão física, com a transferência automática aos herdeiros. Todavia, se estiverem armazenados na nuvem, há o diferencial da intermediação de plataforma digital, e a suposta desobrigação de entregar os dados do usuário falecido a seus herdeiros, pela preservação do direito à privacidade, além do cuidado com terceiros que possam estar relacionados ao material ali registrado.

São inúmeros os questionamentos quanto à compatibilização do direito à privacidade *post mortem* com a noção de herança. Indaga-se, por exemplo, a existência de direito de propriedade das correspondências eletrônicas que as permitam ser transferidas aos herdeiros após a morte do usuário.

Notório caso foi decidido nos Estados Unidos da América em 2005, quando judicialmente se autorizou acesso dos familiares ao conteúdo de conta de *e-mail* de soldado da marinha norte-americana morto enquanto

20 "Art. 1.784: Aberta a sucessão, a herança transmite-se, desde logo, aos herdeiros legítimos e testamentários". BRASIL. Lei n. 10.406, de 10 de janeiro de 2002. Institui o Código Civil. *Diário Oficial da União*. Brasília, 11 jan. 2002. Disponível em: http://www.planalto.gov.br/ccivil_03/leis/2002/l10406compilada.htm. Acesso em: 11 abr. 2021.

servia no Iraque, após o *Yahoo* se recusar a conceder o acesso requerido[21]. O caminho decidido no julgamento, entretanto, foi acolher a proteção de direito autoral, determinando que a plataforma disponibilizasse as informações da conta aos herdeiros por meio de CD. A solução pautada na propriedade intelectual evitou a análise da existência de direito de propriedade em relação aos dados na conta de *e-mail*[22].

O *e-mail* nada mais é que uma carta digital. Suas características são bastante semelhantes, se não coincidentes. Diferem-se pela imaterialidade e pelas funcionalidades agregadas ao correio eletrônico no âmbito digital, especialmente pela imediatidade de entrega e recebimento do conteúdo, além da necessidade de criação de conta em alguma plataforma que ofereça serviço de *e-mails*. A privacidade entre ambos permanece. Entretanto, embora as cartas sejam naturalmente transferidas ao espólio, há reticência em ceder aos herdeiros acesso à conta de *e-mail* de falecidos[23].

Referida análise também se aplica à comparação entre versões físicas de obra literária, fotografias e gravações analógicas, e aqueles conteúdos deixados em serviço de armazenamento em nuvem. Embora haja íntima similaridade entre os dois meios (analógico e digital), há dúvidas em relação à transmissão sucessória de materiais salvos em mecanismos de *cloud computing*.

---

21 HARBINJA, Edina. International: Digital inheritance and post-mortem privacy in the US and Canada. *Data Guidance*, [*s. l.*], set. 2019. Disponível em: https://www.dataguidance.com/opinion/international-digital-inheritance-and-post-mortem. Acesso em: 12 dez. 2019.

22 A evolução dos entendimentos judiciais em torno do tema será mais explorada no capítulo 2 deste trabalho. Por ora, usa-se o caso paradigmático apenas como exemplo de discussão da problemática.

23 EDWARDS, Lilian; HARBINJA, Edina. What Happens to My Facebook Profile When I Die?: Legal Issues Around Transmission of Digital Assets on Death. In: MACIEL, Cristiano. PEREIRA, Vinícius Carvalho (Eds.). *Digital Legacy and Interaction*: Post-mortem issues. Nova York: Springer, 2013, p. 122.

A dificuldade imposta para que serviços como *G-mail*, *Outlook*, *Yahoo* e *Hotmail* concedam acesso à conta de usuários falecidos se baseia, sobretudo, no termo disponibilizado ao usuário no momento de contratação, que celebra seu direito de privacidade. Considera também o impacto na esfera de terceiros, que podem não querer a divulgação de informações ali registradas. E, claro, paira ainda a discussão quanto à natureza jurídica dos *e-mails*.

Como os *e-mails* não recebem o mesmo tratamento das cartas deixadas em vida, ainda que tendo em vista as semelhanças entre ambos, pergunta-se: o que muda, então, é apenas a corporeidade ou também a patrimonialidade? Em outras palavras: os *e-mails* enviados e recebidos por um usuário integram seu patrimônio? Esse questionamento tem ganhado espaço e, embora ainda não haja unanimidade, cresce a defesa pelo direito de propriedade dos ativos digitais, o que inclui os *e-mails*, como será tratado no decorrer deste trabalho. No entanto, há mais nuances do que se pode aqui introduzir, e muito ainda que se analisar.

O *ciberespaço* é um novo ambiente de violação de direitos. Conflitos como o aqui apresentado ganham ares de contemporaneidade, mas, como visto, não são novos[24], uma vez que as discussões relativas aos *e-mails*, em essência, também eram presentes quando estava em voga a possível transmissão de cartas missivas.

O que difere *e-mails* e cartas, sobretudo, é o contrato estabelecido com a plataforma de *e-mail*, uma vez que as cartas também devem garantir a privacidade do escritor, podem igualmente interferir na esfera de terceiros e, ainda assim, são transmissíveis sucessoriamente, com a morte do proprietário original.

A partir desse contrato, surge a expectativa de privacidade pela senha de

---

24 FLORIDI, Luciano. A Look into the Future Impact of ICT on Our Lives. *The Information Society*, v. 1, n. 23, p. 59-64, jan. 2007. Disponível em: https://papers.ssrn.com/sol3/papers.cfm?abstract_id=3844463. Acesso em: 05 jan. 2020.

acesso. Tal expectativa, entretanto, não requer proteção diferenciada. Verificando que a privacidade se relaciona à natureza das informações em questão, independentemente do meio em que serão registradas, Karina Nunes Fritz assim discorre:

> Dito em outras palavras: como a privacidade emerge do *conteúdo* dos dados e não do *meio* no qual estão armazenados, sua invasão tem que ocorrer tanto no meio digital, quanto no meio analógico. Mas, até o momento, nenhum ordenamento parece vetar os herdeiros de acessar cartas e fotos guardadas no fundo do baú[25].

Assim, ainda que a senha seja elemento que reforça a expectativa de privacidade dos *e-mails*, a proteção pela privacidade é igualmente concedida aos documentos físicos e, portanto, não deve requerer tratamento que diferencie as mensagens eletrônicas das mensagens analógicas.

Em relação às cartas, entendeu-se que são patrimônio do falecido e, necessariamente, compõem o monte hereditário, com a ressalva da proteção ao direito autoral. Ao longo do século XX, foi proibida a publicação de correspondências encontradas em arquivos privados sem prévia autorização do escritor, embora pudessem ser utilizadas como prova judicial, por meio de duas redações legislativas de igual sentido: primeiro no Código Civil de 1916, artigo 671, parágrafo único e, depois, com a Lei n. 9.610/1998, reproduzidas pelo artigo 34 da legislação civil vigente[26].

As cartas missivas carregam discussões sobre as quais já se foi necessário

25 FRITZ, Karina Nunes. Herança digital: quem tem legitimidade para ficar com o conteúdo digital do falecido? In: MARTINS, Guilherme Magalhães; LONGHI, João Victor Rozatti (Coords.). *Direito digital*: direito privado e internet. 3. ed. atual. rev. e ampl. Indaiatuba: Foco, 2020, p. 199.

26 "Art. 34. As cartas missivas, cuja publicação está condicionada à permissão do autor, poderão ser juntadas como documento de prova em processos administrativos e judiciais". BRASIL. Lei n. 10.406, de 10 de janeiro de 2002. Institui o Código Civil. *Diário Oficial da União*. Brasília, 11 jan. 2002. Disponível em: http://www.planalto

meditar e que podem auxiliar a desvendar os mistérios do universo virtual. Logo, é possível defender que a proteção dada às cartas missivas seja transferida à correspondência eletrônica[27], como forma de resguardar direitos de propriedade intelectual e de garantir a transmissão da herança aos sucessores.

A necessidade de se debruçar sobre direitos autorais e de propriedade intelectual ilustra que os bens digitais não são o primeiro exemplo de ativo intangível que o direito enfrenta[28]. Em alguns casos, sugeriu-se a reinterpretação de institutos clássicos do direito civil, para solucionar problemas encontrados no universo imaterial. Como exemplos, ilustra-se a possibilidade de posse de bens imateriais e, dentre esses, de bens digitais, além de construções doutrinárias referentes ao usufruto de participações societárias[29] e à usucapião de ações societárias e de patentes.

A usucapião de patentes indicada por Pedro Marcos Nunes Barbosa[30], pretende conceder titularidade para explorar economicamente a patente, resguardando o reconhecimento inédito do ato criativo ao genuíno inventor. Segundo o autor, inexiste empecilho à interpretação analógica, adaptada e pontual, contornando a omissão do texto legal para que se aplique a usucapião de patentes quando preenchidos os critérios

.gov.br/ccivil_03/leis/2002/l10406compilada.htm. Acesso em: 11 abr. 2021.

27 COELHO, Luiza Tângari. O direito moral do autor na correspondência. *Revista do CAAP*, n. 1, p. 61, jan./jun. 2010. Disponível em: https://revistadocaap.direito.ufmg.br/index.php/revista/issue/view/11. Acesso em: 20 mar. 2020.

28 CAHN, Naomi R., Postmortem Life On-Line. *Probate & Property*, v. 25, n. 4, jul./ago. 2011, p. 37. Disponível em: https://ssrn.com/abstract=2026628. Acesso em: 23 jul. 2020.

29 VERSIANI, Fernanda Valle. *Usufruto de participações societárias:* Uma visão de planejamento sucessório em empresas familiares. Belo Horizonte: D'Plácido, 2017.

30 BARBOSA, Pedro Marcos Nunes. *Direito civil da propriedade intelectual: o caso da usucapião de patentes*. Rio de Janeiro: Lumen Juris, 2012. E-book, local. 147.

necessários. Em similar sentido, constrói Judith-Martins Costa[31], ao cunhar a possível usucapião de ações ao portador, nominativas e escriturais, adaptando o instituto de usucapião à realidade empresarial trabalhada.

Há constantes experiências do mundo incorpóreo e virtual impactando a realidade analógica, com situações bem mais complexas que o exemplo dos *e-mails*. Ao projetar a problemática para as contas de plataformas e redes sociais deixadas por usuários falecidos, discute-se a possibilidade de transmissão de dados e registros pessoais de diversas fases da vida. Quando os usuários obtêm vantagens econômicas dessas contas, ainda, o impasse se agrava. Como negar o acesso de herdeiros ao perfil deixado pelo *de cujus*, se era essa sua principal fonte de renda? Por que uma conta virtual não pode ser transmitida aos herdeiros, se negócios estabelecidos pelo falecido em vida no mundo analógico integrarão seu espólio?

Embora o ambiente digital seja relativamente novo e desperte gama de confrontos e impasses com desdobramentos inéditos, a natureza de muitos conflitos ali verificados também se percebe no cenário analógico, cujas teorias vêm sendo desenvolvidas pela doutrina, legislação e jurisprudência há séculos, nos diversos sistemas legais. Antes de propor inovações jurídicas, não se pode esquecer de investigar as teses já existentes, a fim de verificar se podem ser aplicadas para o meio digital – como nos exemplos citados –, a partir de reinterpretação ou de nova funcionalização de institutos.

Para entender melhor a problemática que permeia o cenário digital, é necessário, de antemão, compreender o que são, como se classificam e como devem ser compreendidos os dados que compõem essa esfera. Analisa-se, portanto, os bens digitais.

---

31 MARTINS-COSTA, Judith. Usucapião de coisa incorpórea: breves notas sobre um velho tema sempre novo. In: TEPEDINO, Gustavo; FACHIN, Luiz Edson (Coords.). *O direito e o tempo*: embates jurídicos e utopias contemporâneas – Estudos em homenagem ao Professor Ricardo Pereira Lira. Rio de Janeiro: Renovar, 2008, p. 648.

1.2 Bens Digitais

1.2.1 Objeto da relação jurídica: entre coisa e bem

É momento de ascensão do patrimônio digital. Muda-se a forma de pensar, de se relacionar e de contratar, com o registro virtual de questões pessoais. Entra em cena a linguagem de cliques e *likes*, e a nova gestão por engajamento, interações e moedas virtuais. Sociedades empresárias protegem mais seus ativos intangíveis, dados imateriais e informações digitais, do que bens materiais, produtos e instalações físicas. Nessa realidade, os bens digitais intensificam sua presença nas relações humanas, cada vez mais diversos e multifacetados.

A categoria dos bens digitais envolve, exemplificativamente, informações armazenadas em nuvem, dados contidos em redes sociais e carteiras de criptomoedas, com destaque para o mercado de mineração de *bitcoin*[32], que agita as movimentações financeiras globalmente. Essas novas entidades têm movimentado diversos setores, como o próprio sistema de tributação, que, sob pena de enfrentar expressiva perda fiscal, encontrou saída rápida para tributar as criptomoedas, com a publicação do Marco Regulatório dos Criptoativos, a Lei n. 14.478, de 2022, tratando-as de forma expressa como ativos virtuais, embora nada dispondo sobre desdobramentos como a possível transmissibilidade sucessória desses conteúdos[33].

---

32 HONG, Euny. How Does Bitcoin Mining Work. *Investopedia*, [*s. l.*], 5 abr. 2021. Disponível em: https://www.investopedia.com/tech/how-does-bitcoin-mining-work/. Acesso em: 13 abr. 2021.

33 BRASIL. Lei n. 14.478, de 21 de dezembro de 2022. Dispõe sobre diretrizes a serem observadas na prestação de serviços de ativos virtuais e na regulamentação das prestadoras de serviços de ativos virtuais. *Diário Oficial da União*. Brasília, 21 dez. 2022. Disponível em: http://www.planalto.gov.br/ccivil_03/_ato2019-2022/2022/lei/L14478.htm. Acesso em: 15 fev. 2023.

Nota-se verdadeira ampliação do conteúdo patrimonial na atualidade[34]. Surgem novos arquétipos com expressão econômica, com inusitados desafios e a necessidade de reavaliar categorias. Afinal, qual a classificação dos ativos digitais? São bens? São coisas? Há patrimonialidade? Para investigar esses questionamentos é preciso, antes, identificar a relação entre coisa e bem. O assunto não é pacífico. Há problemas e dificuldades na delimitação do tema. Alguns autores entendem que coisa é gênero e bem é espécie; e outros, o oposto.

Silvio Rodrigues identifica coisa como gênero, do qual bem é espécie. De acordo com o autor, coisas são tudo o que existe além do ser humano, enquanto bens são coisas apropriáveis, úteis e raras que, por isso, possuem valor econômico[35].

Nem a própria legislação civil apresenta uma resposta unânime à classificação desses termos. No artigo 1.223 do Código Civil, ao tratar da perda da posse – contida no Livro do "Direito das Coisas" –, é empregada a denominação "bem", provocando confusão entre as terminologias. Apesar do impasse, há uma orientação guiada pelo texto legal. No Código Civil de 2002, o objeto da relação jurídica foi tratado com a expressão "Dos Bens" no Livro II da Parte Geral, estabelecendo tratamento de bens móveis e imóveis, sem, contudo, abordar exata definição do conceito de bem. À frente, no Livro III, os Direitos Reais foram determinados "Direito das Coisas", que dizem respeito às situações jurídicas envolvendo bens materiais.

Assim, a orientação do Código Civil coloca em perspectiva os dois conceitos, sugerindo ideia mais abrangente para "bem", enquanto "coisa" estaria restrita ao elemento da corporeidade. Nesse sentido, Marcelo

34 MILAGRES, Marcelo de Oliveira. *Manual de direito das coisas*. 1. ed. Belo Horizonte: D'Plácido, 2020, p. 32.

35 RODRIGUES, Silvio. *Direito Civil*: parte geral. 34. ed. São Paulo: Saraiva, 2007, v. 1, p. 116.

Milagres desenvolve a ideia de coisa como categoria contida dentro do espectro de bem, pontuando que "bens são entidades genéricas, que compreendem todos os objetos jurídicos. Coisas, pela delimitação material, são espécies de bens" [36].

Em enunciado cirúrgico, o autor esclarece que:

> Bens são todos os valores, materiais ou imateriais, corpóreos ou incorpóreos, necessários às relações de vida. A noção de bem jurídico compreende a ideia de valoração, patrimonial ou extrapatrimonial. Coisas seriam, então, espécies de bens corpóreos. Bens materiais"[37].

Portanto, a ideia de bem diz respeito a todos os elementos com que interagem os seres vivos, abrangendo noções tangíveis e intangíveis. As coisas, por sua vez, seriam uma categoria reduzida inserida na classificação máxima de bem, restrita aos objetos com atributo de materialidade ou corporeidade, como um carro, uma casa, uma fazenda, um relógio. E o bem jurídico, por fim, pode ser tanto coisa quanto elemento alheio à coisa, desmaterializado e que se insere na categoria genérica de bem, como a vida e a honra.

Caio Mário da Silva Pereira endossa tal ideia, estabelecendo uma noção geral para bem, que compreende todos os elementos, desde dinheiro até um pôr-do-sol. Dentro deste sentido amplo, estariam contidas as coisas, definidas pela materialidade, e um sentido estrito de bens, reservado àqueles de natureza imaterial ou abstrata, como o direito de crédito. Ainda, esclarece que nem todos os bens representam bens jurídicos[38].

O esquema elaborado abaixo ilustra a última e melhor classificação

36 MILAGRES, Marcelo de Oliveira. *Manual de direito das coisas*. 1. ed. Belo Horizonte: D'Plácido, 2020, p. 30.

37 MILAGRES, Marcelo de Oliveira. *Manual de direito das coisas*. 1. ed. Belo Horizonte: D'Plácido, 2020, p. 29.

38 PEREIRA, Caio Mário da Silva. *Instituições de Direito Civil*. 30. ed. rev. e atual. por Maria Celina Bodin de Moraes. Rio de Janeiro: Forense, 2017, v. 1. E-book, local. 330-

delineada:

Figura 1 – Classificação dos Bens

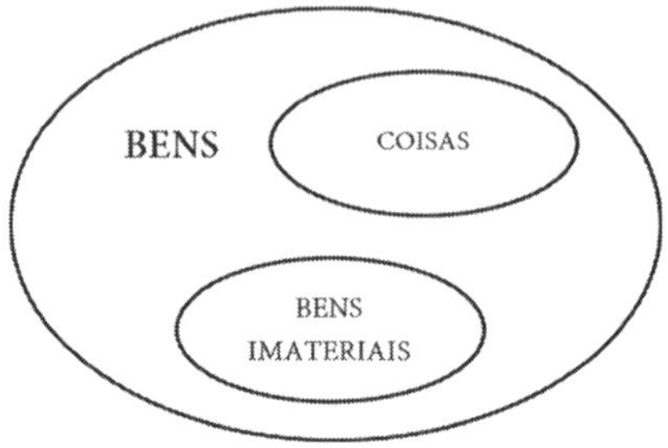

Dentro dessa orientação, bens jurídicos são o objeto da relação jurídica e não sofrem limitação de materialidade ou patrimonialidade. São compostos por bens de natureza patrimonial e bens inestimáveis economicamente, como o estado de filiação e o direito ao nome. Assim, o bem jurídico pode ou não ter conteúdo econômico. Igualmente, pode ser corpóreo ou imaterial, tangível ou intangível.

Enuncia Carlos Roberto Gonçalves, ainda, que o objeto da relação jurídica diz respeito àquilo que pode ser submetido ao poder do sujeito de direito, compreendendo os bens atrelados aos direitos reais, as prestações, as relações obrigacionais, certos atributos da personalidade e certos direitos[39].

Avançando, situa-se a diferenciação entre bem corpóreo e incorpóreo. O que separa os dois sentidos, a princípio, é a ideia de tangilibidade, a possibilidade de toque material. Entretanto, é uma diferenciação problemática, pois há nuances não enfrentadas pelas duas classificações. Segundo Caio Mário, há coisas corpóreas naturalmente intangíveis, como o fundo de comércio, e coisas incorpóreas que alcançam os bens tangíveis,

---

331.

39 GONÇALVES, Carlos Roberto. *Direito Civil Brasileiro*: Parte Geral. 10. ed. São Paulo: Saraiva, 2012, v. 1. E-book, p. 200.

como a herança[40]. Com tais dificuldades, pontuou Bruno Zampier que: "Talvez por tais razões, a lei civil brasileira tenha optado por não considerar essas distinções, tratando estas modalidades sob a mesma rubrica genérica de *bens*[41].

O panorama delineado retrata impasse conceitual enfrentado há tempos pelo direito. Algumas classificações perdem importância – como retratado na dificuldade de delimitação entre bens corpóreos e incorpóreos. Os esforços de classificação são deixados em segundo plano, colocando em destaque a busca de soluções para problemas concretos.

> O tema é desafiador, na medida em que a clássica divisão teórica entre bens corpóreos e incorpóreos adquire novos contornos, tornando-se crucial para que se atribua tutela jurídica até mesmo àqueles bens que, à primeira vista, não possuiriam qualquer importância para fins sucessórios, mas que, com a interpenetração da internet nas relações sociais, passam a ter valor inestimável[42].

Para o presente trabalho, importa a acepção genérica de bem retratada por Marcelo Milagres e Caio Mário, no sentido de que bens compõem elementos tangíveis e intangíveis, corpóreos e incorpóreos, materiais e imateriais, dotados ou não de expressão econômica. Resta avançar na identificação dos elementos que compõem o cenário digital, aferindo se representam bens e, ainda, bens jurídicos.

A informação também funciona como bem jurídico. Veja-se, por

---

40 PEREIRA, Caio Mário da Silva. *Instituições de Direito Civil.* 30. ed. rev. e atual. por Maria Celina Bodin de Moraes. Rio de Janeiro: Forense, 2017, v. 1. E-book, local. 334.

41 LACERDA, Bruno Torquato Zampier. *Bens digitais*: cybercultura, redes sociais, e-mails, músicas, livros, milhas aéreas, moedas virtuais. 2. ed. Indaiatuba: Foco Jurídico, 2021, p. 53. Destaque do autor.

42 MARTINS, Guilherme Magalhães; FALEIROS JÚNIOR, José Luiz de Moura. O planejamento sucessório da herança digital. In: TEIXEIRA, Daniele Chaves (Coord.). *Arquitetura do planejamento sucessório*: Tomo II. 2. ed. 1. reimp. rev. ampl e atual. Belo Horizonte: Fórum, 2020, p. 479.

exemplo, a existência de contratos que têm como objeto a externalização ou não de alguma informação. Tal realidade inclui a informação digital, que pode ser manifestada por meio de caracteres de texto, imagem, som, com a potencialidade de armazenamento, acesso e compartilhamento entre provedores e plataformas com acesso à internet. No âmbito digital, a informação comporta novo tipo de linguagem e tamanhos bem mais extensos[43].

Tecnologia, comportamento econômico, padrões sociais e estrutura jurídica são fatores que, combinados, organizam a estrutura do universo da informação, segundo Yochai Benkler[44]. Nesse sentido, "o *cerne* da transformação que estamos vivendo na revolução atual refere-se às *tecnologias de processamento de informação e comunicação*"[45].

A informação eletrônica passa a figurar como bem, em concepção genérica, por se tratar de elemento com que os seres vivos interagem e que foi por estes criado[46]. Com o fator de criação humana, essas informações passam a representar expressões humanas digitalizadas. Apesar das

---

43 ÖHMAN, Carl; FLORIDI, Luciano. The Political Economy of Death in the Age of Information: A Critical Approach to the Digital Afterlife Industry. *Minds & Machines*, [*s. l.*], set. 2017, v. 27, p. 643. Disponível em: https://doi.org/10.1007/s11023-017-9445-2. Acesso em: 18 mar. 2020.

44 Reproduz-se pertinente trecho: "The shape of the information environment, and the distribution of power within it to control information flows to and from individuals, are, as we have seen, the contingent product of a combination of technology, economic behavior, social patterns, and institutional structure or law". BENKLER, Yochai. *The Wealth of Networks*: How Social Production Transforms Markets and Freedom. New Heaven: Yale University Press, 2006. E-book, local. 147.

45 CASTELLS, Manuel. *A sociedade em rede*. 19. ed. rev. e atual. Tradução de Roneide Venancio Majer. Rio de Janeiro, São Paulo: Paz & Terra, 2018, p. 88. Destaque do autor.

46 Não se olvida a possibilidade de criação e retroalimentação de informações por sistemas e *softwares* de inteligência artificial, as quais, entretanto, formarão outro tipo de categorização.

dificuldades classificatórias, a intangibilidade parece ser a classificação mais pertinente, uma vez que os ativos virtuais transitam no ambiente desmaterializado, incorpóreo.

Nesse sentido, os bens digitais são espécies de bens incorpóreos ou imateriais[47].

A categoria que mais interessa, no momento, é que as informações digitais, com ou sem expressão econômica, são frequentemente tratadas como objeto de relações jurídicas, e, em tais casos, são bens jurídicos. Conforme Bruno Zampier: "os bens digitais são informações que em sua imensa maioria se apresentarão como úteis, tendo, portanto, relevância jurídica"[48]. Quando ganham repercussão econômica, as informações digitais representam dados ou ativos digitais que, igualmente, figuram como bens jurídicos. Assim, há dados digitais economicamente apreciáveis, que repercutem no patrimônio dos usuários relacionados, sejam eles pessoas naturais ou jurídicas, isolada ou coletivamente.

Cumpre, todavia, compreender melhor o que seriam os bens ou ativos digitais.

1.2.2 Bens ou ativos digitais?

A expressão "bens digitais" é frequentemente tratada, mas poucas vezes compreendida. Sabe-se, em geral, que se relacionam aos elementos contidos no ambiente virtual, criados em sistema de linguagem binária, que

---

47 GIOTTI, Giancarlo Barth; MASCARELLO, Ana Lúcia Camargo de. Herança Digital. *5º Simpósio de Sustentabilidade e Contemporaneidade nas Ciências Sociais.* TEDx – Centro Universitário FAG. COOPEX, 21, 22 e 23 jul. 2017. Disponível em: https://www.fag.edu.br/coopex. Acesso em: 13 abr. 2021.

48 LACERDA, Bruno Torquato Zampier. *Bens digitais*: cybercultura, redes sociais, e-mails, músicas, livros, milhas aéreas, moedas virtuais. 2. ed. Indaiatuba: Foco Jurídico, 2021, p. 63.

requerem algum dispositivo eletrônico para serem acessados e que dialogam com o universo incorpóreo, imaterial e intangível. Buscar definição exata do termo significa voltar à noção de informação e de conteúdo. Com clareza ensina Bruno Zampier:

> A título de recordação, definiu-se conteúdo como sendo uma expressão que englobaria todo e qualquer segmento de informação propriamente dito, ou seja, conteúdo será sempre uma informação digital, podendo então envolver um texto, uma imagem, um som ou vídeo, qualquer dado, sendo estes posteriormente difundidos pela internet. Os bens digitais devem ser vistos como gênero que incorporaria todos estes variados conteúdos, postados ou compartilhados por meio do ambiente virtual[49].

Não se trata, portanto, de nova categoria de bens jurídicos, e sim do enquadramento desses elementos acessados virtualmente na classificação ampla e expansiva de "bem".

O sentido abrangente foi também reconhecido no seguinte trecho, escrito por Lilian Edwars e Edina Harbinja, livremente traduzido: "'Bens Digitais' são definidos de forma ampla e não exclusivamente para incluir a variedade de bens informacionais intangíveis associados com o meio on-line ou digital"[50]. Segundo as autoras, em sequência, países como Estados Unidos e Reino Unido têm reconhecido como bens digitais diversas categorias de dados, como perfis de redes sociais; *e-mail*; *tweets*; ativos em *games* virtuais; mensagens de texto, imagens, sons, vídeos ou livros digitais

49 LACERDA, Bruno Torquato Zampier. *Bens digitais*: cybercultura, redes sociais, e-mails, músicas, livros, milhas aéreas, moedas virtuais. 2. ed. Indaiatuba: Foco Jurídico, 2021, p. 63.

50 Tradução livre. No original: "'Digital assets' within this chapter are defined widely and not exclusively to include a huge range of intangible information goods associated with the online or digital world". EDWARDS, Lilian; HARBINJA, Edina. What Happens to My Facebook Profile When I Die ?: Legal Issues Around Transmission of Digital Assets on Death. In: MACIEL, Cristiano. PEREIRA, Vinícius Carvalho (Eds.). *Digital Legacy and Interaction*: Post-mortem issues. Nova York: Springer, 2013, p. 116.

armazenados em nuvem; senhas de contas em plataformas; nomes de domínio; símbolos; personagens ou estruturas 2D e 3D; criptomoedas, entre outros. Correspondem, por tanto, ao que Stéfano Rodotà denominou "corpo eletrônico"[51].

Complementa Zampier que ativos digitais "seriam aqueles bens incorpóreos, os quais são progressivamente inseridos na Internet por um usuário, consistindo em informações de caráter pessoal que trazem alguma utilidade àquele, tenha ou não conteúdo econômico"[52]. Nesse aspecto, introduz as características de inserção contínua pelos usuários e a não obrigatoriedade de ostentar natureza financeira.

De tal forma, bens digitais são categoria ampla que alberga conteúdos difundidos no meio virtual. Os conteúdos, por sua vez, envolvem as informações digitais. Assim, os bens digitais são formados por informações digitais. Como informações digitais, podem ocupar espaço de objeto da relação jurídica. Enquanto objeto da relação jurídica, são bens jurídicos. Portanto, os ativos digitais podem representar "legítimos bens jurídicos, com notória implicação na vida privada dos titulares e não titulares destes ativos"[53].

Bens digitais e ativos digitais são normalmente usados como sinônimos[54]. Ainda não há diferenciação específica entre eles, sendo tratados indistintamente em diplomas normativos, decisões judiciais e entendimentos doutrinários. Aplica-se, igualmente, a adjetivação

51 RODOTÀ, Stefano. *Il diritto di avere diritti.* Roma-Bari: Laterza, 2012, p. 26.

52 LACERDA, Bruno Torquato Zampier. *Bens digitais*: cybercultura, redes sociais, e-mails, músicas, livros, milhas aéreas, moedas virtuais. 2. ed. Indaiatuba: Foco Jurídico, 2021, p. 63-64.

53 LACERDA, Bruno Torquato Zampier. Bens Digitais: Em busca de um microssistema próprio. In: TEIXEIRA, Ana Carolina Brochado; LEAL, Lívia Teixeira (Coords.). *Herança Digital*: Controvérsias e Alternativas. Indaiatuba: Foco, 2021, p. 43.

54 Na língua inglesa, as opções empregadas são "*digital assets*" ou "*digital property*". Na italiana, "*bienes digitales*".

"virtuais". Embora fora do ambiente eletrônico a palavra "ativo" apresente conotação de monetização pela correspondência com ativos financeiros, especialmente do mercado de investimentos e negociação de capital, no cenário eletrônico este sentido não tem aplicabilidade, uma vez que são verificados bens ou ativos com e sem economicidade.

Segundo José Luiz de Moura Faleiros Júnior e Guilherme Magalhães Martins, os bens digitais apresentam características próprias, como a ausência de tangibilidade, a inexistência de depreciação física e a necessidade de mínimo espaço físico para armazenamento[55]. Como desvantagens, pontuam a dependência de eletricidade, dispositivos eletrônicos e *softwares* para acesso. Destacam, dentre outras atribuições, que possuem resistência e fragilidade, por serem duráveis e, ao mesmo tempo, facilmente excluídos.

Bens digitais são considerados espécies de bens incorpóreos. Como bens incorpóreos, ostentam característica que é, simultaneamente, benefício e malefício. Com a incorporeidade, vem a facilidade no acesso, pela possibilidade de uso por vários dispositivos eletrônicos simultaneamente. A característica de conter multiportas, entretanto, também possui lado negativo. Se, por um lado, a tecnologia facilita a permanência desses dados, acessáveis por equipamentos diversos, a mesma facilidade pode comprometer a situação e a natureza dos dados, uma vez que, por exemplo, um arquivo corrompido pode danificar os demais. A dinamização do acesso também provoca a dinamização na violação, pois até um evento *hacker* pode comprometer todos os itens contidos no dispositivo violado.

Ainda como aspecto negativo, as constantes evoluções de programas e

---

55 MARTINS, Guilherme Magalhães; FALEIROS JÚNIOR, José Luiz de Moura. O planejamento sucessório da herança digital. In: TEIXEIRA, Daniele Chaves (Coord.). *Arquitetura do planejamento sucessório*: Tomo II. 2. ed. 1. reimp. rev. ampl e atual. Belo Horizonte: Fórum, 2020, p. 469.

equipamentos utilizados provocam uma obsolescência tecnológica[56] e necessidade contínua de atualização e troca de ferramentas. Tais perspectivas desfavoráveis, porém, são mínimas; os ativos digitais ganham notoriedade, com a ideia de segurança para além do que é tangível.

Sugere-se que "ativos digitais não são meramente arquivos/objetos, e sim aqueles que são feitos para consumo de terceiros, que têm os direitos corretos ligados a eles e os metadados corretos para encontrá-los e acessá-los"[57]. Segundo referida visão, adotada pelo inglês Tobias Blanke, o que torna um arquivo eletrônico ativo é a possibilidade de enriquecimento de informações adicionais que permitem seu consumo por outros usuários. Assim, nem todas as informações ou conteúdos inseridos em contexto digital seriam ativos digitais, pois estes possuem valor no compartilhamento, no acesso, no consumo por outros indivíduos.

Tal consideração, no entanto, não impede que itens inseridos no espaço de armazenamento pessoal do indivíduo também sejam considerados ativos digitais. Em verdade, os arquivos de vídeo, áudio, imagens, documentos e até programas armazenados em pastas offline nos *hard drives* também são considerados ativos digitais, por se tratarem de dados inseridos em meio eletrônico e terem a potencialidade de ser acessados por dispositivo eletrônico e disseminado virtualmente. Tais arquivos, ainda, apresentam todas as características aqui retratadas como íntimas aos ativos digitais e, igualmente, levam essa titulação.

Outro relevante apontamento é a diferenciação entre bem e direito. Em

---

56 LIMA, Marcos Aurélio Mendes. Herança Digital: *Transmissão* post mortem *de bens armazenados em ambiente virtual.* 2016. 95f. Monografia (Graduação) – Curso de Direito, Universidade Federal do Maranhão, São Luís, 2016.

57 Tradução livre. No original: "Digital assets are not just files/objects, but only those that are made for consumption by others, that have the correct rights attached to them and the right metadata to find and access them". BLANKE, Tobias. *Digital Asset Ecosystems*: Rethinking crowds and clouds. Kidlington: Chandos Publishing, 2014, p. 9.

alguns casos, por meio do negócio jurídico celebrado com plataformas, provedores e aplicativos, são adquiridos bens, ou o espaço para criação e incorporação de arquivos diversos, como ocorre em redes sociais, jogos eletrônicos e contas de *e-mail*. Em outros casos, adquire-se apenas a licença para acessar e utilizar determinado conteúdo, com direito de posse provisória[58], como em plataforma de *streaming* cujo termo de serviço autoriza somente a visualização dos conteúdos fornecidos no pacote contratado. No último caso, fala-se antes em direito, licença e prerrogativa condicionada à manutenção da assinatura da conta, do que em bem adquirido.

Tal diferenciação, a princípio, será delimitada pelo provedor de internet, no instrumento contratual (termo de serviço). Havendo abuso, omissão ou dificuldade de entendimento das cláusulas impostas, operar-se-á a interpretação mais favorável ao usuário, conforme disposição do Código de Defesa do Consumidor[59], qual seja: a aquisição de propriedade dos dados salvos no perfil.

A discussão, entretanto, é mais profunda. Não há limiar definido entre o que é bem e o que é direito no cenário digital. Em algumas situações será mais fácil delimitar; em outras, mais difícil, pois mesmo o direito pode culminar em bem. No exemplo apresentado, discute-se a possibilidade de titularidade de conteúdos baixados nas próprias plataformas de *streaming*, demonstrando que o direito de acesso se desdobra na incorporação patrimonial de arquivo audiovisual disponibilizado pela plataforma[60]. A

58 Ainda, deve-se estudar se há realmente posse provisória, ou se não seria, na verdade, mera detenção.

59 "Art. 47. As cláusulas contratuais serão interpretadas de maneira mais favorável ao consumidor". BRASIL. Lei n. 8.078, de 11 de setembro de 1990. Dispõe sobre a proteção do consumidor e dá outras providências. *Diário Oficial da União*. Brasília, 12 set. 1990. Disponível em: http://www.planalto.gov.br/ccivil_03/leis/l8078 compilado.htm. Acesso em: 02 jul. 2021.

60 Ponto tratado no item "3.1.3 Serviços de *streaming*".

discussão, todavia, é ainda incipiente.

A Diretiva da União Europeia sobre aspetos relativos aos contratos de fornecimento de conteúdos e serviços digitais, Diretiva (UE) 2019/770 do Parlamento Europeu e do Conselho, de 20 de maio de 2019, trouxe algumas definições relevantes em seu artigo 2º:

> Para efeitos da presente diretiva, entende-se por:
> 1) "Conteúdo digital": dados produzidos e fornecidos em formato digital;
> 2) "Serviço digital":
> a) um serviço que permite ao consumidor criar, tratar, armazenar ou aceder a dados em formato digital, ou
> b) um serviço que permite a partilha ou qualquer outra interação com os dados em formato digital carregados ou criados pelo consumidor ou por outros utilizadores desse serviço;
> 3) "Bens com elementos digitais": qualquer bem móvel tangível que incorpore um conteúdo ou serviço digital, ou que com este esteja interligado, de tal modo que a falta desse conteúdo ou serviço digital impeça os bens de desempenharem as suas funções[61].

Pelo item 3 da Diretiva, a União Europeia adotou como bens digitais tanto o conteúdo ou os dados produzidos digitalmente (vídeo, áudio, aplicativo, jogos e *software*) quanto o serviço que permite a criação, armazenamento, conservação, compartilhamento ou incorporação daquele dado (o que inclui, por exemplo, as redes sociais, as plataformas de *streaming*, os *sites* para aquisições de produtos digitais, os jogos eletrônicos, os serviços de milhagens aéreas, os bancos de criptomoedas, entre várias outras possibilidades).

No Brasil, não há conceituação legal delimitada. O Marco Civil da

61 UNIÃO EUROPEIA. *Diretiva (UE) 2019/770 do Parlamento Europeu e do Conselho, de 20 de maio de 2019*. Jornal Oficial da União Europeia, 20 maio 2019. Disponível em: https://eur-lex.europa.eu/legal-content/PT/TXT/PDF/?uri=CELEX:32019L0770&from=EN. Acesso em: 14 abr. 2021.

Internet[62], em especial, perdeu a oportunidade de definir e tratar especificadamente dos bens digitais. A despeito da ausência de tratamento específico, há algumas nuances acerca do assunto.

O texto normativo que mais se aproxima do tema no direito brasileiro é a Lei de Direitos Autorais que, no art. 7º *caput*[63] e incisos, elenca obras intelectuais dignas de proteção autoral. Assevera Bruno Zampier que:

> No *caput* do dispositivo é mencionado que obras intelectuais protegidas são as criações do espírito, expressas por qualquer meio, mesmo intangível, que se invente no futuro. Ora, os ativos digitais seriam, em parte, criações mesmo da inteligência humana, externadas no ambiente virtual, numa rede consolidada e popularizada após o advento desta Lei [...], a Internet.
>
> Indo aos incisos, é possível inferir que os bens digitais, como dito, podem ser constituídos por textos, vídeos, fotografias, base de dados, ou seja, se encaixariam nos conceitos trazidos, especialmente, nos incisos "I", "II", "VI", "VII" e "XIII"[64].

A Lei Geral de Proteção de Dados também consignou noções relevantes, sobretudo no artigo 5º, dentre as quais se destaca: dado pessoal, dado pessoal sensível, banco de dados, titular, consentimento, bloqueio, eliminação e uso compartilhado de dados (respectivamente, os incisos I, II,

---

62 BRASIL. Lei n. 12.965, de 23 de abril de 2014. [Marco Civil da Internet]. Estabelece princípios, garantias, direitos e deveres para o uso da Internet no Brasil. *Diário Oficial da União*, Brasília, 24 abr. 2014. Disponível em: http://www.planalto.gov.br/ccivil_03/_ato2011-2014/2014/lei/l12965.htm. Acesso em: 15 abr. 2021.

63 "Art. 7º: São obras intelectuais protegidas as criações do espírito, expressas por qualquer meio ou fixadas em qualquer suporte, tangível ou intangível, conhecido ou que se invente no futuro, tais como [...]". BRASIL. Lei n. 9.610, de 19 de fevereiro de 1998. Altera, atualiza e consolida a legislação sobre direitos autorais e dá outras providências. *Diário Oficial da União*. Brasília, 20 fev. 1998. Disponível em: http://www.planalto.gov.br /ccivil_03/leis/l9610.htm. Acesso em: 11 abr. 2021.

64 LACERDA, Bruno Torquato Zampier. *Bens digitais*: cybercultura, redes sociais, e-mails, músicas, livros, milhas aéreas, moedas virtuais. 2. ed. Indaiatuba: Foco Jurídico, 2021, p. 65.

IV, V, XII, XIII e XIX)[65].

O Código Civil contempla parcialmente o tema, ao tratar como bem as energias com expressão financeira, estabelecendo, no artigo 83, *caput*, "Consideram-se móveis para os efeitos legais:" e, no inciso I: "as energias que tenham valor econômico". Nesse sentido, o autor Carlos Alberto Rohrmann enuncia que "tendo arquivos digitais como energia armazenada, é possível considerar o acervo digital como um conjunto de bens móveis para efeitos legais"[66].

Com base nas conceituações e características expostas, lista-se alguns

65 "Art. 5º Para os fins desta Lei, considera-se: I - dado pessoal: informação relacionada a pessoa natural identificada ou identificável; II - dado pessoal sensível: dado pessoal sobre origem racial ou étnica, convicção religiosa, opinião política, filiação a sindicato ou a organização de caráter religioso, filosófico ou político, dado referente à saúde ou à vida sexual, dado genético ou biométrico, quando vinculado a uma pessoa natural; [...] IV - banco de dados: conjunto estruturado de dados pessoais, estabelecido em um ou em vários locais, em suporte eletrônico ou físico; V - titular: pessoa natural a quem se referem os dados pessoais que são objeto de tratamento; [...] XII - consentimento: manifestação livre, informada e inequívoca pela qual o titular concorda com o tratamento de seus dados pessoais para uma finalidade determinada; XIII - bloqueio: suspensão temporária de qualquer operação de tratamento, mediante guarda do dado pessoal ou do banco de dados; XIV - eliminação: exclusão de dado ou de conjunto de dados armazenados em banco de dados, independentemente do procedimento empregado; [...] XVI - uso compartilhado de dados: comunicação, difusão, transferência internacional, interconexão de dados pessoais ou tratamento compartilhado de bancos de dados pessoais por órgãos e entidades públicos no cumprimento de suas competências legais, ou entre esses e entes privados, reciprocamente, com autorização específica, para uma ou mais modalidades de tratamento permitidas por esses entes públicos, ou entre entes privados; [...]" BRASIL. Lei n. 13.709, de 14 de agosto de 2018. Lei Geral de Proteção de Dados. *Diário Oficial da União*, Brasília, 15 ago. 2018. Disponível em: http://www.planalto.gov.br/ccivil_03/_ato2015-2018/2018 /lei/l13709.htm. Acesso em: 15 abr. 2021.

66 COSTA FILHO, Marco Aurélio de Farias. Herança digital: valor patrimonial e sucessão de bens armazenados virtualmente. *Revista Judiciária da Seção Judiciária de Pernambuco*. n. 9, 2016. p. 190. Disponível em:https://revista.jfpe.jus.br/index.php/

dos principais serviços que lidam com bens digitais, sem pretensão de exaustividade:

- Redes sociais (como *Facebook*, *YouTube*, *LindekIn*, *Twitter*, *Instagram*, *BeReal*, *TikTok*, *Threads*, *Pinterest* e *Snapchat*);
- Aplicativos de mensagens (como *WhatsApp*, *Telegram*, *Facebook Messenger* e *WeChat*);
- Serviços de armazenamento em nuvem ou *cloud computing* (como *Dropbox*, *iCloud*, *OneDrive*, *Google Drive*, *Amazon Cloud Drive*);
- Serviços de *e-mails* (como *Yahoo*, *Gmail*, *Hotmail*, *Outlook* e UOL);
- Plataformas de *blogs* (como *Wordpress*, *Tumblr*, *Blogger*, *Weebly* e *Jimdo*);
- Plataformas de compras ou pagamento (como *eBay*, *PayPal* e *Picpay*);
- *E-commerce* e *Marketplace* (*Amazon*, Mercado Livre, Magazine Luiza, Americanas, Casas Bahia, Dafiti, *Shein*, *Shopee*);
- Plataforma de compartilhamento e edição de fotos ou vídeos (como *Picasa*, *iMovie*);
- Serviços de *streaming* para músicas digitais (como *iTunes*, *Spotify*, *YouTube Music* e *Deezer*);
- Serviços de *streaming* para livros digitais (como *Scribd* e *Kindle Unlimited*);
- Serviços de *streaming* para conteúdo audiovisual (como *Netflix*, *Amazon Prime Video*, *HBO Max*, *Disney+*, *Star+*, *Paramount*, *Globoplay*, *YouTube Premium*, *Apple TV +*);
- Plataformas para *games* (como *Discord*, *Steam*, *Psn*, *Xbox Live* e *Apple Arcade*), com jogos on-line (como *World of Warcraft* e

---

RJSJPE/article/view/152. Acesso em: 10 out. 2019.

Second Life);

- Aplicativos de relacionamento (como *Tinder, Happn, Badoo, Bumble, Grindr* e *The Inner Circle*);
- Programas que lidam com negociação de criptomoedas (como Mercado Bitcoin, *Coinext, Foxbit* e *Bitcoin Trade*);
- Páginas de instituições financeiras (como Caixa Econômica Federal, Banco do Brasil, Itaú, Santander, Bradesco, BNDS, HSBC, NuBank, Méliuz, C6 e Inter);
- Programas de pontuações e *cash back* (como Méliuz, Dotz, BeBlue, Picpay e Ame Digital); e
- Programas de milhagens aéreas (como TudoAzul, Livelo, *Smiles*, Multiplus, *AAdvantage*, LATAM *Pass*, Tudo Azul, Livelo, Esfera, American Airlines, Emirates Airlines, Banco C6, Unites Airlines, Air Europa, Air Canada, Iberia, Air France, Avianca, British Airways, Delta, Lufthansa, KLM, ITA Airways, Aeromexico, Turkish Airline, Sky Airline, Ryanair, Qatar Airways, e Air China).

Em decorrência dos serviços mencionados, atualmente pode-se enumerar como principais ativos digitais os seguintes elementos:

- Páginas e contas em redes sociais, com suas potencialidades, inclusive, de alcance;
- Informações armazenadas em publicações, conversas e arquivos privados, de redes sociais, aplicativos de mensagens e aplicativos de relacionamentos;
- Interações em redes sociais, por meio de *likes*, visualizações, comentários e compartilhamentos;
- Informações pessoais contidas em *blogs*, plataformas, provedores e páginas da internet em geral;
- Arquivos e dados armazenados em nuvem;

- Mensagens e correspondências privadas de contas de *e-mail*;
- Músicas, vídeos e livros baixados e adquiridos em serviços de *streaming*;
- Dados e avatares criados em jogos, além de posições, acessórios e ferramentas comercializados nos *games*;
- Informações bancárias em plataformas para compras e pagamentos;
- Históricos de acesso, de compras e de geolocalização;
- Senhas de contas em geral;
- Nomes de domínio;
- Símbolos;
- Criptomoedas; e
- Pontuações e milhagens aéreas.

Os exemplos apresentados não são exaustivos – nem poderiam ser, haja vista a constante modernização, que impulsiona o surgimento de novas tecnologias, e o rotineiro incremento de inéditas páginas e aplicativos, fomentando outros tipos de acervos no mundo virtual.

Após levantamento dos principais serviços de internet relacionados e dos mais notórios bens digitais, aprofunda-se na análise das características desses ativos.

1.2.3 Peculiaridades: o olhar do dinheiro e do tempo

Além do acesso multiportas, os bens digitais são também diferenciados pela repercussão econômica e pela influência do elemento temporal.

Discute-se se a repercussão econômica seria condição ou elemento dos bens digitais. Analisando o tema, mostra-se mais viável a opção de repercussão econômica como simples elemento, e não como condição essencial dos bens digitais, salientando-se que há ativos digitais que não possuem a princípio economicidade, como, por exemplo, arquivos textuais e fotográficos armazenados em *hard drives* pessoais.

Como visto, os bens digitais são categoria ampla que alberga conteúdos difundidos no meio virtual, envolvendo as informações digitais. São, basicamente, "todos aqueles conteúdos constantes na rede, passíveis ou não de valoração econômica, que proporcionem alguma utilidade para o seu titular", como destacam Ana Carolina Brochado Teixeira e Lívia Teixeira Leal[67]. Assim, são identificados bens digitais sem valoração econômica.

A própria diferenciação entre bens que possuem ou não expressão econômica é falha, pois o contexto e a situação em que o elemento se encontra pode alterar a classificação. A título de exemplo, os elementos citados como arquivos textuais e fotográficos armazenados digitalmente, ainda que intrinsecamente possuam conotação personalista e não econômica, podem vir a ganhar patrimonialidade, caso comercializados, compartilhados ou divulgados em redes sociais.

A dificuldade em torno da análise da repercussão econômica dos bens em ambiente digital, logo, sugere que se aceite a noção de economicidade como um elemento que pode ou não estar presente. De um lado, foi provado que há bens destituídos de expressão financeira e, de outro lado, os esforços de determinar a existência ou não dessa característica podem ser em vão, pois o mesmo dado eminentemente existencial pode adquirir patrimonialidade em outra situação. Conclui-se, pois, que não é obrigatória a verificação de repercussão econômica para que um elemento seja considerado bem digital.

Ainda que não haja obrigatoriedade, o envolvimento financeiro é cada vez mais presente na realidade virtualizada, tanto pela transposição de

---

67 TEIXEIRA, Ana Carolina Brochado; LEAL, Lívia Teixeira. Tutela Jurídica dos Bens Digitais ante os regimes de bens comunheiros. In: EHRHARDT JÚNIOR, Marcos; CATALAN, Marcos; MALHEIROS, Paulo (Coords.). *Direito Civil e Tecnologia*. Belo Horizonte: Editora Fórum, 2020, p. 337.

arquétipos do contexto analógico para o universo digital, quanto pelo surgimento de novas ferramentas e negociações. Forte exemplo é a otimização de curtidas e *likes* em plataformas e páginas de redes sociais, que representam dinheiro e crédito, por meio de contratos atípicos.

Segundo Karina Fritz:

> E hoje não pairam mais dúvidas: a contraprestação prestada pelos usuários tem significativo valor econômico, garantindo rentabilidade astronômica para as empresas digitais, como comprovam os lucros oficialmente anunciados e a posição por elas ocupadas no ranking das empresas mais lucrativas do mundo, inclusive em tempos de pandemia de Covid-19. Não à toa os dados pessoais são considerados o *petróleo do século 21*[68].

Raquel Recuero aponta a existência de um capital social no meio digital, diretamente relacionado à potencialidade econômica de perfis em redes sociais, pela interferência em valores como autoridade, popularidade e influência, de forma a gerir o poder publicitário pelo alcance que as publicações ali realizadas irão obter. Veja-se:

> Autoridade, popularidade e influência são valores relacionados com o capital social observado nas redes sociais, mas são valores diferentes entre si. São valores importantes para o estudo da difusão de informações nas redes sociais, porque podem auxiliar na compreensão de como e por que essas informações são espalhadas[69].

Além das páginas em redes sociais, é indiscutível a valorização dos arquivos inseridos e armazenados digitalmente na atualidade: "O potencial do acervo digital é inegável"[70]. Segundo o Fórum Econômico Mundial, 10%

---

68 FRITZ, Karina Nunes. A Garota de Berlim e a Herança Digital. In: TEIXEIRA, Ana Carolina Brochado; LEAL, Lívia Teixeira (Coords.). *Herança Digital*: Controvérsias e Alternativas. Indaiatuba: Foco, 2021, p. 239.

69 RECUERO, Raquel. *Redes Sociais na Internet*. Porto Alegre: Sulina, 2009, p. 115.

70 COSTA FILHO, Marco Aurélio de Farias. Herança digital: valor patrimonial e sucessão de bens armazenados virtualmente. *Revista Judiciária da Seção Judiciária de*

do PIB global estará armazenado em tecnologia *Blockchain* até 2027[71]. Os serviços de *cloud computing*, particularmente, sofreram expressivo aumento no contexto pandêmico. Apura-se que o valor recorde de 41,8 milhões de dólares foi gasto em armazenamento em nuvem apenas no primeiro trimestre de 2021[72].

A expressiva marca de R$6 bilhões é a estimativa de contribuição do YouTube para o PIB brasileiro no ano de 2021, segundo a Diretora do YouTube Brasil, ao mencionar relatório da Oxford Economics[73].

A abrangência do YouTube é ilustrada pelo potencial das quatro contas brasileiras com mais inscritos em 2023, em ordem decrescente: Canal KondZilla, com 66 milhões de inscritos; Felipe Neto, com 45 milhões de inscritos; Você Sabia?, com 44.6 milhões de inscritos e whindersonnunes, com 44.2 milhões de inscritos[74]. Quanto à percepção de lucros, pesquisa divulgada pela Forbes relatou que a conta do YouTube que mais fatura mundialmente é a do americano de 23 anos Jimmy Donaldson, ou MrBeast,

---

Pernambuco. n. 9, 2016, p. 190. Disponível em: https://revista.jfpe.jus.br/ index.php/RJSJPE/article/view/152. Acesso em: 10 out. 2019.

71 BLOCKCHAIN, inteligência artificial e dados: como eles já estão impactando a vida de milhares de pessoas. *Social Good Brasil*, [*s. l.*], 05 maio 2019. Disponível em: https://socialgoodbrasil.org.br/2019/05/05/blockchain-inteligencia-artificial-e-dados-como-eles-ja-estao-impactando-a-vida-de-milhares-de-pessoas-2/. Acesso em: 17 abr. 2021.

72 SPENDING on cloud computing hits $42 bn worldwide: tracker. *Techxplore*, [*s. l.*], 30 abr. 2021. Business. Disponível em: https://techxplore.com/news/2021-04-cloud-bn-worldwide-tracker.html. Acesso em: 03 maio 2021.

73 MURATORI, Patricia. O impacto do YouTube no Brasil em 2021. *Youtube Official Blog* – Notícias e Eventos, [*s. l.*], 31 ago. 2022. Disponível em: https://blog.youtube/intl/pt-br/news-and-events/relatorio-de-impacto-2021/. Acesso em: 15 fev. 2023.

74 BELING, Fernanda. Os 10 maiores canais do YouTube. *Oficial da NET*, [*s. l.*], 27 jun. 2023. Disponível em: https://www.oficinadanet.com.br/post/13911-os-10-maiores-canais-do-youtube. Acesso em: 13 jul. 2023.

que ultrapassou a marca de 10 bilhões de visualizações na plataforma e embolsou US$54 milhões, o que chega a R$300 milhões[75].

Os valores apurados, ainda, desconsideram a consequente visibilidade alcançada em outras redes sociais (como *Instagram* e *TikTok*), pois é usual que celebridades da internet acumulem fãs e seguidores ávidos por consumir novos conteúdos daquele usuário em várias plataformas, simultaneamente. Soma-se também às quantias apontadas os lucros com anúncios publicitários que a fama daquela celebridade atrai.

Um "meme" compartilhado na internet há anos foi vendido por quase 500 mil dólares. A imagem, conhecida no meio virtual como *disaster girl* ou "garota em chamas", refere-se a fotografia originalmente foi tirada em 2005, com uma garotinha de semblante enigmático – quase em um sorriso irônico

Figura 2 – Garota em Chamas

Fonte: Fazio, 2021.

75 BROWN, A.; FREEMAN, A. The Highest-Paid YouTube Stars: MrBeast, Jake Paul And Markiplier Score Massive Paydays. *Forbes* – Social Media, *[s. l.]*, 14 jun. 2022. Disponível em: https://www.forbes.com/sites/abrambrown/2022/01/14/the-highest-paid-youtube-stars-mrbeast-jake-paul-and-markiplier-score-massive-paydays/. Acesso em: 12 set. 2022.

– e uma casa completamente em chamas ao fundo. Adiante se ilustra a imagem que inaugurou uma nova realidade na internet[76]:

A jovem, hoje adulta, registrou a imagem como *token* não fungível – em inglês, *non fungible token* (NFT) – e a leiloou por 473 mil dólares. O NFT é um certificado de propriedade digital, uma chave eletrônica criptografada única, sem valor definido, que pode ser usada para autenticar transações de ativos digitais, com base na tecnologia *blockchain*. Afirma-se que "o dono de um NFT é proprietário de uma espécie de certificado de propriedade intelectual, o que garante sua autenticidade e unicidade. Em resumo, o NFT é algo que não pode ser trocado, devido a suas especificações individuais, ao contrário de outros criptoativos"[77].

A novidade tem sido muito festejada no Brasil, que conta com quase cinco milhões de investidores em NFTs, colocando o país na segunda posição mundial de números de investidores nessa categoria, atrás somente da Tailândia, segundo dados de 2022[78]. Tal contexto tem a potencialidade de transferir para o meio digital as formas de riqueza conhecidas no universo analógico, garantindo novas formas de apropriação de bens e, inclusive, suscitando a possibilidade de propriedade exclusiva de bem digital, ainda que destituída de registro[79].

---

76 FAZIO, Marie. The World Knows Her as 'Disaster Girl.' She Just Made $500,000 Off the Meme. *The New York Times* – Arts. Nova York, 01 maio 2021. Disponível em: https://www.nytimes.com/2021/04/29/arts/disaster-girl-meme-nft.html. Acesso em: 03 maio 2021.

77 LISBOA, Alveni. O que é NFT e como isso está movimentando a internet. *CanalTech*, [*s. l.*], 20 mar. 2021. Mercado. Negócios. Disponível em: https://canaltech.com.br/negocios/o-que-e-nft-non-fungible-tokens-180693/. Acesso em: 18 maio 2021.

78 SILVA, Mariana Maria. Com quase 5 milhões, Brasil é o 2º país com mais investidores de NFTs e sai na frente de EUA e China. *Exame*, [*s. l.*], 14 jun. 2022. Disponível em: https://exame.com/future-of-money/com-quase-5-milhoes-brasil-e-o-2o-pais-com-mais-investidores-de-nfts-e-sai-na-frente-de-eua-e-china/. Acesso em: 12 jul. 2022.

79 GUILHERMINO, Everilda Brandão; EHRHARDT JÚNIOR, Marcos. Registro de bens

Cerca de vinte milhões de reais (US$ 4 milhões) foi o valor arrecadado

Figura 3 – Doge

Fonte: Soares, 2021.

com a venda de outro "meme", em leilão com a criptomoeda *Ethereum* (*ETH*), em junho de 2021. A foto, que já ganhou o prêmio "Meme da Década" em dezembro de 2019, pelo banco de dados *Know Your Meme*, contém o cachorro "Doge", com um olhar desconfiado[80]. Eis a fotografia de quatro milhões de dólares:

Que há usuários auferindo lucro com a internet é fato notório, como ilustrado. As constantes inovações tecnológicas aquecem o mercado digital em novos ramos, como nas artes plásticas. Independentemente de haver ou

digitais: uma reflexão a partir da teoria clássica. *Fórum* – Coluna Direito Civil, [*s. l.*], 17 maio 2022. Disponível em: https://www.editoraforum.com.br/noticias/. Acesso em: 25 jun. 2022.

80 SOARES, Rebeca. Meme mais caro do mundo: Doge é vendido como NFT por R$ 20 mi. *Estadão* – Comportamento. São Paulo, 17 jun. 2021. Comportamento. Disponível em: https://einvestidor.estadao.com.br/comportamento/meme-mais-caro-do-mundo. Acesso em: 17 jun. 2021.

não fator existencial envolvido, a realidade é que os ativos digitais possuem implicações patrimoniais diversas. Despontam, então, questionamentos relacionados ao enquadramento desses bens. Como compreender juridicamente tal sistema com valoração econômica? Os bens envolvidos integram a categoria de patrimônio do usuário? Desvendar tais noções é fundamental para indicar o que fazer com os ativos e seus resultados patrimoniais no processo sucessório.

Os bens digitais possuem também peculiaridade pela forma como envolvem o fator temporal. Já é possível afirmar que "a coexistência de conteúdos inseridos em momentos diversos e de locais distintos no ambiente digital promoveu o redimensionamento da percepção de espaço-tempo, desafiando a normativa jurídica existente, elaborada sob a perspectiva analógica"[81].

O cenário digital eliminou atrasos e provocou economia de tempo em diversas perspectivas, pela automatização e facilidade de acesso, com a disrupção do tempo cronológico[82]. Por outro lado, a alteração na compreensão do tempo nos fenômenos digitais também atrai implicações de fugacidade e volatilidade, sobretudo, nas formas de tutela.

Se antes uma violação poderia esperar meses ou anos para suspensão e retratação, agora a imediatidade está contra o direito. Em tais casos, a expressão "tempo é dinheiro" faz completo sentido, sendo ainda possível acrescentar que tempo é "problema". A divulgação de conversas sigilosas ou de fotografias privadas na internet é surpreendentemente mais feroz do

81 TEIXEIRA, Ana Carolina Brochado; LEAL, Lívia Teixeira. Tutela Jurídica dos Bens Digitais ante os regimes de bens comunheiros. In: EHRHARDT JÚNIOR, Marcos; CATALAN, Marcos; MALHEIROS, Paulo (Coords.). *Direito Civil e Tecnologia.* Belo Horizonte: Fórum, 2020, p. 333-334.

82 LEITE, Gabriela Pereira. *Herança digital*: a sucessão dos bens digitais. 2021. 25 f. Trabalho de Conclusão de Curso (Curso de Direito) – Pontifícia Universidade Católica de Goiás – PUC Goiás, Escola de Direito, Negócios e Comunicação, Goiânia, 2021.

que em revistas e jornais impressos, tendo-se ainda mais pressa na resposta como tutela.

O elemento temporal muda a forma de valorizar produtos no mercado digital. Desenvolve-se modelo de negócio com valorização do tempo em que usuários gastam transitando na rede. O período de permanência em páginas de redes sociais apura o potencial publicitário do perfil e o tempo de visualização de vídeos comerciais indica o valor do produto. No âmbito dos jogos digitais, em especial, a estadia no jogo é também valorizada pela concessão de ferramentas e acessórios especiais, que podem vir a ser comercializados[83].

Destacadas as peculiaridades do aspecto econômico e temporal dos bens digitais, adentra-se no universo do patrimônio digital.

1.3 Patrimônio Digital

1.3.1 Potencialidades patrimoniais

Existe patrimônio digital? Que há bens digitais com expressão econômica já se sabe. Mas como compreender esses bens, frente ao conceito de patrimônio? São categoria autônoma, ou integram a patrimonialidade do indivíduo?

A italiana Paola Iamiceli destaca a visão mais difundida de patrimônio como "um complexo de direitos [...] suscetíveis de valoração econômica,

83 Como retratado em: "Virtual assets in game worlds often represent the fruit of thousands of hours of labour (if game playing can be called labour) and there is already a substantial ethical and legal literature around their value, sale and conditions for transferability". EDWARDS, Lilian; HARBINJA, Edina. What Happens to My Facebook Profile When I Die?: Legal Issues Around Transmission of Digital Assets on Death. In: MACIEL, Cristiano. PEREIRA, Vinícius Carvalho (Eds.). *Digital Legacy and Interaction*: Post-mortem issues. Nova York: Springer, 2013, p. 116.

cuja unidade decorre do pertencimento ao mesmo sujeito de direitos"[84]. Na definição da autora, o patrimônio seria o "conjunto de situações jurídicas subjetivas que tem como objeto recursos suscetíveis de avaliação econômica, sobre os quais se reflete um determinado conjunto de interesses"[85]. Conforme afirmações de Ana Carolina Ceolin, patrimônio é o "complexo de bens e direitos economicamente apreciáveis"[86]. Segundo Marcelo Milagres, a ideia geral de patrimônio diz respeito à "universalidade de relações jurídicas dotadas de economicidade, alcançando, pois, créditos, obrigações, bens e coisas"[87].

A sociabilidade digital incrementa a existência do patrimônio digital, composto por dados de natureza existencial, econômica, ou ambas concomitantemente. Tendo, por um lado, o entendimento apresentado de bens digitais e, de outro, as delimitações de patrimônio, Bruno Zampier defende que os bens digitais são parte integrante do monte patrimonial, aludindo que: "Não há dúvida de que estas novas formas de aquisição, armazenamento e utilização de livros, filmes e músicas integram o patrimônio digital

84 Tradução livre. No original: "[...] um complesso di diritti [...] suscettiblili di valutazione economica, la cui unitarietà é legata ala appartenenza ad uno stesso soggetto di diritto". IAMICELI, Paola. *Unità e separazione dei patrimoni.* Padova: CEDAM, 2003, p. 1.

85 Tradução livre. No original: "[...] insieme di situazioni giuridiche soggettive aventi ad oggeto risorse suscettibili di valutazione economica, su cui si riflette un determinato assetto di interessi [...]". IAMICELI, Paola. *Unità e separazione dei patrimoni.* Padova: CEDAM, 2003, p. 5.

86 CEOLIN, Ana Caroline Santos. *O patrimônio sob a ótica do direito privado.* 2003. 172 f. Dissertação (Mestrado em Direito) – Faculdade de Direito, Universidade Federal de Minas Gerais, Belo Horizonte, 2003, p. 47.

87 CEOLIN, Ana Caroline Santos. *O patrimônio sob a ótica do direito privado.* 2003. 172 f. Dissertação (Mestrado em Direito) – Faculdade de Direito, Universidade Federal de Minas Gerais, Belo Horizonte, 2003, p. 47.

do indivíduo"[88]. Discorre ainda o autor:

> Logo, a propriedade de um bem dessa natureza se enquadraria como uma propriedade imaterial ou incorpórea. Se no passado este tipo de titularidade foi denominado de quase-propriedade, hoje a maioria da doutrina aceita sua existência, exatamente dentro desta perspectiva de presença de vários tipos de propriedades[89].

A patrimonialidade de bens digitais também se verifica nas autorizações judiciais de penhora de criptomoedas e milhagens aéreas, como nos exemplos a seguir.

No primeiro caso, o Tribunal de Justiça de São Paulo reformou decisão negatória em primeira instância, para autorizar a consulta de criptomoedas penhoráveis em domínio do devedor. Considerou-se que as moedas virtuais são bens móveis com função monetária e que, uma vez constatada a dificuldade de saldar o débito, poderiam receber constrição de penhora[90].

Quanto às milhas aéreas, o Tribunal Regional do Trabalho da 10ª Região determinou a penhora de milhagens acumuladas para o pagamento de dívidas trabalhistas, em processo originário de Palmas/TO, reconhecendo seu eminente caráter patrimonial [91]. Em outro caso, o gravame foi imposto

88 LACERDA, Bruno Torquato Zampier. *Bens digitais*: cybercultura, redes sociais, e-mails, músicas, livros, milhas aéreas, moedas virtuais. 2. ed. Indaiatuba: Foco Jurídico, 2021, p. 76.

89 LACERDA, Bruno Torquato Zampier. *Bens digitais*: cybercultura, redes sociais, e-mails, músicas, livros, milhas aéreas, moedas virtuais. 2. ed. Indaiatuba: Foco Jurídico, 2021, p. 78.

90 SÃO PAULO. Tribunal de Justiça de São Paulo (14ª Câmara de Direito Privado). *Agravo de Instrumento 2127776-80.2022.8.26.0000*. Relator: Des. César Zalaf, 27 jul. 2022. Diário da Justiça Eletrônico, 27 jul. 2022. Disponível em: https://esaj.tjsp.jus.br/cjsg/getArquivo.do?cdAcordao=15887966&cdForo=0. Acesso em: 18 jul. 2023.

91 10ª REGIÃO. Tribunal Regional do Trabalho. *Processo n. 0000025-43.2014.5.10.0802*. Relator: Des. Mário Macedo Fernandes Caron, 23 maio 2022. Disponível em:

sobre programas de milhas aéreas de figura conhecida, o ex-piloto e bicampeão mundial de Fórmula 1 Emerson Fittipaldi, para pagamento de dívida locatícia de quase setecentos mil reais, também pela Justiça paulista[92].

A exigência da inclusão de bens digitais na declaração da Receita Federal para fins de apuração de imposto de renda, como NFTs e operações com criptoativos foi novidade em 2023 e também exemplifica as repercussões financeiras e patrimoniais desses ativos[93].

Em tal linha de raciocínio, pergunta-se: todas as informações digitais são patrimônio digital? A resposta envolve um sutil "não necessariamente". O ponto é espinhoso, e aqui se tenta delineá-lo.

Como visto, as informações digitais representam o conteúdo dos bens digitais. Assim, toda informação digital concisa é um bem digital, a partir da conceituação ampla de bem. Contudo, nem todo bem digital integrará um patrimônio digital. Para existir patrimônio, é preciso titularização por determinado sujeito de direitos, e nem sempre essa sujeição estará delimitada no conteúdo virtual[94]. Ferramentas ou tecnologias podem criar e desenvolver informações, que virão a ser bens digitais, sem que se verifique

---

https://pje.trt10.jus.br/consultaprocessual/detalhe-processo/0000025-43.2014.5.10.0802/2#f1522fb. Acesso em: 29 jun. 2022.

92 SÃO PAULO. Tribunal de Justiça de São Paulo (36ª Câmara de Direito Privado). *Agravo de Instrumento 2087863-57.2023.8.26.0000*. Relator: Des. Arantes Theodoro, 30 maio 2023. Diário da Justiça Eletrônico, 30 maio 20253. Disponível em: https://esaj.tjsp.jus.br/cjsg/getArquivo.do?cdAcordao=16803554&cdForo=0. Acesso em: 18 jul. 2023.

93 BRASIL. Receita Federal esclarece sobre declaração de operações com criptoativos. *Receita Federal* – Declarações, 31 mar. 2023, 16h26. Disponível em: https://www.gov.br/receitafederal/pt-br/assuntos/noticias/2023/. Acesso em: 18 jul. 2023.

94 A problematização desenvolve novas nuances e complexidades quando analisada no contexto de mecanismos de inteligência artificial, tomadas de decisões automatizadas e *machine learning*.

um patrimônio digital titularizado. A ressalva, no entanto, restringe-se a pequena parcela das informações hoje denominadas bens digitais, uma vez que a expressiva parte dos conteúdos digitais estão, sim, atrelados a massas patrimoniais.

Para identificar os bens com expressão econômica no patrimônio digital é preciso afastar aqueles relacionados aos direitos de personalidade com funcionalidade exclusivamente existencial, sem repercussão financeira, e os bens submetidos a direitos de propriedade intelectual. Como saber, então, no âmbito do patrimônio digital, o que são bens de natureza patrimonial e o que são bens submetidos a direitos de propriedade intelectual?

Como o último instituto possui previsão e tratamento delimitado, aponta-se o critério de exclusão. Primeiro, identificam-se os ativos submetidos a direitos de propriedade intelectual. Segundo Denis Barbosa, "temse, assim, correntemente, a noção de Propriedade Intelectual como a de um capítulo do Direito, altissimamente internacionalizado, compreendendo o campo da Propriedade Industrial, os direitos autorais e outros direitos sobre bens imateriais de vários gêneros"[95].

Excetuados os bens de propriedade intelectual, afastam-se elementos entendidos como atributos do direito de personalidade, com natureza eminentemente existencial, que foram tratados quando se referiu à classificação e à natureza dos bens digitais. São os dados relacionados a aspectos da intimidade, da privacidade e da própria personalidade.

Logo, após a exclusão dos bens atrelados à propriedade intelectual e aos direitos de personalidade, restam os bens digitais com expressão puramente patrimonial, os quais não possuem ainda regime específico no sistema jurídico. O problema é que haverá bens inseríveis em mais de uma dessas classificações.

---

95 BARBOSA, Denis Borges. *Uma introdução à propriedade intelectual*. 2. ed. rev. e atual. Rio de Janeiro: Lumen Juris, 2010, p. 10.

Na realidade prática, um dos principais problemas em torno dos bens que compõem o patrimônio digital é a transmissibilidade *causa mortis*. Antes de analisar referida problemática, é necessário entender melhor os tipos de bens digitais envolvidos. Com o intuito de categorizar esses bens, três esforços classificatórios se destacam, a partir do trabalho de Naomi Cahn, Samantha Haworth e Giorgio Resta.

Naomi Cahn, autora norte-americana, propõe uma divisão de bens digitais baseada na funcionalidade, identificando se foram salvos para fins pessoais ou se foram postados e compartilhados no ambiente virtual, estabelecendo quatro categorias, quais sejam: (*i*) dados pessoais; (*ii*) dados de redes sociais; (*iii*) dados econômicos ou financeiros e (*iv*) dados de contas comerciais, relativos a informações bancárias e de transações financeiras realizadas digitalmente. Para a autora, os quatro tipos de dados compõem a noção de patrimônio digital[96].

Uma segunda sistematização, proposta por Samantha Haworth, também no âmbito dos Estados Unidos da América, destaca como categorias: (*i*) a informação acessada; (*ii*) os ativos digitais tangíveis que podem ter valor econômico, sentimental ou cultural e carregam esse nome não pela tangibilidade material – pois são dados intangíveis –, mas pela possibilidade de se tornarem corpóreos após determinado processo, como uma foto após relevada, ou o conteúdo de um *e-mail* após impresso; (*iii*) os ativos intangíveis, exemplificados pelos *likes* em redes sociais e, por último, (*iv*) a categoria dos metadados, que fornece informações de outros dados virtuais, como o histórico de *sites* visitados e geolocalização registrada por navegação *on-line*[97].

---

96 CAHN, Naomi R., Postmortem Life On-Line. *Probate & Property*, v. 25, n. 4, p. 36-37, jul./ago. 2011. Disponível em: https://ssrn.com/abstract=2026628. Acesso em: 23 jul. 2020.

97 HAWORTH, Samantha D. Laying Your Online Self to Reset: Evaluating the Uniform Fiduciary Access to Digital Assets Act. *University of Miami Law Review*. Miami, v. 68, n. 2, p. 537-538, 2014. Disponível em:

Na doutrina italiana, de acordo com Giorgio Resta, são elencadas três principais categorias, sendo elas: (*i*) dados embutidos em suporte físico, à disponibilidade do usuário, como informações armazenadas em *pendrive*, CDs ou DVDs; (*ii*) direitos de propriedade intelectual, envolvendo páginas de internet, fotografias, vídeos e (*iii*) conteúdos criados a partir de arranjos contratuais com plataformas digitais[98].

Tais classificações auxiliam no estudo do tema, embora não haja certa, nem errada. Há apenas diferentes pontos de vista, e a conclusão central de que a forma tradicional de pensar e de lidar com o patrimônio precisa urgentemente se adaptar às novas realidades.

1.3.2 Natureza e classificações

A sua classificação do acervo digital se dá, eminentemente, pela natureza e funcionalidade do bem tutelado. Para lidar com objetos tão vastos, foram sugeridas três classificações iniciais: bens existenciais, patrimoniais e híbridos.

De acordo com Bruno Zampier: "acredita-se que seja adequada a construção de duas categorias de bens: os bens digitais patrimoniais e os bens digitais existenciais. E, por vezes, alguns bens com esta configuração poderão se apresentar com ambos os aspectos, patrimonial e existencial a um só tempo"[99].

Os bens digitais existenciais são os relativos aos domínios da intimidade e se relacionam ao âmbito pessoal, com destaque para o direito de imagem, o direito à honra e o direito de privacidade. Fundamentam-se na dignidade

https://repository.law.miami.edu/umlr/vol68/iss2/10/. Acesso em: 23 jul. 2020.

98 RESTA, Giorgio. La "morte" digitale. *Il diritto dell'informazione e dell'informatica*. Milão: Giuffrè, a. 29, v. 6, 2014. p. 906-910.

99 LACERDA, Bruno Torquato Zampier. *Bens digitais*: cybercultura, redes sociais, e-mails, músicas, livros, milhas aéreas, moedas virtuais. 2. ed. Indaiatuba: Foco Jurídico, 2021, p. 62.

humana e expressam um direito da personalidade. Abarcam, por exemplo, fotos, imagens e gravações de áudio e vídeo postadas e salvas nas redes sociais ou em serviços de armazenamento em nuvem, além de recados e mensagens trocadas com terceiros, tanto em serviços de correios eletrônicos, como em outras atividades, a exemplo das redes sociais.

No Reino Unido, foi publicado o Ato de Proteção de Dados em 2018, que traz definição de dado pessoal como "dados relacionados a um indivíduo vivo"[100]. Esses dados, de tal forma, relacionam-se à natureza existencial, íntima aos direitos de personalidade.

Lívia Leal critica a nomenclatura empregada, pontuando que os bens digitais existenciais correspondem aos "direitos de personalidade merecedores de proteção jurídica no âmbito da Internet"[101]. Segundo a visão da autora, bens digitais existenciais são os mesmos ativos com que o direito já está acostumado a lidar no cenário analógico. Muda-se apenas o meio de inserção desses dados. A mesma tutela projetada no campo da materialidade, portanto, deverá ser aplicada no cenário virtual.

Em complemento, Bruno Zampier sugere a expressão "bens tecnodigitais existenciais", indicando a proliferação de informações pessoais na internet:

> Cada ser humano, a partir do momento em que se tornar usuário da Internet, terá a possibilidade de titularizar ativos digitais de natureza personalíssima. E esse movimento é altamente comum nos dias atuais, com a proliferação tantas vezes demonstrada neste estudo das redes sociais. O sujeito irá realizar o upload de fotos, vídeos, externar suas emoções, seus pensamentos,

100 "3. Terms relating to the processing of personal data. [...] (2) "'Personal data' means any information relating to an identified or identifiable living individual". REINO UNIDO. *UK Data Protection Act*, 2018. Disponível em: https://www.legislation.gov.uk/ukpga/2018/12/contents/enacted. Acesso em: 15 abr. 2021.

101 LEAL, Lívia Teixeira. *Internet e morte do usuário*: Propostas para o tratamento jurídico *post mortem* do conteúdo inserido na rede. 2. ed. Rio de Janeiro: GZ, 2020, p. 43.

suas ideias, sua intimidade, com um número ilimitado de pessoas. Este conjunto de atributos extrapatrimoniais digitalizados ao longo do tempo, formaria a noção de bem tecnodigital existencial[102].

Em outro aspecto, há os bens de natureza patrimonial, possuindo valor econômico, com impacto na livre iniciativa e objetivo de gerar lucro. Como destacado no tópico anterior, o olhar da economicidade é frequentemente presente nos bens digitais. O aspecto patrimonial é exatamente o que suscita a investigação no atual estudo e será analisado com maior destaque e profundidade no decorrer do trabalho.

O caráter patrimonial é responsável pelo impulsionamento do acesso à maior parte dos conteúdos digitais, tanto pelas plataformas que fomentam o acesso, visando lucro, quanto pelos usuários, que enxergam nesse sistema chance de angariar riqueza. Pela economicidade, os ativos digitais deixam de ser meras expressões da vida e passam a figurar, cada vez mais, como fonte de riqueza e meio de sobrevivência, em diversas facetas.

No caso do *Instagram* e do *YouTube*, por exemplo, as próprias plataformas facilitam a comercialização e permitem contas monetizadas, que usualmente são até administradas por outras pessoas ou entidades com maior habilidade de gerenciamento, visando a exploração do lucro. De tal forma: "os perfis digitais possuem um valor próprio, medido a partir da quantidade de seguidores, curtidas, engajamento e venda de produto"[103], com expressivos rendimentos mensais.

Assim, há casos em que os bens digitais comportam proteção exclusivamente patrimonial. Em outros, são exclusiva expressão da personalidade.

---

102 LACERDA, Bruno Torquato Zampier. *Bens digitais*: cybercultura, redes sociais, e-mails, músicas, livros, milhas aéreas, moedas virtuais. 2. ed. Indaiatuba: Foco Jurídico, 2021, p. 117.

103 GUILHERMINO, Everilda Brandão. Direito de Acesso e Herança Digital. In: TEIXEIRA, Ana Carolina Brochado; LEAL, Lívia Teixeira (Coords.). *Herança Digital*: Controvérsias e Alternativas. Indaiatuba: Foco, 2021, p. 100.

Os dois sentidos, existencial e patrimonial, contudo, não existem apenas isoladamente, e nem sempre estarão dissociados no meio digital. Muitas vezes, haverá simbiose entre relações jurídicas existenciais e patrimoniais, compondo, logo, um aspecto híbrido. Por exemplo, o avatar criado em um jogo digital ou até mesmo no Metaverso pode ter características pessoais, reconhecidas como extensão da personalidade do criador e protegidas pelo direito da personalidade e pela proteção autoral. Igualmente, o mesmo avatar pode obter expressão econômica, pela potencialidade de comercialização no âmbito do próprio jogo.

Narra Giuseppe Marino que a gestão pessoal e a patrimonial dos interesses vislumbrados no meio digital parecem estar indissoluvelmente ligadas, analisando que:

> No meio virtual se pode ver claramente a tendência de mistura entre a divulgação de aspectos da vida pessoal, emocional e social do indivíduo com a susceptibilidade de exploração econômica e comercial. Estes dados eminentemente pessoais podem ser transformados em fontes de riqueza para o usuário: imagine-se, a título de exemplo, no proliferação de *uploads* em comunidades e plataformas virtuais de dados, fotos, vídeos ou *posts* que retratem situações, opiniões e até momentos muito íntimos na vida de uma pessoa, cuja popularidade pode dar origem a um retorno econômico expressivo, por exemplo, através de anúncios publicitários[104].

Frequentemente, a perspectiva da análise funcional esbarra nessa zona

---

104 Tradução livre. No original: "Nella pubblica piazza virtuale si coglie chiaramente la tendenza a veder mescolata la divulgazione di aspetti della vita personale, affettiva e sociale dell'individuo con la suscettibilità di uno sfruttamento economico e commerciale degli stessi. Questi dati eminentemente personali possono tramutarsi in fonti di ricchezza per il soggetto titolare: si pensi, a titolo di esemplificazioni, ala proliferazione dell'upload sulle comunità e piattaforme virtuali di dati, foto, video o di post che possono ritrarre situazioni, opinioni, momenti anche molto intimi della vita della persona, la cui popolarità può dar luogo a un massivo sfruttamento economico, ad esempio attraverso i ritorni pubblicitari". MARINO, Giuseppe. La successione digitale. *Osservatorio del diritto civile e commerciale*, n. 1, jan. 2018. p. 176, Disponível

cinzenta, em que são verificadas as duas funções, pela identificação da patrimonialidade de bens existenciais. A título de ilustração: uma conta pessoal na plataforma *Instagram* possui natureza existencial e funcionalidade pessoal, enquanto uma conta comercial atrai funcionalização patrimonial, pela identificação da monetização. Em outros casos, as duas funções – existencial e patrimonial – coexistem na mesma conta, como nas páginas de influenciadores digitais, pois a imagem que se coloca no perfil é pessoal, mas a utilização é majoritariamente pela função econômica. Tais situações dúplices correspondem ao ponto mais complexo de estudo.

Zampier defende a expressão bens digitais patrimoniais-existenciais, alinhando ainda que: "Acredita-se que, com o evoluir do mundo digital, tais bens serão cada vez mais comuns, especialmente se for levado em conta que as manifestações do intelecto são monetizadas mais facilmente no ambiente virtual"[105]. Em sequência, o autor alude aos exemplos de *blogueiro profissional* e *youtubers*, a partir de páginas que existem pela intelectualidade do administrador e que alcançam expressão econômica, por vezes rendendo valiosas somas.

1.3.3 Irrelevância da distinção funcional

A funcionalidade ganha destaque na categorização dos dados digitais . A natureza, como visto, será existencial, patrimonial ou híbrida, sendo que, na última, os bens ostentam os dois outros caráteres simultaneamente. Assim, o critério mais utilizado para a distinção dos bens digitais é o de

em: https://www.unipa.it/persone/docenti/m/giuseppe.marino/?pagina=pubblicazione&idPubblicazione=347933. Acesso em: 11 abr. 2020.

105 LACERDA, Bruno Torquato Zampier. *Bens digitais*: cybercultura, redes sociais, e-mails, músicas, livros, milhas aéreas, moedas virtuais. 2. ed. Indaiatuba: Foco Jurídico, 2021, p. 117.

característica e funcionalidade, investigando o que é o bem e para que serve[106]. Por conseguinte, "deve-se buscar a funcionalidade concreta presente na situação analisada, a fim de conferir tratamento adequado a cada situação jurídica que se constitui no âmbito da rede"[107].

Autores frequentemente insistem que o foco na identificação do elemento e na função por ele desempenhada auxilia na investigação do tratamento aplicável, não obstante a diferenciação prática entre natureza existencial e patrimonial não seja simples.

No entanto, a visão deste trabalho comunga com a opinião de Karina Fritz, segundo a qual "é praticamente impossível separar o conteúdo patrimonial do existencial"[108], visto que, em frequentes oportunidades, os dados com funcionalidade existencial possuirão repercussão econômica, compondo a citada funcionalidade híbrida. Veja-se que:

> O conteúdo inserido na rede por usuários em vida transborda os bens incorpóreos e direitos avaliáveis pecuniariamente e atinge nuclearmente a construção da sua subjetividade e, nessa senda, cuida-se do exercício dos direitos da personalidade, além de conter os registros das interações humanas e da criatividade autoral[109].

---

106 LEAL, Lívia Teixeira. Tratamento jurídico do conteúdo disposto na Internet após a morte do usuário e a denominada herança digital. In: TEIXEIRA, Daniele Chaves (Coord.). *Arquitetura do planejamento sucessório*: Tomo II. 2. ed. 1. reimp. rev. ampl e atual. Belo Horizonte: Fórum, 2020, p. 234.

107 LEAL, Lívia Teixeira. Tratamento jurídico do conteúdo disposto na Internet após a morte do usuário e a denominada herança digital. In: TEIXEIRA, Daniele Chaves (Coord.). *Arquitetura do planejamento sucessório*: Tomo II. 2. ed. 1. reimp. rev. ampl e atual. Belo Horizonte: Fórum, 2020, p. 236.

108 FRITZ, Karina Nunes. A Garota de Berlim e a Herança Digital. In: TEIXEIRA, Ana Carolina Brochado; LEAL, Lívia Teixeira (Coords.). *Herança Digital*: Controvérsias e Alternativas. Indaiatuba: Foco, 2021, p. 233.

109 BARBOSA, Heloísa Helena; ALMEIDA, Vitor. Tecnologia, Morte e Direito. In: TEIXEIRA, Ana Carolina Brochado; LEAL, Lívia Teixeira (Coords.). *Herança Digital*:

As três classificações essenciais possuem especial valor didático, por facilitar a compreensão de que diferentes entidades podem ser enquadradas como bens digitais. Todavia, no que toca às consequências práticas desses ativos e, sobretudo, à produção de efeitos no âmbito da transmissão sucessória, observa-se que há, na verdade, uma irrelevância na distinção funcional, como adiante se problematiza.

Ainda que, em algumas situações, seja possível rápida diferenciação entre conta pessoal e profissional, pela utilização e funcionalização nítidas, na prática, o tratamento irrestrito dos ativos, para todos os casos, é mais viável e coerente. Especialmente tendo em vista que dados a princípio pessoais podem vir a desempenhar funcionalidade patrimonial, seja por escolha dos próprios usuários, ou pela atuação da plataforma. A implicância patrimonial do tema é ilustrada pela potencialidade de que eventual material eminentemente pessoal como um manuscrito salvo na nuvem seja publicado e alcance lucros após a morte do autor.

A intersecção entre dados com desempenho existencial e patrimonial se verifica, especialmente, nas páginas de redes sociais, na medida em que usuários exploram seus aspectos pessoais de essencialidade para obter retorno econômico, sobretudo, por meio de anúncios patrocinados e divulgações publicitárias. O mercado do consumo fomenta a rentabilidade desses perfis. Quando uma blogueira usa da divulgação de sua intimidade para propagar o uso de certa bolsa, mediante cachê publicitário, mescla a natureza pessoal da conta com a patrimonialidade aplicada. Em síntese, a exploração financeira de dados pessoais na internet e o próprio valor econômico de informações virtuais de caráter pessoal, como uma conta digital, representam as situações dúplices[110].

Não se trata de investigar a possibilidade ou impossibilidade de buscar

---

Controvérsias e Alternativas. Indaiatuba: Foco, 2021, p. 2-20.

110 TEIXEIRA, Ana Carolina Brochado; KONDER, Carlos Nelson. O enquadramento dos bens digitais sob o perfil funcional das situações jurídicas. In: TEIXEIRA, Ana Carolina

classificações e tratamentos distintos aos ativos virtuais. O fato é que o esforço de enquadrar os bens digitais em diferentes "caixas" é uma perda injustificada de recursos. Trata-se, em verdade, de se concluir que a busca por tais distinções é irrelevante e representa desnecessário e infrutífero uso de tempo e capital intelectual. É prudente constar que "os bens virtuais têm de ser tratados de forma igualitária, não havendo mais espaço para diferenciações e exclusões" [111].

A insistência na busca de uma única característica para cada bem digital, além de demandar excessivo tempo, geraria gama de outras problemáticas questões, como a indefinição de quem deveria analisar a classificação dos bens. Tal incerteza poderia suscitar infinitas discussões entre herdeiros, interessados e provedores de internet a respeito da natureza das contas digitais do usuário falecido e dos dados ali contidos. Portanto, a incerteza de quem faria a inspeção do conteúdo e as possíveis impugnações ao resultado obtido nesse processo são fortes argumentos para a transmissão universal dos bens digitais.

> Logo, a diferenciação entre um patrimônio digital com conteúdo patrimonial e aquele com conteúdo existencial não se mostraria como a solução mais eficaz na preservação dos direitos da personalidade. Seria de extrema dificuldade arrolar na legislação uma possível listagem de bens que se enquadrariam como de valor econômico e aqueles que seriam de caráter sentimental. A depender do seu titular, um bem pode se classificar como uma ou outra grandeza, ou como ambas, simultaneamente. Situações dúplices, em que o mesmo bem digital detenha caráter econômico e sentimental, não

---

Brochado; LEAL, Lívia Teixeira (Coords.). *Herança Digital*: Controvérsias e Alternativas. Indaiatuba: Foco, 2021, p. 35.

111 CALDAS, L. Figueiredo de Lima; MORAIS, R. Rodrigues Medeiros Mitchell de. Herança Digital Bens Virtuais Como Patrimônio Sucessório. *Revista de Estudos Jurídicos do UNI-RN*, n. 3, p. 149, 28 nov. 2019. Disponível em: http://revistas.unirn.edu.br/index.php/revistajuridica/article/view/. Acesso em: 28 jun. 2022.

são de todo incomuns[112].

Ainda que a hipótese da irrelevância da distinção funcional dos bens digitais não seja aceita majoritariamente, os argumentos acima expostos buscam incentivar novas reflexões.

Não se trata, pois, de reduzir a análise ao caráter patrimonial, focando na pura transmissibilidade, e sim de assentar a irrelevância da distinção funcional de bens digitais, pelos custos que esse esforço acarreta, ou, simplesmente, pela real impossibilidade de dissociação dos dados digitais entre categorias existencial e patrimonial.

112 KLEIN, J. S. B.; ADOLFO, L. G. S. Herança digital: diretrizes a partir do leading case do Der Bundesgerichtshof. In: *Revista Brasileira de Direito Civil*. Belo Horizonte, v. 30, n. 04, p. 192-193, out./dez. 2021. Disponível em: https://rbdcivil.ibdcivil.org.br/rbdc/article/view/687. Acesso em: 30 jul. 2022.

2

HERANÇA DIGITAL

2.1. Desvendando a Herança Digital

2.1.1 Conceituação

A noção geral de herança envolve a transmissão das relações jurídicas do *de cujus* aos herdeiros. Diz respeito ao conjunto de bens e posições jurídicas transmissíveis aos sucessores de determinado indivíduo, após seu falecimento. Abarca implicações corpóreas e incorpóreas, patrimoniais e não-patrimoniais. De tal forma, a herança digital compreende a transmissão de bens digitais aos sucessores, ou a inclusão dos dados deixados pelo falecido em sua vivência digital na universalidade de bens e direitos que compõem o monte sucessório. Envolve, assim, a transmissão *causa mortis* do que se denomina "acervo digital".

Duas análises são essenciais no estudo da herança digital: a incorporação patrimonial e a sucessão dos bens jurídicos envolvidos. A primeira questão foi respondida no tópico "1.3 Patrimônio Digital", pelo reconhecimento da titularidade de bens digitais pelos próprios usuários, quando se retratou que o conjunto de elementos digitais integram a massa patrimonial. Agora, aprofunda-se na plausibilidade da projeção desses conteúdos aos herdeiros, por direito sucessório[113].

Pensar em herança digital requer assimilação dos objetos trabalhados, pois "sem que se tenha uma delimitação adequada das nuances concernentes a cada espécie de conjunto de dados (isto é, a cada bem digital), a fim de que se possa afirmar a existência do direito de propriedade para ulterior sucessão, será impossível a implementação da *saisine*"[114].

Elevam-se as potencialidades de auferir lucro a partir da morte do titular de conta, com o conteúdo disposto na rede. A título de exemplo, o corretor que trabalha negociando imóveis por mensagens trocadas em aplicativos de conversas e *e-mails* espera que o registro das negociações em conversas eletrônicas seja, após sua morte, transferido aos herdeiros, para que possam comprovar a atuação do falecido com vistas à conclusão do negócio e receber como herança a comissão devida.

O espólio de personalidades mundialmente famosas como Michael Jackson, Elvis Presley e Bob Marley obtiveram lucros milionários após mortos, alcançando expressivas marcas de, respectivamente, 287, 40 e 23 milhões de dólares, segundo a Forbes[115]. Boa parte desses rendimentos na atualidade, naturalmente, partiram de serviços digitais como *streaming*.

Karina Fritz e Laura Schertel comentam as incertezas acerca do tema,

---

113 HONORATO, Gabriel; LEAL, Lívia Teixeira. Propostas para a regulação da herança digital no direito brasileiro. In: EHRHARDT JÚNIOR, Marcos; CATALAN, Marcos; MALHEIROS, Pablo (Coord.). *Direito Civil e Tecnologia*. Belo Horizonte: Fórum, 2020, p. 380.

114 MARTINS, Guilherme Magalhães; FALEIROS JÚNIOR, José Luiz de Moura. O planejamento sucessório da herança digital. In: TEIXEIRA, Daniele Chaves (Coord.). *Arquitetura do planejamento sucessório*: Tomo II. 2. ed. 1. reimp. rev. ampl. e atual. Belo Horizonte: Fórum, 2020, p. 478.

115 GREENBURG, Zack O'Malley.; ROBEHMED, Natalie. The highest-paid dead celebrities of 2018. *Forbes*, [*s. l.*], 31 out. 2018. Disponível em: https://www.forbes.com/sites/zackomalleygreenburg/2018/10/31/the-highest-paid-dead-celebrities-of-2018/?sh=45e41bac720c. Acesso em: 30 abr. 2021.

destacando a "grande discussão sobre o que são bens digitais e sobre a viabilidade de uma herança digital, isto é, sobre a possibilidade da sucessão universal incluir também bens digitais, assim como direitos e obrigações derivados dos serviços digitais utilizados pela pessoa falecida"[116]. Nota-se, desde o princípio, que o assunto atrai diferentes opiniões.

Avançando na conceituação, Gabrielle Sarlet entende que a "herança digital é a composição de um conjunto de dados, de ativos digitais que, em síntese, são bens digitalizados, em regra, guardados na internet em uma nuvem"[117]. Para Fernanda Garcia, trata-se de um sistema de sucessão *mortis causa* especial, anômalo ou qualificado[118].

O objetivo da herança digital, nesse sentido, é definir a tutela jurídica direcionada aos bens digitais após a morte dos usuários de provedores de internet. É pensar no tratamento desses conteúdos. Envolve três esforços principais: (*i*) a definição do objeto de transmissão (de quais dados poderão ser repassados, e quais terão a transmissão negada); (*ii*) a seleção de quem figurará na posição de sucessor e (*iii*) o que efetivamente compreende a transmissão; quais poderes de domínio serão transferidos ou incorporados.

A primeira noção indaga qual o objeto transmissível e apresenta dissonâncias. Como se discorreu no estudo dos bens, a própria definição do que vem a ser bem digital é espinhosa. A dificuldade aumenta na tentativa de

---

116 MENDES, Laura Schertel Ferreira, FRITZ, Karina Nunes. Case Report: corte alemã reconhece a transmissibilidade da herança digital. *Revista Direito Público*. Porto Alegre, v. 15, n. 85, 2019 p. 194. Disponível em: https://www.portaldeperiodicos.idp.edu.br/direitopublico/article/view/3383. Acesso em: 07 out. 2019.

117 SARLET, Gabrielle Bezerra Sales. Notas sobre a identidade digital e o problema da herança digital: uma análise jurídica acerca dos limites da proteção póstuma dos direitos da personalidade na internet no ordenamento jurídico brasileiro. In: RODRIGUES JUNIOR, Otavio Luiz (Coord.). *Revista de Direito Civil Contemporâneo*. São Paulo: Revista dos Tribunais, v. 17, a. 5, p. 38, out./dez. 2018.

118 GARCIA, Fernanda Mathias de Souza. *Herança digital*: o direito brasileiro e a experiência estrangeira. Rio de Janeiro: Lumen Juris, 2022, p. 149.

estabelecer o destino desses bens após a morte do original titular. Assim, o enquadramento dos ativos digitais e a definição de quais dentre eles poderão ser transmitidos por via sucessória é um dos grandes desafios da herança digital.

A segunda noção, a princípio, refere-se aos sucessores, partindo do rol de legitimados como herdeiros necessários. Envolve questionamentos a respeito da aplicação da legítima, da possibilidade de livre destinação pelo usuário em vida e até mesmo da prevalência de interesses quando o administrador da via digital não corresponder à pessoa do inventariante.

A terceira noção também esbarra em diversos impasses, com discussões acerca da possibilidade de mera transmissão dos dados armazenados em contas digitais do usuário, ou da possibilidade de continuidade de uso e, inclusive, exploração econômica da página.

A atual fase é de início de debates e consolidação do tema. O panorama acima é tímido, geral e não abarca todas as complexidades envolvidas. A problemática envolve uma série de outras questões, além da simples transmissibilidade de arquivos. Atrai implicações relacionadas à tutela *post mortem* de direitos da personalidade; à proteção dos dados pessoais; à proteção de direitos autorais; à tutela de direitos de terceiros; ao sigilo das comunicações, dentre outras.

Em relação às inquietações com a morte digital:

> Revela-se, a princípio, um conflito insolúvel entre a aplicação do direito fundamental à herança e a garantia do direito à inviolabilidade das comunicações, à intimidade e à privacidade, essenciais ao exercício dos direitos da personalidade, vez que a atuação do sujeito na internet é basicamente vinculada à esfera privada na composição de uma expressão da personalidade que não raro diverge daquela manifesta aos herdeiros[119].

O prolongamento de expressões da personalidade após a morte é uma

---

119 SARLET, Gabrielle Bezerra Sales. Notas sobre a identidade digital e o problema da

realidade. "Claramente, em um mundo onde tudo é informação, uma pessoa pode viver após a morte de seu corpo físico"[120]. Torna-se, pois, necessário assegurar a preservação das características pessoais do indivíduo falecido, na tutela da personalidade *post mortem*. Nesse aspecto, a perspectiva da herança digital precisa dialogar com outros conceitos caros ao sistema jurídico, como os direitos autorais e a própria proteção da privacidade. Logo, já se fala na "tutela de centro de interesses relacionado à personalidade, considerada como valor"[121].

Como retratado, antes de se projetar a simples transmissão sucessória, deve-se aferir a existência de titularidades de propriedade intelectual ou de direitos de personalidade. Contudo, nem sempre as previsões de propriedade intelectual ou de direitos de personalidade resolverão todos os conflitos, frente às particularidades do contexto digital.

No Brasil, o gerenciamento de perfil em rede social do apresentador de televisão Gugu Liberato, falecido em novembro de 2019, chama atenção. A conta do Gugu no *Instagram* teve expressivo aumento de visibilidade após sua morte, passando de 1.908.277 para 2.971.434 de seguidores, contando atualmente com mais de 2,3 milhões de *followers*[122]. Apesar do volume de

---

herança digital: uma análise jurídica acerca dos limites da proteção póstuma dos direitos da personalidade na internet no ordenamento jurídico brasileiro. In: RODRIGUES JUNIOR, Otavio Luiz (Coord.). *Revista de Direito Civil Contemporâneo*. São Paulo: Revista dos Tribunais, v. 17, a. 5, p. 38, out./dez. 2018.

120 "Clearly, in a world where everything is data, a person may outlive the death of his/her organic body" ÖHMAN, Carl; FLORIDI, Luciano. The Political Economy of Death in the Age of Information: A Critical Approach to the Digital Afterlife Industry. *Minds & Machines*, [*s. l.*], set. 2017, v. 27, p. 642. Disponível em: https://doi.org/10.1007/s11023-017-9445-2. Acesso em: 18 mar. 2020.

121 LEAL, Lívia Teixeira. Tratamento jurídico do conteúdo disposto na Internet após a morte do usuário e a denominada herança digital. In: TEIXEIRA, Daniele Chaves (Coord.). *Arquitetura do planejamento sucessório*: Tomo II. 2. ed. 1. reimp. rev. ampl e atual. Belo Horizonte: Fórum, 2020, p. 233.

122 OLIVEIRA, Marcelo. Aumento de seguidores de Gugu reacende debate sobre herança

usuários que abandonou a conta na qualidade de seguidor, o perfil ainda obtém expressivo alcance.

A conta do apresentador também continua sendo alimentada com frequência, agora, para apresentar possíveis ações do bem, denominada "Rede Gugu de Boas Notícias", divulgando diferentes projetos e programas, como a "criação de um clube de dança com fitas coloridas para incentivar a autoexpressão, construir uma comunidade e desestressar" por uma atriz norte-americana durante a pandemia[123], além de *live* transmitida diariamente por jornalista em seu próprio perfil do *Instagram* e do *YouTube*, no programa "Papo das 9"[124].

O exemplo revela fenômeno experenciado com certa frequência, com impacto econômico assimilado em contas de redes sociais. No âmbito virtual, o aumento do número de seguidores é proporcional à rentabilidade, incrementa a visibilidade do conteúdo ali disseminado e, consequentemente, o potencial publicitário. A movimentação de perfis após a morte dos usuários pode representar, ainda, aumento do lucro obtido com a conta digital, conforme afirmado no seguinte trecho:

> A razão para a utilização dos perfis após a morte do titular pode ocorrer com

---

digital. *UOL*, [*s. l.*], 2 dez. 2019. Cotidiano. Disponível em: https://noticias.uol.com.br/cotidiano/ultimas-noticias/2019/12/02/aumento-de-seguidores-de-gugu-reacende-debate-sobre-heranca-digital.htm. Acesso em: 30 jul. 2023.

123 LIBERATO, Gugu. Recomendamos a leitura deste artigo: logo no início da pandemia a atriz norte-americana Emily Grace Tucker criou um clube de dança com fitas coloridas para incentivar a autoexpressão, construir uma comunidade e desestressar [...]. *Instagram*: @guguliberato, 19 abr. 2021. Disponível em: https://www.instagram.com/p/CN1_DI7Hlyg/. Acesso em: 30 abr. 2021.

124 LIBERATO, Gugu. Hoje uma dica de um programa imperdível, que faz a gente começar o dia em alto astral, perfeito para ouvir durante o café da manhã. Trata-se do "Papo das 9", live diária feita por André Trigueiro, um dos grandes nomes do nosso jornalismo [...]. *Instagram*: @guguliberato, 22 abr. 2021. Disponível em: https://www.instagram.com/p/CN9tMl7n6Gu/. Acesso em: 30 abr. 2021.

> finalidades diversas, desde a simples preservação de memórias vinculadas àquela pessoa até a divulgação de homenagens, ações, produtos, e de institutos que carregam o nome do usuário falecido, não sendo incomum que a conta gere um rendimento financeiro que perdure mesmo após o falecimento do indivíduo e que, inclusive, seja incrementado após este fato[125].

O aumento do interesse nos indivíduos após seu falecimento desperta inerente aspecto antropológico. Tal fenômeno se relaciona ao que Pierre Bourdieu denominou "poder simbólico"[126], pela valorização de figuras após sua existência mundana.

Para além da análise sociológica, as questões de cunho patrimonial chamam atenção, principalmente, para a possibilidade de contínua e permanente utilização das contas.

Na perspectiva da transmissibilidade sucessória dos bens digitais no cenário internacional, dois casos em que pais buscaram acesso a contas digitais das filhas mortas chamam atenção. No primeiro caso, o pai de autora de *best-seller* iraniana pretendeu acessar os documentos armazenados pela

---

125 HONORATO, Gabriel; LEAL, Lívia Teixeira. Exploração econômica de perfis de pessoas falecidas: reflexões jurídicas a partir do caso Gugu Liberato. In: *Revista Brasileira de Direito Civil.* Belo Horizonte, v. 23, p. 164-165, jan./mar. 2020. Disponível em: https://rbdcivil.ibdcivil.org.br/rbdc/article/view/523. Acesso em: 30 abr. 2021.

126 "O poder simbólico, poder subordinado, é uma forma transformada, quer dizer, irreconhecível, transfigurada e legitimada, de outras formas de poder: só se pode passar para além da alternativa dos modelos energéticos que descrevem as relações sociais como relações de força e dos modelos cibernéticos que fazem delas relações de comunicação, na condição de se descreverem as leis de transformação que regem a transmutação das diferentes espécies de capital em capital simbólico e, em especial, o trabalho de dissimulação e de transfiguração (numa palavra, de *eufemização*) que garante uma verdadeira transubstanciação das relações de força fazendo ignorar-reconhecer a violência que elas encerram objetivamente (sic) e transformando-as assim em poder simbólico, capaz de produzir efeitos reais sem dispêndio aparente de energia". BOURDIEU, Pierre. *O Poder Simbólico.* Tradução de Fernando Tomaz. Rio de Janeiro: Bertrand, 1989, p. 15.

filha em conta do *Google Drive*. No segundo caso, submetido a julgamento na Alemanha, pais almejaram acesso ao perfil no *Facebook* da filha, cujas condições de morte estavam sendo discutidas em outra ação judicial.

O primeiro caso comentado tratou de controvérsia envolvendo serviço de armazenamento em nuvem e família de autora literária falecida. Em 2014, a escritora iraniana Marsha Mehran, famosa pelo livro *Pomegranate Soup*, foi encontrada morta, acarretando uma ferrenha disputa para obter seus arquivos pessoais e manuscritos salvos no *Google Drive*[127].

Ao narrar o caso, Giuseppe Marino conta que o pai da autora não obteve sucesso com os *e-mails* que enviou para a plataforma, buscando acessar a conta da filha. Somente após meses de negociações e o início de uma ação judicial, o pai conseguiu firmar acordo para receber da plataforma um *CD-ROM*, com mais de 200 documentos escritos e armazenados na nuvem por Marsha[128]. Segundo Alberto Lopez, o caso não teria sido resolvido dessa forma sem a apresentação de demanda judicial[129].

---

127 O'BRIEN, Matt. Who owns your digital afterlife? *The Mercury News*, [*s. l.*], 15 set. 2015. Business. Disponível em: https://www.mercurynews.com/2015/08/28/who-owns-your-digital-afterlife/. Acesso em: 11 nov. 2019.

128 Tradução livre. No original: "Il padre dela scrittrice inviava quattro *mail* alla società Google allo scopo di avere acesso all'*account* di *cloud computing* fornito da «Google drive» e verificare se la figlia vi avesse conservato altre opere letterarie o scritti. Dopo mesi di negoziati e l'avvio di un'azione giudiziaria, il padre riusciva a ottenere da Google, a distanza di più di un anno dal decesso, un cd-rom dove erano conservati oltre 200 documenti scritti da Marsha Mehran". MARINO, Giuseppe. La successione digitale. *Osservatorio del diritto civile e commerciale*, n. 1, jan. 2018. p. 176, Disponível em: https://www.unipa.it/persone/docenti/m/giuseppe.marino/?pagina=pubblicazione&idPubblicazione=347933. Acesso em: 11 abr. 2020.

129 "Indeed, the experiences of Marsha Mehran's father [...] suggest that disclosure is not likely to occur without court involvement". LOPEZ, Alberto B. Posthumous privacy, decedent intent, and post-mortem access to digital assets. *George Mason Law Review*, 2016, v. 24, n. 1, p. 236. Disponível em: https://www.georgemasonlawreview.org/wp-content/uploads/Lopez_ReadyforJCI.pdf. Acesso em: 11 nov. 2019.

O segundo caso é tratado no tópico a seguir.

2.1.2 Precedente contra o Facebook na Alemanha

No segundo caso comentado, o Poder Judiciário alemão foi instado a decidir quanto à titularidade e ao direito de acesso aos dados de perfil em rede social pela família, após a morte de usuária. Em decisão paradigmática, a Corte infraconstitucional alemã – equivalente ao Superior Tribunal de Justiça (STJ), no Brasil – concedeu acesso de todas as informações do *Facebook* de uma adolescente que falecera em incidente no metrô, a seus pais. A decisão ganhou notoriedade e instiga reflexão quanto ao tratamento do tema internacionalmente.

Analisa-se mais detidamente o *leading case*.

Em breves linhas, após a morte pouco convencional de uma adolescente de 15 anos no metrô de Berlim, em 2012, o motorista responsável pelo veículo no momento do incidente apresentou demanda indenizatória em face dos pais da adolescente, alegando que sofrera forte abalo com a morte da menina e merecia reparação civil. Levantou-se discussão quanto às circunstâncias do evento, e ao possível suicídio. Os pais, demandados, buscavam na rede social utilizada pela filha indícios do que de fato ocorreu, eventuais mensagens ou imagens como recordação e, sobretudo, provas para sua defesa na aludida demanda judicial[130].

Eles tentaram acessar o perfil no *Facebook* da filha, munidos, para isso, da senha necessária, sem sucesso, contudo, pela política da plataforma de transformar as páginas de usuários falecidos em memoriais[131], o que obsta

---

130 FRITZ, Karina Nunes. Leading case: BGH reconhece a transmissibilidade da herança digital. *Migalhas* – German Report, [*s. l.*], 13 ago. 2019. Disponível em: https://www.migalhas.com.br/GermanReport/133,MI308578, 51045-. Acesso em: 07 out. 2019.

131 FACEBOOK. *Termos de Serviço*. Disponível em: https://pt-br.facebook.com/terms/.

o acesso às informações privadas da conta.

A solução vislumbrada foi recorrer ao Judiciário, requerendo a superação da barreira estabelecida pelo *Facebook* com o memorial, para permitir que os pais tivessem acesso aos dados da filha. O caso foi apreciado por três instâncias judiciais na Alemanha, com decisões conflitantes entre si, o que bem retrata a polêmica em torno do tema.

A decisão inicial, proferida por órgão que no Poder Judiciário alemão corresponde ao Juízo de primeiro grau, o *Landersgericht Berlin*, entendeu pela procedência do pedido, determinando ao *Facebook* que concedesse acesso à conta titularizada pela jovem, para que os pais pudessem visualizar todas as informações do perfil. Fundamentou-se no direito dos herdeiros à herança digital, envolvendo contas de *e-mails*, celulares, *WhatsApp* e redes sociais[132]. "Segundo a sentença, a herança digital, tal como a analógica, pertence aos herdeiros"[133].

Em nível recursal, a primeira decisão foi reformada, no julgamento que concluiu "não ter que responder a essa questão, na medida em que o sigilo das telecomunicações já vedaria o acesso da conta pelos pais"[134]. A segunda decisão também pontuou a ausência de clareza jurídica quanto à transmissibilidade de bens digitais de caráter personalíssimo[135].

Acesso em: 26 set. 2022.

132 ALEMANHA. Landersgericht Berlin (20ª Câmara Cível do Tribunal Distrital de Berlim). Geschäftsnummer 20 O 172/15, 17 dez. 2015. Disponível em: https://dejure.org/ext/f551ef3d8be 146b2dca4a1011db1feca. Acesso em: 07 out. 2019.

133 FRITZ, Karina Nunes. A Garota de Berlim e a Herança Digital. In: TEIXEIRA, Ana Carolina Brochado; LEAL, Lívia Teixeira (Coords.). *Herança Digital*: Controvérsias e Alternativas. Indaiatuba: Foco, 2021, p. 229.

134 MENDES, Laura Schertel Ferreira, FRITZ, Karina Nunes. Case Report: corte alemã reconhece a transmissibilidade da herança digital. *Revista Direito Público*. Porto Alegre, v. 15, n. 85, 2019 p. 194. Disponível em: https://www.portaldeperiodicos.idp.edu.br/direitopublico/article/view/3383. Acesso em: 07 out. 2019.

135 ALEMANHA. Kammergericht Berlin. Geschäftsnummer 21 U 9/16, 31 maio 2017.

O conflito chegou ao *Bundesgerichtshof* alemão que, em reviravolta, reformou novamente a definição do caso, para conceder aos pais o acesso inicialmente deferido à conta digital da usuária falecida. Em julho de 2018, no julgamento BGH III ZR 183/17[136], de forma inédita, foi declarada "*abusiva e nula a cláusula do contrato do Facebook* que veda a transmissibilidade da conta, pois (sic) imposta unilateralmente pela plataforma, contrariando os princípios da boa-fé objetiva e da sucessão universal, pilares estruturais do Código Civil alemão"[137].

Entendeu-se que, quando o usuário "não afasta em vida o acesso dos herdeiros a todo ou partes do conteúdo digital, usando a autonomia privada para resguardar sua privacidade e de seus interlocutores, aplica-se a regra da sucessão universal, com a consequente transmissão de toda a herança (analógica e digital) aos herdeiros"[138]. Em outras palavras, à guisa de conclusão, "na ausência de disposição em contrário do falecido, aplica-se a regra da sucessão universal, com a consequente transmissão de todo o conteúdo digital aos herdeiros, tal como ocorre com o conteúdo analógico"[139].

Disponível em: http://www.berlin.de/gerichte/presse/pressemitteilungen-der-ordentlichen-gerichtsbarkeit/2017/pressemitteilung.59607 6.php. Acesso em: 07 out. 2019.

136 ALEMANHA. Bundesgerichtshof. BGH Urteil III ZR 183/17. 12 jul. 2018. Disponível em: https://datenbank.n wb.de/Dokument/Anzeigen/741207/. Acesso em: 07 out. 2019.

137 FRITZ, Karina Nunes. Herança digital: quem tem legitimidade para ficar com o conteúdo digital do falecido? In: MARTINS, Guilherme Magalhães; LONGHI, João Victor Rozatti (Coords.). *Direito digital*: direito privado e internet. 3. ed. atual. rev. e ampl. Indaiatuba: Foco, 2020, p. 197. Destaque da autora.

138 FRITZ, Karina Nunes. A Garota de Berlim e a Herança Digital. In: TEIXEIRA, Ana Carolina Brochado; LEAL, Lívia Teixeira (Coords.). *Herança Digital*: Controvérsias e Alternativas. Indaiatuba: Foco, 2021, p. 234.

139 ROSA, Conrado Paulino da; BURILLE, Cíntia. A Regulação da Herança Digital: Uma breve análise das experiências espanhola e alemã. In: TEIXEIRA, Ana Carolina Brochado; LEAL, Lívia Teixeira (Coords.). *Herança Digital*: Controvérsias e Alternativas. Indaiatuba: Foco, 2021, p. 253.

O precedente alemão vem sendo amplamente discutido pela doutrina em diferentes países, especialmente por tratar, pela primeira vez, expressa e diretamente da possibilidade de transmissão sucessória de bens digitais. A decisão foi marcante, ainda, por estabelecer expressamente a indiferença na distinção do conteúdo transmissível. Com relação ao que foi decidido pelo BGH, Karina Fritz e Laura Mendes pontuam que "não há nenhuma *razão axiológica* para tratar conteúdos digitais e conteúdos analógicos de forma diferente quando ambos possuem caráter existencial"[140]. Apesar de consignar a irrelevância na separação entre o caráter dos conteúdos envolvidos, o caso julgado envolvia bens restritos à mera perspectiva existencial, sem tratar especificamente de bens dotados de economicidade.

O julgamento retratado traz mais perguntas do que respostas, especialmente em relação ao caráter patrimonial desses bens. Embora o precedente do direito alemão traga luz para as reflexões sobre o tema, a discussão, na prática, esteve restrita às questões de direito de personalidade. Por ora, os casos ilustrados registram as potencialidades e discussões já existentes acerca do assunto, além de demonstrarem o surgimento de novas nuances, que exigem análise, revisão e adaptação de categorias existentes. Ainda é preciso avançar na compreensão da operacionalização patrimonial *post mortem* na internet.

2.1.3 Desafios na sucessão de bens digitais

A valorização do patrimônio digital esbarra em diversos impasses, gerando dúvidas quanto à forma de lidar com esses ativos no cenário eletrônico. Atrai problemas como o destino dos bens que integram o patrimônio

---

140 MENDES, Laura Schertel Ferreira, FRITZ, Karina Nunes. Case Report: corte alemã reconhece a transmissibilidade da herança digital. *Revista Direito Público*. Porto Alegre, v. 15, n. 85, 2019 p. 194. Disponível em: https://www.portaldeperiodicos.idp.edu.br/direitopublico/article/view/3383. Acesso em: 07 out. 2019. Destaque das autoras.

digital em casos de divórcio e a patrimonialização de perfis infantis, titularizados e monetizados por indivíduos absolutamente incapazes para o direito civil. Surge, ainda, o "problema de como conceituar, de como explorar perfis de crianças e sobretudo [do] que fazer com esses bens: tanto meação quanto sucessão"[141]. Dentre as questões suscitadas, os mais difíceis dilemas em torno dos bens digitais dizem respeito à matéria de transmissibilidade sucessória.

Segundo a UNESCO, o patrimônio digital requer preservação, inclusive, para a manutenção de aspectos culturais, entre gerações[142]. Ilustra-se, assim, a máxima relevância desses ativos, na perspectiva coletiva.

É na morte que estão os principais desafios dos bens digitais, envolvendo desde o desafio de quantificação desses bens até a dúvida a respeito de sua integração no instituto da legítima. O aumento do uso da internet e a morte como uma condição natural dos seres humanos torna preciso decidir o tratamento a ser conferido ao acervo digital[143].

Com a morte do usuário de plataformas e programas digitais, verificam-

141 TEIXEIRA, Ana Carolina Brochado; LEAL, Lívia Teixeira. Tutela Jurídica dos Bens Digitais ante os regimes de bens comunheiros. Belo Horizonte: Fórum, 2020, In: EHRHARDT JÚNIOR, Marcos; CATALAN, Marcos; MALHEIROS, Paulo (Coords.). *Direito Civil e Tecnologia*. Belo Horizonte: Editora Fórum, 2020, p. 336.

142 UNESCO. Concept of Digital Heritage. Disponível em: https://en.unesco.org/themes/information-preservation/digital-heritage/concept-digital-heritage. Acesso em: 10 out. 2020.

143 "We have only begun addressing these questions in mature information societies. Yet, two things are already clear: that the Internet will continue to be an integral part of everyday life and that humans will (at least in the organic sense) continue to die. The dead are, and will continue to be, increasingly present online. It is up to us as a society to decide to what extent, and under what circumstances, this presence is to be influenced by the industry that mediates it". ÖHMAN, Carl; FLORIDI, Luciano. The Political Economy of Death in the Age of Information: A Critical Approach to the Digital Afterlife Industry. *Minds & Machines*, [*s. l.*], set. 2017, v. 7, p. 657. Disponível em: https://doi.org/10.1007/s11023-017-9445-2. Acesso em: 18 mar. 2020.

se, em especial, desdobramentos como a tutela *post mortem* de direitos da personalidade, a proteção de dados pessoais, a aplicação de direitos autorais, a tutela de direitos de terceiro e o sigilo das comunicações. O que mais impacta no aspecto patrimonial, contudo, é a possibilidade de que esses dados integrem o monte hereditário para fins sucessórios.

Considerando as dificuldades em torno da quantificação dos bens envolvidos, até mesmo para fins de incidência tributária:

> Entretanto, alguns parâmetros servem de base para tal arbitramento, como bem pontua o Professor Marcos Ehrhardt Júnior [em conversa pessoal], que destaca, por exemplo, a possibilidade de cálculo da quantidade de acessos multiplicado pelo valor monetário aplicado, para plataformas como o Youtube, que monetiza o usuário de tal modo. Outros elementos também podem ser investigados através das declarações de imposto de renda e requerimentos de informações aos próprios patrocinadores, elementos ainda muito frágeis para informação completa dos valores auferidos pela página, sendo este um desafio que ainda permanecerá pendente de solução[144].

Nesse aspecto, "o processo conhecido como *valuation* é capaz de documentar o valor de mercado desse perfil digital e assim, compor o acervo do espólio, com valor específico no monte mor (sic)"[145]. Entretanto, identificar o correspondente valor "é, sem dúvidas, uma grande dificuldade para a matemática sucessória, principalmente considerando-se a inexistência de órgãos governamentais ou não governamentais que façam tal avaliação"[146].

144 HONORATO, Gabriel; LEAL, Lívia Teixeira. Exploração econômica de perfis de pessoas falecidas. In: TEIXEIRA, Ana Carolina Brochado; LEAL, Lívia Teixeira (Coords.). *Herança Digital*: Controvérsias e Alternativas. Indaiatuba: Foco, 2021, p. 150.

145 GUILHERMINO, Everilda Brandão. Direito de Acesso e Herança Digital. In: TEIXEIRA, Ana Carolina Brochado; LEAL, Lívia Teixeira (Coords.). *Herança Digital*: Controvérsias e Alternativas. Indaiatuba: Foco, 2021, p. 100.

146 HONORATO, Gabriel; LEAL, Lívia Teixeira. Exploração econômica de perfis de pessoas falecidas. In: TEIXEIRA, Ana Carolina Brochado; LEAL, Lívia Teixeira (Coords.). Herança Digital: Controvérsias e Alternativas. Indaiatuba: Foco, 2021, p. 149.

Aferir a quantia representada por esses bens requer análise multidisciplinar, com especialistas de setor contábil, publicitário, informático, e não apenas análise jurídica. Pela ausência de parâmetros objetivos, a saída é definição por arbitramento, que poderá sofrer impugnação de interessados.

No âmbito de contas digitais em redes sociais, especialmente, a morte tem prorrogado o potencial de alcance e o valor agregado, levantando dúvidas quanto ao momento de apuração para fins sucessórios. As dificuldades de encontrar valor para dados digitais podem levar tempo. E a demora, no inventário, poderá ser prejudicial, considerando a frequente variação e a volatilidade dos perfis.

O *YouTube* contém ferramenta para identificar o parâmetro de venda das contas ali registradas[147]. A própria plataforma adota estratégia de remunerar os usuários que alcancem níveis de acesso, engajamento e visualizações de vídeos publicados na rede e tem condições de informar os frutos daquela conta. Entretanto, tal realidade é exceção. Outras redes como *Instagram* não comportam essa quantificação, sendo preciso consultar cada marca patrocinadora e buscar os contratos firmados, aferindo quanto os usuários receberam para divulgar produtos, por exemplo.

Nacionalmente, não é prática regular a elaboração de testamentos e diretivas antecipadas de vontade. Via de regra, "sabe-se que não há, pelo menos no Brasil, ainda uma cultura de testar, muito menos de se fazer um testamento virtual"[148]. Uma pesquisa do Cremation Institute constata que essa tendência não é uma exclusividade dos brasileiros, pois, dentre os usuários

---

147 TUDO que você precisa saber sobre a monetização do YouTube. *Remessa Online*, [*s. l.*], 5 fev. 2020. Disponível no site: https://www.remessaonline.com.br/blog/. Acesso em: 22 fev. 2021.

148 VALADARES, Maria Goreth Macedo; COELHO, Thais Câmara M. Fernandes. Aspectos Processuais Relacionados à Herança Digital. In: TEIXEIRA, Ana Carolina Brochado; LEAL, Lívia Teixeira (Coords.). *Herança Digital*: Controvérsias e Alternativas. Indaiatuba: Foco, 2021, p. 128.

consultados no estudo, apenas 23% dos titulares de criptomoedas possuem um plano documentado para o destino de seus ativos *post mortem*, embora um percentual bem mais elevado de usuários – cerca de 89% – afirmem preocupação com o destino de seu patrimônio digital na sua ausência[149].

A saída mais simples para os pontos problemáticos levantados é o investimento no planejamento sucessório, a partir da difusão de uma cultura testamentária, pois a "planificação, em vida, do destino dos bens para depois da morte traz segurança jurídica, celeridade, economia e eficiência no processo sucessório"[150].

Merece destaque posicionamento da Segunda Seção do Superior Tribunal de Justiça, no qual a relatora Ministra Nancy Andrighi flexibilizou formalidade para validade de testamento particular de testadora hospitalizada, superando a imprescindibilidade da assinatura de próprio punho para reconhecer a validade de impressão digital, pois, segundo a julgadora, a assinatura de próprio punho, na modernidade, foi preterida por "tokens, chaves, logins e senhas, ID's, certificações digitais, reconhecimentos faciais, digitais e oculares e, até mesmo, pelos seus hábitos profissionais, de consumo e de vida captados a partir da reiterada e diária coleta de sus dados pessoais"[151].

---

149 NICOCELI, Artur. Como ficam os ativos digitais após morte do proprietário. *CNN Brasil Business*. São Paulo, 03 abr. 2022. Disponível em: https://www.cnnbrasil.com.br/business/como-ficam-os-ativos-digitais-apos-morte-do-proprietario/. Acesso em: 13 maio 2022.

150 KLEIN, J. S. B.; ADOLFO, L. G. S. Herança digital: diretrizes a partir do leading case do Der Bundesgerichtshof. In: *Revista Brasileira de Direito Civil*. Belo Horizonte, v. 30, n. 04, p. 198, out./dez. 2021. Disponível em: https://rbdcivil.ibdcivil.org.br/rbdc/article/view/687. Acesso em: 30 jul. 2022.

151 BRASIL. Superior Tribunal de Justiça (Segunda Seção). *Recurso Especial 1633254/MG*. Relatora: Minª. Nancy Andrighi, 11 mar. 2020. Diário da Justiça Eletrônico, 18 mar. 2020. Disponível em: https://processo.stj.jus.br/processo/revista/documento/ mediado/?componente=ITA&sequencial=1895580&num_registro=201602761090&data=20200318&formato=PDF. Acesso em: 22 maio 2022.

A decisão em comento demonstra louvável tendência de atualização das exigências legais à realidade contemporânea. Nesse sentido, foi autorizada a assinatura eletrônica em títulos executivos pela Lei n. 14.620/23, que acrescentou §4º no art. 784 do Código de Processo Civil[152]. No cenário internacional, um juiz no Canadá aceitou o uso do símbolo digital ou emoji "joinha" na rede social WhatsApp como assinatura contratual[153].

Essa tendência denota que o contexto digital pode fomentar a prática de disposição prévia de desejos pelos autores de heranças. A maior interferência da tecnologia nas relações humanas pode estimular a realização de disposições testamentárias, tornando a autorregulamentação privada de interesses *post mortem* mais frequente, especialmente entre as gerações mais novas e digitalizadas, como se afirma em:

> O recurso da tecnologia pode, de fato, tornar mais concreto o princípio da autorregulamentação privada dos interesses, possibilitando que até mesmo pessoas mais jovens – e menos confrontadas com a ideia de mortalidade – tirem proveito das ferramentas tecnológicas, as quais permitem, de forma tipicamente amigável, definir o destino da identidade digital também para a fase seguinte à morte[154].

Por outro lado, a postura por vezes conservadora dos Tribunais mostra

---

152 "Art. 784 [...] § 4º Nos títulos executivos constituídos ou atestados por meio eletrônico, é admitida qualquer modalidade de assinatura eletrônica prevista em lei, dispensada a assinatura de testemunhas quando sua integridade for conferida por provedor de assinatura. (Incluído pela Lei nº 14.620, de 2023)". BRASIL. Lei n. 13.105, de 16 de março de 2015. Código de Processo Civil. *Diário Oficial da União*. Brasília, 16 mar. 2015. Disponível em: https://www.planalto.gov.br/ccivil_03/_Ato2015-2018/2015/Lei/L13105.htm. Acesso em: 04 ago. 2023.

153 LEVENSON, Michael. Canadian Court Rules 👍 Emoji Counts as a Contract Agreement. *The New York Times*, [*s. l.*], 10 jul. 2023. Disponível em: https://www.nytimes.com/2023/07/07/world/canada/canada-thumbs-up-emoji-contract.html. Acesso em: 13 jul. 2023.

154 Tradução livre. No original: "Il ricorso alla tecnologia può, infatti, dare maggiore

relutância na aceitação das novas tecnologias, como em decisão proferida pelo TJSP que invalidou disposição testamentária de última vontade emitida pelo *de cujus* no aplicativo WhatsApp, ainda que enviada em grupo de mensagens contendo todos os herdeiros[155]. Referida decisão ilustra que o processo de aceitação das ferramentas digitais não tem sido linear, considerando as diferentes visões e interpretações em conflito.

Na hipótese de concessão de acesso dos dados, arquivos e documentos armazenados na conta de usuário falecido aos herdeiros, a forma como esse material será entregue é outro desafio.

Quando o *Facebook* foi condenado judicialmente na Alemanha pelo BGH a conceder acesso aos dados da conta de adolescente falecida em incidente no metrô de Berlim, por exemplo, a plataforma apresentou aos pais solicitantes um USB-Stick (*pen drive*) com arquivo em formato "PDF com mais 14 mil páginas de fotos, mensagens, conversas e postagens feitas pela garota em vida"[156]. Em que pese as informações, a princípio, terem sido fornecidas aos pais, elas foram disponibilizadas de forma impraticável ou, no

---

concretezza al principio dell'autoregolamentazione privata degli interessi, consentendo anche alle fasce più giovani della popolazione — quelle che meno si confrontano con l'idea della mortalità — di usufruire di strumenti tecnologici, che permettano, in una maniera tipicamente user-friendly, di governare il destino della propria identità digitale anche per la fase successiva alla morte". RESTA, Giorgio. La "morte" digitale. *Il diritto dell'informazione e dell'informatica.* Milão: Giuffrè, v. 6, a. 29, 2014, p. 920.

155 SÃO PAULO. Tribunal de Justiça de São Paulo (8ª Câmara de Direito Privado). *Apelação Cível 1021037-74.2021.8.26.0602.* Relator: Des. Alexandre Coelho; 30 set. 2022; Data de Registro: 30/09/2022). Diário da Justiça Eletrônico, 30 set. 2022. Disponível em: https://esaj.tjsp.jus.br/cjsg/getArquivo.do?cdAcordao=16102053&cdForo=0. Acesso em: 18 jul. 2023.

156 FRITZ, Karina. 14 mil páginas são insuficientes para garantir a transmissão da herança digital. *Migalhas* - German Report, [*s. l.*], 01 out. 2019. Disponível em: https://www.migalhas.com.br/coluna/german-report/312092. Acesso em: 10 out. 2019.

mínimo, inviável.

Karina Fritz comenta que, de acordo com o *Facebook*, "seria tecnicamente impossível liberar a conta em 'modo passivo', permitindo o acesso da pessoa ao conteúdo, mas impedindo a comunicação"[157]. Ao contrário do que alega a plataforma, no entanto, o ideal seria, realmente, fornecer o acesso passivo, ainda que temporário e que vedadas postagens, alterações no perfil ou interações com outros usuários. Tal acesso permitiria a visualização de todas as informações presentes no perfil, utilizando o mecanismo e a estrutura da plataforma, e não somente *download* de todos os dados da conta, transformados em milhares de páginas desconstruídas e de dificílima consulta. É, assim, preciso averiguar se a recusa da plataforma em conceder o acesso passivo é justificável. Sendo, é importante investigar novas formas de conceder acesso aos dados. Não sendo, deve-se insistir na autorização de acesso, ainda que passivo, ao perfil.

Outro aspecto interessante de se analisar é até quando a plataforma deve manter esses dados armazenados, caso nem usuário em vida, nem herdeiros após óbito do titular manifestem interesse em obtê-los ou utilizar a página. O provedor tem obrigação de manter *ad eternum* o serviço de armazenamento dos bens digitais de usuários? Tal hipótese parece hedionda.

Ainda que seja exagero atribuir às plataformas a obrigação de manter eternamente os dados de usuários, é aceitável pensar que eles devem ser resguardados por algum tempo, para que herdeiros tenham condições de tomar as principais decisões cabíveis, no mínimo. Na ausência de regulamentação legal, porém, é difícil chegar em prazo definido a ser observado por todas as plataformas. Algumas organizações, como a *Google* e a *Microsoft*, exemplificativamente, possuem mecanismo de gerenciamento de contas

157 FRITZ, Karina. 14 mil páginas são insuficientes para garantir a transmissão da herança digital. *Migalhas* - German Report, [*s. l.*], 01 out. 2019. Disponível em: https://www.migalhas.com.br/coluna/german-report/312092. Acesso em: 10 out. 2019.

inativas, que sugerem a remoção do perfil após dois anos de inatividade e ausência de interações. Tais prazos, contudo, foram estabelecidos unilateralmente, sem posicionamento legal que os vincule.

Um possível caminho seria pensar na teoria da coisa abandonada, no direito civil. Retomando o entendimento de bens digitais como bens móveis[158], segundo Caio Mário a noção de abandono para essa categoria de bens se confunde com a renúncia, sendo que, por sua vez:

> Pela *renúncia*, o *dominus* efetua uma declaração de vontade *abdicativa*, pela qual demite de si o direito sobre a coisa. Em se tratando de bem móvel, basta que se efetive seu abandono – *derelicto* – revestido do elemento anímico, ou seja, a intenção de se despir da titularidade dominial[159].

A mesma ideia é concebida por Lafayette Rodrigues Pereira, no sentido de que: "para que a posse se conserve, é mister a permanência da intenção de tê-la como própria"[160]. De acordo com Carlos Roberto Gonçalves, ainda: "a configuração do abandono (*derelictio*) depende, além do não uso da coisa, do ânimo de renunciar o direito, realizando-se, concomitantemente, o perecimento dos elementos *corpus* e *animus*"[161]. Entretanto, como afirmado pelo autor em seguida, há dificuldade em identificar a vontade de renunciar o direito, sendo que, para bens imóveis, será identificado abandono quando o possuidor por considerável tempo ignora a propriedade, não a frequentando, nem cuidando ou dando-lhe funcionalidade.

---

158 Ver nota de rodapé n. 66.

159 PEREIRA, Caio Mário da Silva. *Instituições de Direito Civil*: Direitos Reais. 25. ed. rev. e atual. por Carlos Edison do Rêgo Monteiro Filho. Rio de Janeiro: Forense, 2017, v. 4. E-book, local. 221.

160 PEREIRA, Lafayette Rodrigues. *Direito das Coisas*. Brasília: Superior Tribunal de Justiça, 2004, v. 1, p. 71. Disponível em: http://www2.senado.leg.br/bdsf/handle/id/496209. Acesso em: 30 abr. 2021.

161 GONÇALVES, Carlos Roberto. *Direito Civil Brasileiro*: Direito das Coisas. 16. ed. São Paulo: Saraiva, 2021, v. 5. E-book, local. 98.

Pela complexa identificação do *animus* de renúncia ou abandono de bens digitais, é prudente estabelecer que se busque comunicar titular ou herdeiros, por contatos fornecidos previamente, da eminente remoção dos conteúdos, caso não haja legítima e tempestiva manifestação requerendo o acesso.

O critério da inatividade para exclusão de contas é falho, pois há contas que os usuários não desejam excluir, embora as acessem com pouca frequência. Antes da remoção da página, assim, é essencial contatar outro veículo de comunicação, concedendo prazo de resposta para que, apenas depois, na ausência de manifestação em sentido contrário, seja efetivada a exclusão.

Também levanta desafios a possibilidade de a plataforma parar de operar. Por se tratar de atividade empresarial de iniciativa privada, não há como impedir o encerramento, obrigando a plataforma a funcionar. Deve-se, assim, discutir como a exclusão será operada. Nesse sentido, é possível estabelecer diretrizes e exigir observância aos deveres de comunicação e informação, impedindo que a plataforma encerre suas atividades repentina e inadvertidamente, excluindo dados que compunham legado digital.

Conforme elucida Bruno Zampier:

> Indubitavelmente, o modo de pensar a categoria dos bens jurídicos, sob esse paradigma tecnodigital, exigirá reflexões sobre a fluidez e mutabilidade dos padrões até então conhecidos, alterando consequentemente também as soluções jurídicas e tecnológicas no presente e, principalmente, no futuro[162].

A narrativa exposta suscita a seguinte indagação: como se dá a operacionalização patrimonial na internet? E, em especial: a operacionalização após a morte do titular dos dados? Os bens são passíveis de sucessão? O

162 LACERDA, Bruno Torquato Zampier. *Bens digitais*: cybercultura, redes sociais, e-mails, músicas, livros, milhas aéreas, moedas virtuais. 2. ed. Indaiatuba: Foco Jurídico, 2021, p. 62.

debate é fértil e dissonante.

Traçadas as noções gerais acerca da herança digital, passa-se à efetiva análise da possibilidade de transmissão *causa mortis* dos bens digitais, aferindo, especialmente, quais objetos são passíveis de sucessão. Para tanto, analisa-se as teorias de transmissibilidade e, em seguida, as principais decisões já proferidas no Brasil e no exterior sobre o tema.

2.2 Teorias de Transmissibilidade da Herança Digital

A ideia de herança no mundo digital envolve bens intangíveis, de valor apropriável e transmissível. Destarte, não fosse transmissível, nem seria herança. Resta adentrar nas hipóteses de sucessão de bens digitais, analisando, em especial, a operacionalização patrimonial na internet.

Há três teorias acerca da (in)transmissibilidade de bens digitais *post mortem*.

2.2.1 Teoria da intransmissibilidade total

A primeira corrente se sustenta na impossibilidade geral de transmissão do acervo digital e será referenciada por simples elucidação doutrinária, vez que não possui expressividade atualmente.

No início das discussões sobre herança digital, as plataformas virtuais, em especial, mostravam-se favoráveis à não transmissão dos dados de seus usuários, sendo as principais defensoras desse ideal. Com reflexões atuais mais sólidas, porém, não mais se aceita uma negação irrestrita do direito hereditário digital, o que retirou a proeminência da teoria da intransmissibilidade total dos bens digitais.

> [...] [Essa] corrente, comumente aclamada pelas plataformas digitais, defende a impossibilidade de projeção tanto de bens digitais patrimoniais como existenciais, aduzindo, no mais das vezes, que se tratam de conteúdos personalíssimos e intransferíveis, e que não geram titularidade, mas apenas

o direito de uso, o que tem ensejado uma discussão sobre os direitos consumeristas dos usuários, ponderando-se, entre outros fatores, a quebra do dever de informação e o princípio da vinculação da oferta, conforme apregoam os arts. 30 e 31 do Código de Defesa do Consumidor[163].

Tal tese analisa basicamente a relação entre usuários e programas de internet e, como visto, é hipótese fraca.

A dificuldade ou impossibilidade de separação entre conteúdos de natureza patrimonial e existencial[164] é uma das bandeiras dessa teoria. Pontua Karina Fritz que tal corrente, "hoje exígua na Alemanha, defendeu a chamada tese da infecção (*Infektionsthese*), segundo a qual, diante dessa impossibilidade fática, o conteúdo existencial contaminaria o restante, afastando-se a transmissibilidade de toda a herança digital aos herdeiros"[165].

Outra crucial crítica à hipótese de intransmissibilidade é que "acaba *priorizando interesses patrimoniais dos conglomerados digitais internacionais*, que, com a exclusão dos herdeiros, passam a *ocupar a posição jurídica de herdeiro* de seus usuários, se apropriando e dispondo (leia-se comercializando) dos dados existenciais do falecido"[166].

O acesso às plataformas eletrônicas se dá quase sempre por meio de licenças que estabelecem o direito pessoal de uso, que se encerra com a morte do usuário. Geralmente, por meio de termos ou condições de uso, permitem

---

163 HONORATO, Gabriel; LEAL, Lívia Teixeira. Propostas para a regulação da herança digital no direito brasileiro. In: EHRHARDT JÚNIOR, Marcos; CATALAN, Marcos; MALHEIROS, Pablo (Coord.). *Direito Civil e Tecnologia*. Belo Horizonte: Fórum, 2020, p. 381.

164 Como registrado no tópico "1.3.3 Irrelevância da distinção funcional".

165 FRITZ, Karina Nunes. A Garota de Berlim e a Herança Digital. In: TEIXEIRA, Ana Carolina Brochado; LEAL, Lívia Teixeira (Coords.). *Herança Digital*: Controvérsias e Alternativas. Indaiatuba: Foco, 2021, p. 233.

166 FRITZ, Karina Nunes. A Garota de Berlim e a Herança Digital. In: TEIXEIRA, Ana Carolina Brochado; LEAL, Lívia Teixeira (Coords.). *Herança Digital*: Controvérsias e Alternativas. Indaiatuba: Foco, 2021, p. 235. Destaque da autora.

o compartilhamento de conteúdos entre os usuários ativos, formando verdadeiras redes de dados. Questiona-se, entretanto, a validade desses termos: (*i*) ao negarem o acesso de herdeiros do falecido às informações armazenadas na conta, incluindo as de caráter privado, e (*ii*) ao negarem a continuidade da relação jurídica estabelecida, vedando a posterior utilização da conta registrada pelo usuário falecido na plataforma.

Por conseguinte, não há suporte legal para se defender essa primeira corrente. É juridicamente indefensável que contratos com plataformas digitais, informações e dados dinamizados nesses espaços devam ficar alheios ao monte hereditário na sucessão *causa mortis*.

Assim, o embate majoritário é entre as próximas duas correntes retratadas, mostrando-se mais pertinente, na opinião deste trabalho, a terceira teoria, pautada na orientação do *Bundesgerichtshof* retratada no tópico "2.1.2 Precedente contra o *Facebook* na Alemanha".

2.2.2 Teoria da intransmissibilidade de bens existenciais

A segunda corrente refere-se à ideia de intransmissibilidade, ou de transmissibilidade parcial. Com a promessa de proteção da sensibilidade das pessoas envolvidas no acervo de bens de natureza personalíssima, negando-lhes direitos hereditários, esta visão é a que encontra mais adeptos entre os estudiosos do tema no país[167].

Segundo esta acepção, há fragmentação entre o caráter financeiro, que será regido pelas regras aplicáveis ao patrimônio de natureza monetária, e o caráter existencial, que será tratado pelas regras da preservação da pessoa

---

167 BURILLE, Cíntia; HONORATO, Gabriel; LEAL, Livia Teixeira. Danos morais por exclusão de perfil de pessoa falecida? Comentários ao acórdão proferido na Apelação Cível n. 1119688-66.2019.8.26.0100 (TJSP). In: *Revista Brasileira de Direito Civil*. Belo Horizonte, v. 28, p. 207-227, abr./jun. 2021. Disponível em: https://rbdcivil.ibdcivil.org.br/rbdc/article/view/737. Acesso em: 15 set. 2022.

humana. Para os segundos, não é admitida presunção de continuidade da personalidade após a morte, enquanto os primeiros podem ser geridos postumamente como patrimônio.

Em síntese, considera transmissível o que tem valor econômico, como obra a ser publicada, ou conteúdo de interesse público. Por outro lado, considera intransmissível conteúdo que esbarre em dados sensíveis[168]. Pautada pela tutela da privacidade e intimidade, foca-se, porquanto, na defesa da intransmissibilidade e irrenunciabilidade dos direitos da personalidade[169].

Como registrado, é a teoria com maior ênfase no cenário nacional e pode ser identificada da seguinte forma:

> [Essa corrente], que aparenta ser majoritária no direito civil brasileiro, também defendida por estes autores, entende que deve haver um fracionamento do patrimônio digital, compreendendo a aplicação da regra geral do direito sucessório para transmissão de bens digitais de natureza patrimonial – ressalvando-se aqueles bens nos quais, na oportunidade da aquisição, restou claro e evidente que o consumidor estava adquirindo o direito de uso e não a propriedade do bem – e também para a projeção dos bens digitais existenciais e híbridos quando houver consentimento, em vida, pelo usuário, e, além disso, quando tal transmissão não gere prejuízos à personalidade de terceiros ou a aspectos da personalidade do falecido que permanecem sob

168 Em relação aos dados sensíveis, ver definição da Lei Geral de Proteção de Dados, em nota de rodapé n. 65.

169 BURILLE, Cíntia; HONORATO, Gabriel. Perspectivas para a sucessão de contas em redes sociais. In: SANCHEZ, P. C. (Coord.). DIAS, M. B.; PEREIRA, R. da C. (Orgs.). *Direito das Famílias e Sucessões na Era Digital.* Belo Horizonte: Instituto Brasileiro de Direito de Família – IBDFAM, 2021, p. 475-498; MENEZES, Joyceane Bezerra de; CIRÍACO, Patrícia K. de Deus. Direito à morte do corpo virtual: (im)possibilidade de um direito à sucessão de bens virtuais existenciais. In: TEIXEIRA, D. C. (Coord.). Arquitetura do Planejamento Sucessório. Tomo III. 3.ed. Belo Horizonte: Fórum, 2022, p 93-110.

tutela jurídica após a morte[170].

A despeito da terminologia empregada, "o que se sustenta não é a intransmissibilidade total dos bens digitais, como já se pontuou alhures, mas apenas daqueles cuja sucessão possa violar certos direitos da personalidade, especialmente a privacidade"[171].

Por tal teoria de intransmissibilidade, "nem todo o conteúdo digital acumulado pelo usuário em plataformas digitais é automaticamente transmitido aos herdeiros com a morte do titular"[172]. Segundo a corrente, após a separação entre bens patrimoniais e existenciais, os primeiros poderão ser transmitidos aos herdeiros, enquanto os segundos, pela extensão da privacidade do autor, deveriam ser excluídos da herança. Em relação aos bens híbridos, por conseguinte, haverá transmissão apenas do aspecto patrimonial.

A impossibilidade de sucessão de dados de natureza existencial leva em conta a proteção da privacidade do falecido e de terceiros, a preservação da expectativa de confiança conferida pela proteção de senhas nos aplicativos digitais e o respeito às normas de plataformas eletrônicas, que usualmente preveem a intransmissibilidade *post mortem* dos dados ali veiculados e armazenados. Fala-se ainda que inexiste justificativa jurídica para que

170 HONORATO, Gabriel; LEAL, Lívia Teixeira. Propostas para a regulação da herança digital no direito brasileiro. In: EHRHARDT JÚNIOR, Marcos; CATALAN, Marcos; MALHEIROS, Pablo (Coords.). *Direito Civil e Tecnologia*. Belo Horizonte: Fórum, 2020, p. 381.

171 TERRA, Aline de Miranda Valverde; OLIVA, Milena Donato; MEDON, Filipe. Acervo Digital: controvérsias quanto à sucessão *causa mortis*. In: TEIXEIRA, Ana Carolina Brochado; LEAL, Lívia Teixeira (Coords.). *Herança Digital*: Controvérsias e Alternativas. Indaiatuba: Foco, 2021, p. 59.

172 FRITZ, Karina Nunes. Herança digital: quem tem legitimidade para ficar com o conteúdo digital do falecido? In: MARTINS, Guilherme Magalhães; LONGHI, João Victor Rozatti (Coords.). *Direito digital*: direito privado e internet. 3. ed. atual. rev. e ampl. Indaiatuba: Foco, 2020, p. 194.

herdeiros revirem toda a vida privada virtual de seus familiares falecidos, especialmente quando não se verifica nenhum interesse patrimonial evidente[173].

Como defesa desta hipótese, Flávio Tartuce delineia que:

> [...] é preciso diferenciar os conteúdos que envolvem a tutela da intimidade e da vida privada da pessoa daqueles que não o fazem para, talvez, criar um caminho possível de atribuição da herança digital aos herdeiros legítimos, naquilo que for possível. Entendo que os dados digitais que dizem respeito à privacidade e à intimidade da pessoa, que parecem ser a regra, devem desaparecer com ela. Dito de outra forma, a *herança digital deve morrer com a pessoa*[174].

Segundo tal teoria, portanto, o "patrimônio afetivo" digital não deve ser transmitido aos herdeiros, preservando-se – supostamente – os aspectos da privacidade, intimidade e honra do usuário[175]. Tal tese considera que as normas jurídicas protegem direitos de personalidade mesmo após a morte

---

173 ANTONIETTO, Guilherme Galhardo; FRANCESCHET, Julio Cesar; DE OLIVEIRA, Edmundo Alves. Direito das Sucessões na Era Virtual: a questão da herança digital. *Revista Brasileira de Direito Civil em Perspectiva*, v. 6, n. 1, p. 56-72, jan./jul. 2020. Disponível em: https://www.indexlaw.org/index.php/direitocivil/article/view/6508/pdf. Acesso em: 19 set. 2022.

174 TARTUCE, Flávio. Herança digital e sucessão legítima: primeiras reflexões. *Revista Jurídica Luso-Brasileira*, a. 5, n. 1, 2019. p. 878. Disponível em: http://www.cidp.pt/revistas/rjlb/2019/1/2019_01_0871_0878.pdf. Acesso em: 03 out. 2019. Destaque do autor. Aqui, cumpre ressalvar crítica à expressão "a *herança digital deve morrer com a pessoa*", eis que a herança digital é também composta por bens patrimoniais que, pela própria corrente ora retratada, devem ser transmitidos sucessoriamente. Assim, para a primeira corrente, "não é toda" a herança digital que deve morrer com a pessoa.

175 SILVA, A. de Oliveira da; FRANCO, L. Dutra. Direitos da personalidade e a herança digital: uma análise da defesa póstuma dos direitos personalíssimos face a sociedade digital. *Revista Vianna Sapiens*. Juiz de Fora, v. 13, n. 1, p. 182, 2022. Disponível em: https://viannasapiens.emnuvens.com.br/revista/article/view/782. Acesso em: 28 jun. 2022.

dos sujeitos, e, assim sendo, tais disposições devem ser aplicadas também no cenário digital[176].

Apenas duas situações admitiriam a sucessão de bens digitais existenciais. A primeira é a manifestação expressa dos próprios usuários em vida[177], mitigando autônoma e conscientemente seus direitos fundamentais de privacidade e intimidade[178]. E a segunda realidade é a determinação judicial, em hipóteses excepcionais, desde que em cotejo com a preservação da personalidade e da privacidade dos envolvidos[179].

Por outro lado, a ausência de definição do destino a ser dado ao conteúdo existencial do falecido, a inexatidão da forma e do momento da triagem da natureza dos conteúdos existenciais e patrimoniais, a falta de consenso acerca do que vem a ser bens de natureza existencial e a desnecessária quebra normativa do princípio da sucessão universal, segundo Karina Fritz, são

176 SILVA, A. de Oliveira da; FRANCO, L. Dutra. Direitos da personalidade e a herança digital: uma análise da defesa póstuma dos direitos personalíssimos face a sociedade digital. *Revista Vianna Sapiens*. Juiz de Fora, v. 13, n. 1, p. 182, 2022. Disponível em: https://viannasapiens.emnuvens.com.br/revista/article/view/782. Acesso em: 28 jun. 2022.

177 HONORATO, Gabriel; LEAL, Lívia Teixeira. Exploração econômica de perfis de pessoas falecidas: reflexões jurídicas a partir do caso Gugu Liberato. In: *Revista Brasileira de Direito Civil*. Belo Horizonte, v. 23, p. 164-165, jan./mar. 2020. Disponível em: https://rbdcivil.ibdcivil.org.br/rbdc/article/view/523. Acesso em: 30 abr. 2021.

178 NINGELISKI, Adriane de Oliveira. Herança digital: uma reflexão acerca da transmissibilidade imediata de contas em redes sociais à luz do direito fundamental à privacidade e intimidade. In: FREITAS, R. S.; LANNES, Y. N. da C.; SILVA, L. G. da. (Coords). *Direitos e garantias fundamentais I*. V Encontro Virtual do CONPEDI. Florianópolis: CONPEDI, 2022.

179 FLUMIGNAN, S. J. G.; FLUMIGNAN, W. G. G. Herança Digital: Barreiras e Possíveis Soluções. In: DE LUCCA, N.; SIMÃO FILHO, A.; DE LIMA, C. R. P.; MACIEL, R. M. (Coords.). *Direito e Internet IV*: Sistema de Proteção de Dados Pessoais. São Paulo: Quartier Latin, 2019, p. 287-301.

as principais críticas à tese de intransmissibilidade[180]. Para a autora, a teoria falha "pela inconsistência de seus argumentos, pois, dentre outras deficiências, não indica critérios objetivos suficientes para distinguir, com precisão, o conteúdo digital com caráter patrimonial do conteúdo digital de caráter existencial, sendo ainda silente quanto aos casos de conteúdo digital misto"[181].

Ainda, "sob uma análise econômica, a regra da intransmissibilidade não parece a mais eficiente, pois implica tempo e dinheiro, impactando diretamente no custo e [na] duração de inúmeros processos de inventários"[182], pela dificuldade de distinção funcional entre bens de natureza existencial e patrimonial, já mencionada.

De modo geral, a tese da transmissibilidade parcial de bens digitais é a que mais atrai os estudiosos brasileiros e que orienta as poucas decisões judiciais esparsas já publicadas[183]. Todavia, segundo a visão da autora deste trabalho, o lado negativo desta corrente é mais evidente que seus pontos fortes, especialmente pela impossibilidade de separação da funcionalidade dos bens híbridos.

---

180 FRITZ, Karina Nunes. Herança digital: quem tem legitimidade para ficar com o conteúdo digital do falecido? In: MARTINS, Guilherme Magalhães; LONGHI, João Victor Rozatti (Coords.). *Direito digital*: direito privado e internet. 3. ed. atual. rev. e ampl. Indaiatuba: Foco, 2020, p. 199-200.

181 FRITZ, Karina Nunes. Herança digital: quem tem legitimidade para ficar com o conteúdo digital do falecido? In: MARTINS, Guilherme Magalhães; LONGHI, João Victor Rozatti (Coords.). *Direito digital*: direito privado e internet. 3. ed. atual. rev. e ampl. Indaiatuba: Foco, 2020, p. 205.

182 ROSA, Conrado Paulino da; BURILLE, Cíntia. A Regulação da Herança Digital: Uma breve análise das experiências espanhola e alemã. In: TEIXEIRA, Ana Carolina Brochado; LEAL, Lívia Teixeira (Coords.). *Herança Digital*: Controvérsias e Alternativas. Indaiatuba: Foco, 2021, p. 253.

183 Como será retratado no tópico "2.3.1 Aplicação jurisprudencial no Brasil".

2.2.3 Teoria da ampla transmissibilidade

A terceira e última corrente registrada defende a aplicação de regras sucessórias a bens digitais universalmente, englobando a transmissão tanto de bens de natureza existencial quanto de caráter patrimonial, com base em disposições essenciais da legislação civil brasileira, e é a mais perspicaz.

O suporte legal invocado por esta corrente inclui, principalmente, o artigo 1.784 do Código Civil, que ordena a transmissibilidade universal como consequência sistemática lógica no direito sucessório. Ao prescrever que: "Aberta a sucessão, a herança transmite-se, desde logo, aos herdeiros legítimos e testamentários", o dispositivo não atrela a transmissão universal somente a bens corpóreos. Ao contrário, há somente menção à terminologia "herança", que, conforme parâmetros vistos, inclui também bens digitais. Assim, como não houve limitação de qual categoria de bens digitais está incluída, aplicar-se-á a todo o acervo patrimonial titularizado pelos usuários, tanto na vida analógica quanto em rede. Por conseguinte, a interpretação lógica requer que se considere em tal disposição o patrimônio virtual.

É também considerada a autorização legal concedida aos familiares nas situações de lesão a direitos de personalidade e à proteção da imagem de pessoas falecidas. Tais hipóteses são previstas, respectivamente, nos parágrafos únicos dos artigos 12[184] e 20[185], do Código Civil. A legitimidade de

184 "Art. 12. Pode-se exigir que cesse a ameaça, ou a lesão, a direito da personalidade, e reclamar perdas e danos, sem prejuízo de outras sanções previstas em lei. Parágrafo único. Em se tratando de morto, terá legitimação para requerer a medida prevista neste artigo o cônjuge sobrevivente, ou qualquer parente em linha reta, ou colateral até o quarto grau". BRASIL. Lei n.10.406, de 10 de janeiro de 2002. Institui o Código Civil. *Diário Oficial da União*. Brasília, 11 jan. 2002. Disponível em: http://www.planalto.gov.br/ccivil_03/leis/2002/l10406compilada.htm. Acesso em: 11 abr. 2021.

185 "Art. 20. Salvo se autorizadas, ou se necessárias à administração da justiça ou à manutenção da ordem pública, a divulgação de escritos, a transmissão da palavra, ou a publicação, a exposição ou a utilização da imagem de uma pessoa poderão ser proibidas, a seu requerimento e sem prejuízo da indenização que couber, se lhe atingirem a

familiares para defender a expressão da personalidade de pessoas mortas enfraquece o argumento de que os herdeiros devem ser proibidos de acessar informações digitais de conteúdo personalíssimo de indivíduos falecidos.

Em terceiro lugar, no aspecto legal, critica-se a elaboração de termos de adesão pelas plataformas digitais com cláusulas que vedam a transmissão sucessória, pois desrespeitam a proibição de redação de termos abusivos em contratos de natureza consumerista, estabelecida no artigo 51, inciso IV do Código de Defesa do Consumidor[186].

Tal teoria também está de acordo com o enunciado 687 da IX Jornada de Direito Civil, aprovado recentemente, em maio de 2022, com a seguinte redação: "O patrimônio digital pode integrar o espólio de bens na sucessão legítima do titular falecido, admitindo-se, ainda, sua disposição na forma testamentária ou por codicilo"[187]. Como o enunciado não fez nenhuma restrição ao patrimônio digital mencionado, interpreta-se, logicamente, por

---

honra, a boa fama ou a respeitabilidade, ou se se destinarem a fins comerciais. Parágrafo único. Em se tratando de morto ou de ausente, são partes legítimas para requerer essa proteção o cônjuge, os ascendentes ou os descendentes". BRASIL. Lei n.10.406, de 10 de janeiro de 2002. Institui o Código Civil. *Diário Oficial da União*. Brasília, 11 jan. 2002. Disponível em: http://www.planalto.gov.br/ccivil_03/leis/2002/l10406compilada.htm. Acesso em: 11 abr. 2021.

186 "Art. 51. São nulas de pleno direito, entre outras, as cláusulas contratuais relativas ao fornecimento de produtos e serviços que: [...] IV - estabeleçam obrigações consideradas iníquas, abusivas, que coloquem o consumidor em desvantagem exagerada, ou sejam incompatíveis com a boa-fé ou a equidade (sic)". BRASIL. Lei n. 8.078, de 11 de setembro de 1990. Dispõe sobre a proteção do consumidor e dá outras providências. *Diário Oficial da União*. Brasília, 12 set. 1990. Disponível em: http://www.planalto.gov.br/ccivil_03/leis/l8078 compilado.htm. Acesso em: 02 jul. 2021.

187 IX JORNADA DE DIREITO CIVIL – Comemoração dos 20 anos da Lei n. 10.406/2002 e da Instituição da Jornada de Direito Civil. *Enunciados Aprovados*. Brasília: Conselho da Justiça Federal, Centro de Estudos Judiciários, 2022. 56 p. Disponível em: https://www.cjf.jus.br/cjf/corregedoria-da-justica-federal/centro-de-estudos-judiciarios-1/publicacoes-1/jornadas-cej/enunciados-aprovados-2022-vf.pdf. Acesso em: 12 jul. 2022.

óbvio, que se refere à totalidade do patrimônio titularizado pelo *de cujus*, o que inclui, necessariamente, tanto bens que ostentem caráter existencial, quanto conteúdo econômico.

Fundamenta-se, ainda, no notório precedente do direito alemão sobre a transmissão da herança digital, comentado no tópico "2.1.2 Precedente contra o Facebook na Alemanha", que autorizou que os pais de jovem falecida tivessem acesso a todas as informações contidas na conta da filha no *Facebook*, incluindo conversas privadas, "visto que integrariam o acervo digital hereditário da filha"[188]. Ainda, "para a Corte, o direito sucessório à herança digital não se opõe aos direitos de personalidade *post mortem* da falecida, nem ao direito geral de personalidade do *de cujus* ou dos terceiros interlocutores, nem ao sigilo das comunicações e tampouco às regras de proteção de dados pessoais"[189].

Entendeu-se que, para as informações da conta não serem transferidas aos herdeiros universais, a usuária deveria ter manifestado expressamente e de forma inequívoca o desejo de não transmissão[190]. Por este entendimento, na ausência de declaração em sentido contrário dos usuários em vida, as informações armazenadas em plataformas digitais transferem-se integralmente aos herdeiros. Em resumo, considerou-se que "todo o patrimônio,

---

188 ROSA, Conrado Paulino da; BURILLE, Cíntia. A Regulação da Herança Digital: Uma breve análise das experiências espanhola e alemã. In: TEIXEIRA, Ana Carolina Brochado; LEAL, Lívia Teixeira (Coords.). *Herança Digital*: Controvérsias e Alternativas. Indaiatuba: Foco, 2021, p. 251.

189 FRITZ, Karina Nunes. Herança digital: quem tem legitimidade para ficar com o conteúdo digital do falecido? In: MARTINS, Guilherme Magalhães; LONGHI, João Victor Rozatti (Coords.). *Direito digital*: direito privado e internet. 3. ed. atual. rev. e ampl. Indaiatuba: Foco, 2020, p. 207-208.

190 FRITZ, Karina. 14 mil páginas são insuficientes para garantir a transmissão da herança digital. *Migalhas* – German Report, [*s. l.*], 01 out. 2019. Disponível em: https://www.migalhas.com.br/coluna/german-report/312092. Acesso em: 10 out. 2019.

i.e., todas as relações jurídicas do falecido são transmitidas a seus sucessores, exceto as que se devam extinguir por sua natureza, por força de lei, acordo ou pela vontade do autor da herança"[191].

Diante da existência de base legal equiparada no direito brasileiro – especialmente pela norma do artigo 1.784 acima indicado –, defende-se a automática aplicação do precedente alemão no sistema jurídico nacional.

Quando indivíduos se inscrevem em plataformas digitais, criando *login* e senha de acesso para a conta, não há cláusula garantindo que as informações privadas são sigilosas, nem que a plataforma não terá acesso às conversas e dados registrados no perfil. Ao contrário, as plataformas mantêm constante vigilância das movimentações nas contas pelos usuários, obtendo lucro ao vender dados e características dos usuários a organizações interessadas[192].

A ideia de que a transmissão sucessória de bens digitais pode ofender direitos de terceiros que possuem informações pessoais atreladas a esses dados não é, essencialmente, nova para o direito, pois é problema que já existe no meio analógico. Documentos e pertences físicos de indivíduos são, via de regra, entregues aos herdeiros com a abertura da sucessão, independentemente de interferir ou não na esfera de terceiros, sendo oportuno considerar que:

> Isso significa dizer: o *emissor da mensagem suporta o risco* que terceiro tenha acesso ao material enviado, seja porque o destinatário reencaminhou ou mostrou a mensagem ao terceiro, seja porque o terceiro tinha acesso à conta do destinatário. Esse risco é de todo emissor, da mesma forma que

---

191 FRITZ, Karina Nunes. A Garota de Berlim e a Herança Digital. In: TEIXEIRA, Ana Carolina Brochado; LEAL, Lívia Teixeira (Coords.). *Herança Digital*: Controvérsias e Alternativas. Indaiatuba: Foco, 2021, p. 229.

192 QUANTO dinheiro o Facebook ganha com você (e como isso acontece). *BBC*, [*s. l.*], 10 nov. 2016. Disponível em: https://www.bbc.com/portuguese/internacional-37898626. Acesso em: 06 out. 2019.

ocorre na comunicação analógica. Essa afirmação pode causar espanto, mas quem envia a outrem uma carta sabe – ou deveria saber – que não pode controlar quem, ao fim e a cabo, terá conhecimento de seu conteúdo[193].

Como definido pelo *Bundesgerichtshof*, "documentos de cunho existencial, como cartas e diários, são transmitidos há séculos aos herdeiros, ainda quando contenham informações íntimas e confidenciais, envolvendo terceiros e estejam guardados em baú lacrado"[194]. Assim, na Alemanha, entendeu-se que os interlocutores não podem presumir um sigilo absoluto do conteúdo de suas conversas, sabendo-se que podem ser acessadas por terceiros, seja ainda durante ou após a vida do receptor original das mensagens[195]. Mostra-se possível o acesso irrestrito às correspondências – físicas ou eletrônicas – pelos herdeiros, vez que não há violação da privacidade dos interlocutores que com ele se comunicaram[196].

A principal discussão no caso alemão era a validade da cláusula estabelecida pelo *Facebook* de conversão da página em memorial, negando acesso do conteúdo privado da conta aos herdeiros da falecida usuária. Na decisão final, referida cláusula foi declarada nula, pois, "segundo o

193 MENDES, Laura Schertel Ferreira, FRITZ, Karina Nunes. Case Report: corte alemã reconhece a transmissibilidade da herança digital. *Revista Direito Público*. Porto Alegre, v. 15, n. 85, 2019 p. 194. Disponível em: **Erro! A referência de hiperlink não é válida.**. Acesso em: 07 out. 2019.

194 FRITZ, Karina Nunes. A Garota de Berlim e a Herança Digital. In: TEIXEIRA, Ana Carolina Brochado; LEAL, Lívia Teixeira (Coords.). *Herança Digital*: Controvérsias e Alternativas. Indaiatuba: Foco, 2021, p. 234.

195 ROSA, Conrado Paulino da; BURILLE, Cíntia. A Regulação da Herança Digital: Uma breve análise das experiências espanhola e alemã. In: TEIXEIRA, Ana Carolina Brochado; LEAL, Lívia Teixeira (Coords.). *Herança Digital*: Controvérsias e Alternativas. Indaiatuba: Foco, 2021, p. 252.

196 LEAL, Lívia Teixeira. Tratamento jurídico do conteúdo disposto na Internet após a morte do usuário e a denominada herança digital. In: TEIXEIRA, Daniele Chaves (Coord.). *Arquitetura do planejamento sucessório*: Tomo II. 2. ed. 1. reimp. rev. ampl e atual. Belo Horizonte: Fórum, 2020, p. 235.

Bundesgerichtshof, além de contrariar os princípios da sucessão universal e da *saisine*, a proibição de transmissão da conta *frustra o fim essencial do contrato de uso da plataforma*, que é justamente permitir ao usuário – ou seus sucessores – acessar a conta"[197].

Com a conversão de páginas em memoriais, "ninguém – exceto o próprio Facebook – tem acesso às mensagens privadas do *de cujus*"[198]. Nesse sentido, se o conglomerado do *Facebook* tem acesso, por que a família da usuária falecida não teria? Especialmente em cenário no qual as *Bigh Techs* como *Google*, *Apple*, *Facebook*, *Amazon* e *Microsoft* monopolizam a internet, pela detenção da expressiva maioria de plataformas utilizadas mundialmente[199], é preciso cuidado quanto aos termos impostos unilateralmente por tais organizações hegemônicas.

Outra questão levantada na lide foram os entraves de ordem prática na diferenciação de conteúdo patrimonial e existencial, citando-se a impraticável triagem do material e excessivas demandas judiciais discutindo a natureza dos dados. Nesse sentido:

> Com efeito, como o conteúdo digital deixado pelo falecido pode ter cunho patrimonial e existencial, seria necessário primeiro fazer uma análise de todo o material deixado e, em seguida, uma triagem para só então permitir – ou não – sua transmissibilidade aos herdeiros. Além de esvaziar o

---

197 FRITZ, Karina Nunes. A Garota de Berlim e a Herança Digital. In: TEIXEIRA, Ana Carolina Brochado; LEAL, Lívia Teixeira (Coords.). *Herança Digital*: Controvérsias e Alternativas. Indaiatuba: Foco, 2021, p. 231. Destaque da autora.

198 FRITZ, Karina. 14 mil páginas são insuficientes para garantir a transmissão da herança digital. *Migalhas* – German Report, [*s. l.*], 01 out. 2019. Disponível em: https://www.migalhas.com.br/coluna/german-report/312092. Acesso em: 10 out. 2019.

199 ALCANTARA, Chris *et al.* How Big Tech got so big: Hundreds of acquisitions. *The Washington Post* – Technology, Washington, 21 abr. 2021. Disponível em: https://www.washingtonpost.com/technology/interactive/2021/amazon-apple-facebook-google-acquisitions/. Acesso em: 28 abr. 2021.

princípio da sucessão universal e da *saisine*, coloca-se aqui importante *questão de legitimidade*, na medida em que se precisaria definir quem estaria legitimado – mais que os herdeiros! – para acessar e fazer a triagem de todo o material[200].

Como retratado no tópico "1.3.3 Irrelevância da distinção funcional", a dissociação entre bens patrimoniais e existenciais não é simples, pela expressiva quantidade de elementos de caráter híbrido. Ademais, "embora os direitos da personalidade sejam intransmissíveis, não se pode negar que os efeitos patrimoniais decorrentes da repercussão econômica de tais direitos são transmissíveis aos herdeiros"[201]. Fala-se, portanto, em transmissão de desdobramentos patrimoniais de direitos da personalidade.

Na perspectiva analógica, são fartos os exemplos mundialmente conhecidos de exploração patrimonial de direitos de personalidade de pessoas mortas.

O Diário de Anne Frank é uma das obras literárias mais lidas no mundo há décadas, com tradução para setenta idiomas e tendo ultrapassado a marca de 30 milhões de cópias vendidas[202]. A narrativa pessoal do holocausto judeu na Segunda Guerra Mundial, na visão de uma adolescente judia escondida da força militar alemã, foi publicada anos depois da morte da autora, por seu pai, Otto Frank. Além de publicar, o pai da jovem ainda editou o texto originalmente escrito por Anne.

---

200 FRITZ, Karina Nunes. A Garota de Berlim e a Herança Digital. In: TEIXEIRA, Ana Carolina Brochado; LEAL, Lívia Teixeira (Coords.). *Herança Digital*: Controvérsias e Alternativas. Indaiatuba: Foco, 2021, p. 234.

201 LEAL, Lívia Teixeira. Tratamento jurídico do conteúdo disposto na Internet após a morte do usuário e a denominada herança digital. In: TEIXEIRA, Daniele Chaves (Coord.). *Arquitetura do planejamento sucessório*: Tomo II. 2. ed. 1. reimp. rev. ampl e atual. Belo Horizonte: Fórum, 2020, p. 234.

202 DIÁRIO de Anne Frank continua vivo 75 anos após sua morte. *Exame*, [*s. l.*], 13 abr. 2020. Casual. Disponível em: https://exame.com/casual/diario-de-anne-frank-continua-vivo-75-anos-apos-sua-morte/. Acesso em: 11 nov. 2020.

Outro notório exemplo mundial de exploração financeira *post mortem* – neste caso, de figura pública – é a realidade de Michael Jackson. Após o falecimento do cantor, em 2009, "um trabalho de reconstrução da imagem pública do artista vem sendo feito e isso gerou lucros sem precedentes nos últimos tempos"[203], acumulando cerca de 11 bilhões de reais em lucros que vão desde direitos autorais de catálogo musical gravado pelo cantor e relançamento de discos, até frutos de visualizações na internet e de shows em sua homenagem.

Os dois casos demonstram que, para além do mundo digital, herdeiros comumente se apropriam dos direitos de personalidade de familiares mortos, incorporando os resultados patrimoniais deles decorrentes. A ideia de que não há fundadas razões para impedir esse fenômeno na realidade digital se harmoniza com a segunda corrente, ora retratada, conforme análise do precedente alemão:

> Se o que se visa tutelar é o caráter existencial do conteúdo, protegendo-se a privacidade, intimidade e personalidade do morto ou de terceiros, essa tutela teria que ser feita *independentemente do meio* no qual esse conteúdo personalíssimo se materializa. Para o BGH, parece incoerente permitir a transmissão de cartas, diários e informações confidenciais e vedar a transmissão daquelas armazenadas em nuvens ou nos servidores de plataformas digitais como o Facebook, pois, repita-se, a existencialidade não resulta da *forma* como tais informações estão corporificadas ou salvas, mas exclusivamente de seu próprio *conteúdo*. Dessa forma, os valores e princípios subjacentes ao direito das sucessões garantem também a transmissibilidade da herança existencial, encontre-se ela em meios digitais ou analógicos[204].

Critica-se ainda a afirmação de que a herança tradicional difere da

---

203 MICHAEL Jackson já faturou R$ 11 bilhões de reais depois de morto. *L'Officiel*, [*s. l.*], 06 nov. 2020. Hommes. Disponível em: https://www.revistalofficiel.com.br/hommes/como-michael-jackson-ja-faturou-r-11-bilhoes-de-reais-mesmo-depois-de-morto. Acesso em: 11 nov. 2020.

204 MENDES, Laura Schertel Ferreira, FRITZ, Karina Nunes. Case Report: corte alemã

herança digital, pois a última "abarca não só a transferência de bens, mas também o acesso a conteúdos e informações"[205]. Ora, a chamada herança tradicional, cujo escopo se restringe aos bens corpóreos, também não envolve conteúdos e informações, como retratado nos exemplos acima? A diferenciação que se buscou fazer, logo, não se mostra convincente.

Portanto, tomando por base a ideia de unicidade do patrimônio – o que inclui conteúdos e informações, sejam materiais ou imateriais –, a transmissão de todas as informações da conta em rede social da usuária engloba tanto aspectos existenciais quanto patrimoniais, quando presentes.

A principal crítica à transmissibilidade total e irrestrita dos dados digitais refere-se ao tratamento indistinto entre dados de natureza existencial e patrimonial. Os críticos da teoria da ampla transmissibilidade afirmam que: "não há tratamento unitário idôneo a tutelar situações tão díspares no que tange ao seu conteúdo e função"[206]. Entretanto, as razões apresentadas no presente estudo demonstram que a crítica deve ser afastada.

Os fundamentos utilizados pela Corte alemã rebatem tal crítica, reforçando a aplicação ampla da transmissibilidade digital, com foco na preservação do direito à herança, pela ideia de que "de acordo com as regras da sucessão universal, o interesse de sigilo deverá recuar diante dos interesses do herdeiro"[207], conquanto ressalvada a autonomia dos usuários de

---

reconhece a transmissibilidade da herança digital. *Revista Direito Público.* Porto Alegre, v. 15, n. 85, 2019 p. 194. Disponível em: https://www.portaldeperiodicos.idp.edu.br/direitopublico/article/view/3383. Acesso em: 07 out. 2019.

205 FLUMIGNAN, S. J. G.; FLUMIGNAN, W. G. G. Herança Digital: Barreiras e Possíveis Soluções. In: DE LUCCA, N.; SIMÃO FILHO, A.; DE LIMA, C. R. P.; MACIEL, R. M. (Coords.). *Direito e Internet IV*: Sistema de Proteção de Dados Pessoais. São Paulo: Quartier Latin, 2019, p. 291.

206 BARBOSA, Heloísa Helena; ALMEIDA, Vitor. Tecnologia, Morte e Direito. In: TEIXEIRA, Ana Carolina Brochado; LEAL, Lívia Teixeira (Coords.). *Herança Digital*: Controvérsias e Alternativas. Indaiatuba: Foco, 2021, p. 13.

207 ROSA, Conrado Paulino da; BURILLE, Cíntia. A Regulação da Herança Digital: Uma

manifestar previamente vontade em sentido oposto. Além disso, foi firmada a tese de que, *a priori*, inexiste confiança digna de proteção quanto ao sigilo das informações privadas do *de cujus*.

Outro ponto forte da teoria de ampla transmissibilidade sucessória refere-se ao problema de como verificar se as plataformas digitais realmente farão a exclusão dos dados existenciais, na eventual proibição de que a família acesse esse conteúdo. Inexistem garantias de que esses conteúdos realmente seriam eliminados, especialmente diante dos interesses das plataformas digitais em seu uso, tratamento e eventual compartilhamento.

As teorias de transmissibilidade de bens digitais devem ser analisadas para além dos meros argumentos teóricos. É importante a perspicácia de ir além dos discursos, considerando os reais objetivos envolvidos. Nesse sentido, a teoria da universal transmissibilidade da herança digital deve ser posta em foco, pois privilegia a posição dos herdeiros, em regra, na ausência de previsão contrária dos usuários titulares dos dados, colocando em segundo plano os nefastos interesses das plataformas digitais.

Em síntese, a transmissibilidade global da herança digital inclui, basicamente, a tutela dos direitos dos herdeiros, preservando-se a regra geral de sucessão. Fundamenta-se na real impossibilidade de separação entre conteúdos de natureza patrimonial e existencial. Considera, também, a noção de que interlocutores assumem os riscos da comunicação, sem que haja proteção do sigilo das conversas privadas digna de especial tutela no âmbito eletrônico. E se completa na possibilidade de que os usuários manifestem previamente a opção pela não transmissão, protegendo seu próprio interesse.

Ainda, eventual omissão dos herdeiros não confere automático poder de escolha quanto ao destino dos dados às plataformas digitais, como asseverado:

---

breve análise das experiências espanhola e alemã. In: TEIXEIRA, Ana Carolina Brochado; LEAL, Lívia Teixeira (Coords.). *Herança Digital*: Controvérsias e Alternativas. Indaiatuba: Foco, 2021, p. 252.

> Nada impede, portanto, que o autor da herança atribua a herdeiros distintos da sucessão natural seus bens digitais. Esta escolha é discricionária e de responsabilidade exclusiva do transmitente, a quem incumbe avaliar seu próprio destino, sob pena de delegar ao Estado que o faça em seu lugar. Essa escolha, todavia, jamais foi conferida legalmente às plataformas digitais, cujos termos de uso precisam se amoldar às regras sucessórias nacionais[208].

Pelas razões estudadas, a ampla transmissão sucessória de dados digitais é a melhor política a se adotar, a fim de dar concretude à previsão do artigo 1.784 do Código Civil. Depreende-se que a legislação não impõe empecilhos à incorporação dos bens digitais ao direito de herança[209]. De modo geral:

> Dessa forma, forçoso concluir que, se não há disposição expressa do falecido em sentido contrário, os contratos de utilização de plataformas digitais são transmissíveis aos herdeiros no momento da morte, pois não possuem natureza personalíssima e nem há disposição expressa da lei vedando a hereditibilidade. A análise da natureza jurídica, estrutura e função dos contratos de uso de plataformas digitais mostra que os mesmos são passíveis de transmissibilidade e que os herdeiros assumem a posição jurídica do usuário falecido na relação contratual e adquirem a legítima pretensão de acessar a conta e todo o conteúdo lá armazenado[210].

Para Karina Fritz: "talvez seja necessário um pronunciamento do

---

208 GARCIA, Fernanda Mathias de Souza. *Herança digital*: o direito brasileiro e a experiência estrangeira. Rio de Janeiro: Lumen Juris, 2022, p. 138.

209 NASCIMENTO, Thamires Oliveira. *Herança Digital*: O direito da sucessão do acervo digital. 2017. 57 f. Trabalho de Conclusão de Curso (Graduação em Direito) – Universidade Federal do Pernambuco, Centro de Ciências Jurídicas, Recife, 2017, p. 11. Disponível em: https://repositorio.ufpe.br/bitstream/123456789/21969/1/Heran%C3%A7a%20Digital.%20O%20direito%20da%20sucess%C3%A3o%20do%20acervo%20digital.pdf. Acesso em: 12 maio 2022.

210 FRITZ, Karina Nunes. Herança digital: quem tem legitimidade para ficar com o conteúdo digital do falecido? In: MARTINS, Guilherme Magalhães; LONGHI, João Victor Rozatti (Coords.). *Direito digital*: direito privado e internet. 3. ed. atual. rev. e ampl. Indaiatuba: Foco, 2020, p. 205.

Superior Tribunal de Justiça ou a aprovação dos projetos de lei em trâmite no Congresso, garantindo a acessibilidade dos herdeiros ao conteúdo digital do falecido, para que o Facebook respeite a regra da transmissão universal entre nós"[211].

A transmissão geral aos sucessores de todo o patrimônio do *de cujus*, tanto analógico quanto digital, é medida que garante coesão ao sistema e preserva a segurança jurídica, transferindo o ônus da escolha para os próprios usuários, na medida em que resguarda sua autonomia privada. Identificados os reais interesses envolvidos, é a opção que melhor protege os principais interesses em foco: dos usuários, caso queiram manifestá-los previamente, e dos herdeiros, pelo legítimo direito à herança.

Tendo em vista as atuais compreensões e complexidades do tema, adentra-se nas possibilidades práticas da herança digital, comentando a aplicação jurisprudencial no Brasil e as principais experiências internacionais.

2.3 Realidade Prática

2.3.1 Aplicação jurisprudencial no Brasil

A destinação dos bens digitais *post mortem* atrai consistentes e divergentes respostas. Essa realidade de incertezas também tem sido observada na ainda tímida jurisprudência nacional. Enquanto a doutrina se antecipa na investigação e no debate da problemática, tem-se notícia apenas de seis casos emblemáticos em que o Judiciário nacional foi intimado a se pronunciar, os quais, pelo ineditismo, ganharam notoriedade.

Os seis casos retratados inauguraram o debate no Judiciário brasileiro e são comentados em sequência. Em resumo, pela ordem das decisões

211 FRITZ, Karina Nunes. 14 mil páginas são insuficientes para garantir a transmissão da herança digital. *Migalhas* – German Report, [*s. l.*], 01 out. 2019. Disponível em: https://www.migalhas.com.br/coluna/german-report/312092/. Acesso em: 10 out. 2019.

apresentadas no trabalho:

- Caso 1 – STJ, 2022: foi negada a transmissão de milhagens aéreas a herdeiros.
- Caso 2 – TJMG, 2022: foi negado o acesso a informações pessoais e sigilosas de usuário falecido por herdeiros, pela falta de relevância para a concessão dos dados;
- Caso 3 – TJSP, 2021: foi negado a genitora o pedido de reativar e de continuar acessando o perfil no *Facebook* da filha;
- Caso 4 – TJSP, Guarulhos, 2020: foi concedido acesso à conta de *e-mail* de falecido marido à esposa;
- Caso 5 – TJMG, Pompeu, 2018: foi negado o pedido da família de acessar o conteúdo armazenado no *Iphone* da filha;
- Caso 6 – Mato Grosso do Sul, 2013: foi deferido o pedido de mãe para excluir conta no *Facebook* da filha transformada em memorial;

Apesar da falta de uniformidade das decisões judiciais sobre herança digital, predominam posicionamentos negando direito de acesso de bens existenciais pelos herdeiros, aplicando-se a teoria da intransmissibilidade ou transmissibilidade parcial de bens digitais, também acolhida por maior parte da doutrina, com fundamento na proteção dos direitos de personalidade do usuário falecido[212].

---

212 SILVA, Raquel Torres de Brito; DIAS, Clara Angélica Gonçalves Cavalcanti. Herança digital: a reverberação de uma neófita realidade no ordenamento jurídico pátrio. *Revista Direitos Fundamentais & Democracia*. Curitiba, v. 26, n. 1, jan./abr. 2021. Disponível em: https://dspace.almg.gov.br/handle/11037/40466. Acesso em: 30 nov. 2022.

Caso 1:

No primeiro e mais recente caso, foi negada a sucessão hereditária de milhas aéreas, pois a Terceira Turma do STJ considerou válida cláusula contratual que veda a transmissão de políticas de milhagens a herdeiros, ao embasamento de que o programa de pontos é intransferível, priorizando a disposição contratual em detrimento do direito dos herdeiros[213].

Caso 2:

O Tribunal de Justiça de Minas Gerais mostrou-se contrário à transmissão universal do conteúdo digital do usuário em acórdão publicado em janeiro de 2022[214]. Embora o julgamento tenha reconhecido a transmissão global da herança, destacando a inclusão de bens materiais e imateriais, posicionou-se pela intransmissibilidade dos direitos da personalidade. Na decisão, decidiu-se que o acesso às informações pessoais e sigilosas dos usuários deve ser concedido somente em hipótese excepcional, quando demonstrada relevância da superação do direito à intimidade e da intransmissibilidade dos direitos da personalidade. Veja-se a respectiva ementa:

> EMENTA: AGRAVO DE INSTRUMENTO. INVENTÁRIO. HERANÇA DIGITAL. DESBLOQUEIO DE APARELHO PERTECENTE AO DE CUJUS. ACESSO ÀS INFORMAÇÕES PESSOAIS. DIREITO DA PERSONALIDADE.

213 BRASIL. Superior Tribunal de Justiça (Terceira Turma). *Recurso Especial 1878651/SP*. Relator: Min. Moura Ribeiro, 04 out. 2022. Diário da Justiça Eletrônico, 07 out. 2022. Disponível em: https://scon.stj.jus.br/SCON/GetInteiroTeorDoAcordao?num_registro=201900721713&dt_publicacao=07/10/2022. Acesso em: 12 abr. 2023.

214 MINAS GERAIS. Tribunal de Justiça de Minas Gerais (3ª Câmara Cível). *Processo n. 1.0000.21.190675-5*/001. Relator: Des. Albergaria Costa, 27 jan. 2022. Disponível em: https://www5.tjmg.jus.br/jurisprudencia/pesquisaNumeroCNJEspelhoAcordao.do;jsessionid=81F6E3E5F13AD3D99D037C2CE9D095B5.juri_node1?numeroRegistro=1&totalLinhas=1&linhasPorPagina=10&numeroUnico=1.0000.21.190675-5%2F001&pesquisaNumeroCNJ=Pesquisar. Acesso em: 30 jan. 2022.

> A herança defere-se como um todo unitário, o que inclui não só o patrimônio material do falecido, como também o imaterial, em que estão inseridos os bens digitais de vultosa valoração econômica, denominada herança digital.
> A autorização judicial para o acesso às informações privadas do usuário falecido deve ser concedida apenas nas hipóteses que houver relevância para o acesso de dados mantidos como sigilosos.
> Os direitos da personalidade são inerentes à pessoa humana, necessitando de proteção legal, porquanto intransmissíveis.
> A Constituição Federal consagrou, em seu artigo 5º, a proteção constitucional ao direito à intimidade.
> Recurso conhecido, mas não provido.

A aludida decisão mostra-se incongruente, pois embora tenha reconhecido a transmissibilidade da herança digital, levantou a necessidade de comprovação de "relevância" para a concessão de acesso a dados personalíssimos do falecido. Além disso, não considerou a necessidade de se descobrir a senha do *ID Apple* do usuário para desbloquear os aparelhos vinculados à conta, a fim de que pudessem ser utilizados ou alienados, ficando os herdeiros com a posse de aparelhos de significativo valor econômico, embora inutilizáveis, em nítida afronta ao direito de herança.

Caso 3:

Outro conflito foi analisado em março de 2021 pela segunda instância do Tribunal de Justiça de São Paulo, quando uma mãe ajuizou ação reparatória cumulada com obrigação de fazer, pretendendo que o *Facebook* reativasse conta de sua filha falecida, e pagasse indenização compensatória por danos morais, relativa ao período em que o perfil ficou inativo.

No caso, a autora narra que continuou acessando o perfil na rede social da filha Mariana, para relembrar os fatos ali registrados e interagir com amigos e seguidores, buscando lembranças e conforto, a partir de *login* e senha que a própria usuária lhe teria fornecido ainda em vida. Contudo, sem comunicação prévia, a plataforma excluiu a conta, o que motivou a instauração de litígio judicial.

O pleito foi indeferido em primeira instância. Em análise recursal, o Tribunal negou provimento à apelação apresentada pela mãe, mantendo a exclusão da conta, com base na "ausência de abusividade nos termos de uso da plataforma"[215]. Entendeu-se que a usuária, no momento de registro da conta, anuiu com os termos de serviço e padrões da comunidade da plataforma, dentre os quais é defeso o compartilhamento de informações sigilosas de acesso (senhas) e a utilização do perfil por terceiros.

Nesse sentido, pontua o relator do acórdão, Desembargador Francisco Casconi:

> Ocorre que a própria autora relata na inicial que ela e seus familiares tinham por hábito acessar o perfil de sua filha não através de consulta à página, mas diretamente, com a utilização de usuário e senha criados por ela. Tal conduta, por si só, já configura violação aos termos de uso da plataforma e justifica a remoção do perfil, o que pode se dar após denúncia ou de ofício, mediante detecção de comportamentos irregulares[216].

O acórdão adotou a teoria da intransmissibilidade de bens de natureza existencial, prevalecendo os termos de usos da plataforma digital que veda a transmissão sucessória, desde que não localizada manifestação de vontade

---

215 TERRA, Aline de Miranda Valverde; OLIVA, Milena Donato; MEDON, Filipe. Aspectos controvertidos sobre herança digital: Análise da apelação cível 1119688-66.2019.8.26.0100 do TJ/SP. *Migalhas*, [*s. l.*], 9 abr. 2021. Disponível em: https://www.migalhas.com.br/depeso/343356/aspectos-controvertidos-sobre-heranca-digital. Acesso em: 12 abr. 2021.

216 SÃO PAULO. Tribunal de Justiça de São Paulo (31ª Câmara de Direito Privado). *Apelação Cível 1119688-66.2019.8.26.0100*. Relator: Des. Francisco Casconi, 30 mar. 2021. Diário da Justiça Eletrônico, 30 mar. 2021. Disponível em: https://esaj.tjsp.jus.br/cjsg/getArquivo.do?cdAcordao=14499526&cdForo=0. Acesso em: 28 abr. 2021.

do titular da conta virtual em sentido diverso[217].

No julgamento, entendeu-se válida a política adotada pelo *Facebook*, reconhecendo-se que o caso trata de situações jurídicas existenciais, em que prevalece a proteção de direitos pessoais e intransmissíveis. Considerou-se que a exclusão da conta pela plataforma não foi arbitrária, conforme trecho da decisão: "devem prevalecer, quando existentes, as escolhas sobre o destino da conta realizadas pelos indivíduos em cada uma das plataformas, ou em outro instrumento negocial legítimo, não caracterizando arbitrariedade a exclusão *post mortem* dos perfis".

Para melhor ilustrar a discussão, indica-se a ementa do julgamento do recurso de apelação pela 31ª Câmara de Direito Privado do Tribunal de Justiça de São Paulo:

> Ação de Obrigação de Fazer e Indenização por Danos Morais – Sentença de Improcedência – Exclusão de perfil da filha da autora de rede social (Facebook) Após sua morte – Questão disciplinada pelos Termos de Uso da plataforma, aos quais a usuária aderiu em vida – Termos de Serviço que não padecem de qualquer ilegalidade ou abusividade nos pontos analisados – Possibilidade do usuário optar pelo apagamento dos dados ou por transformar o perfil em "memorial", transmitindo ou não a sua gestão a terceiros – Inviabilidade, contudo, de manutenção do acesso regular pelos familiares através de usuário e senha da titular falecida, pois a hipótese é vedada pela plataforma – Direito personalíssimo do usuário, não se transmitindo por herança no caso dos autos, eis que ausente qualquer conteúdo patrimonial dele oriundo – Ausência de ilicitude na conduta da apelada a ensejar responsabilização ou dano moral indenizável - Manutenção da sentença – Recurso não provido.

---

217 BURILLE, Cíntia; HONORATO, Gabriel; LEAL, Livia Teixeira. Danos morais por exclusão de perfil de pessoa falecida? Comentários ao acórdão proferido na Apelação Cível n. 1119688-66.2019.8.26.0100 (TJSP). In: *Revista Brasileira de Direito Civil*. Belo Horizonte, v. 28, p. 207-227, abr./jun. 2021. Disponível em: https://rbdcivil.ibdcivil.org.br/rbdc/article/view/737. Acesso em: 15 set. 2022.

Os autores Cíntia Burille, Gabriel Honorato e Lívia Leal criticam o acórdão proferido, ao argumento de que houve falha na prestação de serviço da plataforma digital, por exclusão arbitrária da conta em rede social, sem atender ao ônus de provar que a remoção era desejada pela usuária ainda em vida, o que admitiria aplicação de obrigação de reparar dano extrapatrimonial, pela modalidade objetiva de responsabilização civil.

O entendimento judicial abre brecha para soluções diversas quando o usuário houver manifestado previamente em vida outro interesse em relação a seus perfis digitais após a morte. Ao citar a possibilidade de valoração da vontade da titular da conta, o julgado incitou outros questionamentos, sobretudo a respeito dos limites da livre escolha dos usuários. Assim, indaga-se: uma declaração de internauta manifestando o desejo de que sua conta seja acessada e explorada após sua morte deve se sobrepor às disposições da plataforma? Eis apenas um dos impasses que gravitam em torno do tema.

Caso 4:

Indo contra mencionada tendência nacional, em outro caso, uma viúva conseguiu acesso a todo o conteúdo da conta de *e-mail* no *Yahoo* de seu falecido esposo, após determinação do Juízo da comarca de Guarulhos/SP, proferida em 27 de fevereiro de 2020[218]. No processo, foi autorizado o acesso da herdeira ao conteúdo armazenado no correio eletrônico de seu falecido cônjuge, para pesquisar registros de negociação de imóvel adquirido pelo casal, documentos necessários ao inventário e informações que confirmassem a contratação de seguro de vida[219].

---

218 SÃO PAULO, Tribunal de Justiça de São Paulo (10ª Vara Cível de Guarulhos). *Processo n. 1036531-51.2018.8.26.0224*. Juiz Lincoln Andrade de Moura, 27 fev. 2020. Disponível em: https://www.jusbrasil.com.br/processos/208802324/processo-n-1036531-5120188260224-do-tjsp. Acesso em: 20 abr. 2021.

219 DECISÕES da Justiça negam o direito à herança digital. *FCR Law News*, [*s. l.*], 18 maio

Apesar da negativa inicial do *Yahoo*, baseada no art. 10 do Marco Civil da Internet[220], ao final prevaleceu o direito de acesso da mulher às contas de *e-mail* do falecido. Além disso, o conteúdo do art. 10 do Marco Civil da Internet não representa, por si só, óbice à transmissão da herança digital, uma vez que se refere especificamente ao "conteúdo de comunicações privadas", enquanto o arquétipo da herança digital ultrapassa sobremaneira esse simples aspecto[221].

Dentre os fundamentos da decisão, destaca-se o reconhecimento do necessário pronunciamento judicial para a concessão de acesso aos herdeiros dos bens digitais de usuário falecido. Retratou-se na sentença que "com a entrada em vigor do Marco Civil da Internet, as informações sobre registros de conexão, acesso a aplicações, dados pessoais e, conteúdo de comunicações privadas, somente podem ser fornecidas pelos provedores, mediante ordem judicial, conforme artigo 10". Como fundamento para a transmissão dos dados, identificou-se apenas a condição de herdeira da autora, pela apresentação da certidão de casamento mantida com o falecido, sem, por outro lado, adentrar-se na problemática da transmissão da herança digital.

O caso denota a concessão de acesso ao patrimônio digital do autor da

---

2021. Disponível em: https://news.fcrlaw.com.br/news/decisoes-da-justica-negam-o-direito-a-heranca-digital/. Acesso em: 15 jun. 2021.

220 "Art. 10. A guarda e a disponibilização dos registros de conexão e de acesso a aplicações de internet de que trata esta Lei, bem como de dados pessoais e do conteúdo de comunicações privadas, devem atender à preservação da intimidade, da vida privada, da honra e da imagem das partes direta ou indiretamente envolvidas". BRASIL. Lei n.12.965, de 23 de abril de 2014. [Marco Civil da Internet]. Estabelece princípios, garantias, direitos e deveres para o uso da Internet no Brasil. *Diário Oficial da União*, Brasília, 24 abr. 2014. Disponível em: http://www.planalto.gov.br/ccivil_03/_ato2011-2014/2014/lei/l12965.htm. Acesso em: 15 abr. 2021.

221 CALDAS, L. Figueiredo de Lima; MORAIS, R. Rodrigues Medeiros Mitchell de. Herança Digital Bens Virtuais Como Patrimônio Sucessório. *Revista de Estudos Jurídicos do UNI-RN*, n. 3, p. 149, 28 nov. 2019. Disponível em: http://revistas.unirn.edu.br/index.php/revistajuridica/article/view/. Acesso em: 28 jun. 2022.

herança, em situação de evidente questão patrimonial envolvida. A despeito deste caso ainda isolado, não se encontra suporte jurisprudencial no país acerca de aspectos patrimoniais da transmissibilidade sucessória no âmbito digital.

Caso 5:

O quinto caso teve início em 2017, na cidade de Pompeu, em Minas Gerais, quando genitora requereu à *Apple Computer Brasil LTDA.* a senha do *iCloud* de filha adolescente morta[222]. O Juízo negou o pedido, ao argumento de que Helena, a falecida usuária do serviço de armazenamento em nuvem, não deixou permissão para a concessão de acesso a familiares.

Na sentença, prevaleceu a defesa da privacidade, entendendo-se que, na ausência de autorização expressa, será negado acesso aos herdeiros interessados, tendo em vista que "a quebra de sigilo dos dados da falecida permitiria não apenas o acesso aos seus dados, como também de terceiros com os quais a usuária mantinha contato, sendo que eventual quebra de sigilo certamente acarretaria a invasão da privacidade de outrem"[223].

O *iCloud* prevê cláusula de "Não Existência de Direito de Sucessão", em seus termos de uso do serviço, no item "IV. Seu Uso do Serviço", na letra "D", assim redigida atualmente:

> Exceto conforme permitido de acordo com o Legado Digital e a menos que exigido por lei, você concorda que a sua Conta não é transferível e que todos os direitos ao seu ID Apple ou conteúdo da sua Conta terminam com a sua

222 MINAS GERAIS. Tribunal de Justiça de Minas Gerais (Vara Única da Comarca de Pompeu). *Processo n. 0023375-92.2017.8.13.0520.* Juiz Manoel Jorge de Matos Junior, 08 jun. 2018. Disponível em: https://www.jusbrasil.com.br/processos/161468053/processo-n-00233759220178130520-do-tjmg. Acesso em: 22 maio 2021.

223 SANZI, Júlia. Herança digital e direito sucessório. *Valor econômico*, [*s. l.*], 20 ago. 2018. Disponível em: https://valor.globo.com/noticia/2018/08/20/heranca-digital-e-direito-sucessorio.ghtml. Acesso em: 22 maio 2021.

> morte. Após o recebimento de cópia de uma certidão de óbito, a sua Conta poderá ser encerrada, e todo o conteúdo dentro dela será apagado[224].

Não houve recurso e o processo se encontra arquivado. Afirma-se que "essa decisão é significativa, porque vai na contramão do que se vem decidindo na Europa[225]".

Caso 6:

Por sua vez, o primeiro caso notório judicial sobre o tema no Brasil teve lugar em 2013, no estado do Mato Grosso do Sul, após uma jovem falecer por complicações decorrentes de uma endoscopia, realizada após cirurgia bariátrica, e ter a conta do *Facebook* convertida em memorial, com funções restritas[226].

A mãe de Juliana Ribeiro, insatisfeita com o memorial, pediu administrativamente ao *Facebook* que encerrasse a conta, alegando que a página virou um "muro de lamentações", e que as postagens e marcações de amigos aumentavam a saudade da adolescente e traziam sofrimento à família. Com a recusa do *Facebook*, respondendo "que seria necessário que a solicitante recorresse às sedes administrativas localizadas nos Estados Unidos e na Irlanda, foi ajuizada uma ação para a exclusão do perfil"[227]. A 1ª Vara do

---

224 APPLE. *Bem-vindo ao iCloud.* Disponível em: https://www.apple.com/br/legal/internet-services/icloud/br/ terms.html. Acesso em: 28 jul. 2022.

225 FRITZ, Karina Nunes. Herança digital: quem tem legitimidade para ficar com o conteúdo digital do falecido? In: MARTINS, Guilherme Magalhães; LONGHI, João Victor Rozatti (Coords.). *Direito digital*: direito privado e internet. 3. ed. atual. rev. e ampl. Indaiatuba: Foco, 2020, p. 207.

226 QUEIROZ, Tatiane. Mãe pede na Justiça que Facebook exclua perfil de filha morta em MS. *G1*, [*s. l.*], 26 abr. 2013. Mato Grosso do Sul. Disponível no site: http://g1.globo.com/mato-grosso-do-sul/noticia/2013/04/mae-pede-na-justica-que-facebook-exclua-perfil-de-filha-falecida-em-ms.html. Acesso em: 22 maio 2021.

227 HONORATO, Gabriel; LEAL, Lívia Teixeira. Exploração econômica de perfis de pessoas falecidas: reflexões jurídicas a partir do caso Gugu Liberato. In: *Revista Brasileira*

Juizado Central de Campo Grande deferiu liminarmente o pedido de exclusão da conta, reconhecendo que:

> O perigo na demora está consubstanciado no direito da personalidade, tanto da pessoa morta quanto da mãe (art. 12, parágrafo único, do CC [de 1916]), sanando o sofrimento decorrente da transformação do perfil em "muro de lamentações", o que ataca diretamente o direito à dignidade da pessoa humana da genitora, que além do enorme sofrimento decorrente da perda prematura de sua única filha, ainda tem que conviver com pessoas que cultivam a morte e o sofrimento[228].

Apesar da relativa diferença temporal das decisões e dos diferentes Juízos acionados, houve um ponto em destaque nos julgamentos: a tutela dos direitos de privacidade dos usuários mortos, até em detrimento da vontade dos herdeiros. De tal forma:

> No atual panorama brasileiro, o que ocorre, em regra, são casos de familiares que intentam acessar os dados da pessoa falecida ou incapacitada, em razão da falta de conhecimentos acerca da monetarização da atuação do usuário na internet e da noção de patrimônio digital. Essa seria a principal razão da precariedade sobre o tema na doutrina e na jurisprudência pátrias, dificultando a fruição de direitos, em particular pela falta de parâmetros normativos específicos e, desse modo, traduzindo-se em flagrante insegurança jurídica[229].

A realidade estudada demonstra que, assim como nas posições

---

de Direito Civil. Belo Horizonte, v. 23, p. 164-165, jan./mar. 2020. Disponível em: https://rbdcivil.ibdcivil.org.br/rbdc/article/view/523. Acesso em: 30 abr. 2021.

228 MATO GROSSO DO SUL. Tribunal de Justiça do Mato Grosso do Sul (1ª Vara do Juizado Especial Central). Processo n. 0001007-27.2013.8.12.0110. Juíza Vania de Paula Arantes, 19 mar. 2013.

229 SARLET, Gabrielle Bezerra Sales. Notas sobre a identidade digital e o problema da herança digital: uma análise jurídica acerca dos limites da proteção póstuma dos direitos da personalidade na internet no ordenamento jurídico brasileiro. In: RODRIGUES JUNIOR, Otavio Luiz (Coord.). *Revista de Direito Civil Contemporâneo.* São Paulo:

doutrinárias, não há unanimidade no judiciário brasileiro acerca da transmissibilidade de bens digitais.

A seguir, analisa-se detidamente o tratamento do tema nos principais expoentes internacionais, estudando as aplicações no direito comparado.

2.3.2 Experiências no cenário internacional

Elabora-se panorama de aplicação prática do tema no cenário interacional. As experiências estrangeiras comentadas foram selecionadas com base nos estudos literários indicados no trabalho. A partir da leitura de trabalhos doutrinários, identificou-se as principais realidades internacionais com reflexos pertinentes sobre o tema, instigando estudo detalhado dos diferentes marcos legislativos em perspectiva.

Na União Europeia, o Regulamento UE 2016/679, de 27 de abril de 2016, do Parlamento Europeu e do Conselho (*General Data Protection Regulation - GPDR*), ou Regulamento Geral de Proteção de Dados[230], em suas considerações iniciais, estabelece que é discricionariedade dos Estados-Membros a edição de regras aplicáveis aos dados pessoais de pessoas falecidas. Em relação ao texto do Regulamento, a professora Ilaria Riva comenta que, embora não possa intervir diretamente nas regras internas de direito sucessório, por razões de competência, na prática a aplicação das disposições aprovadas inevitavelmente requererá adaptações das instituições jurídicas domésticas. Tal influência e necessidade de adaptação se deve, segundo a autora, não apenas pelo Certificado Sucessório Europeu – um documento patronizado, com efeitos e legitimidade pré-determinados pelo próprio Regulamento –,

Revista dos Tribunais, v. 17, a. 5, p. 38, out./dez. 2018.

230 UNIÃO EUROPEIA. *Regulamento (UE) 2016/679*. Proteção das pessoas singulares no que diz respeito ao tratamento de dados pessoais e à livre circulação desses dados, 27 abr. 2016. Disponível em: https://eur-lex.europa.eu/legal-content/PT/LSU/?uri=celex%3A32016R0679. Acesso em: 10 out. 2019.

e sim pela necessidade de coordenação de outros fragmentos de regras do direito internacional privado ao sistema jurídico nacional[231].

Considerando a importância de se definir os limites de disposição dos usuários em vida, ou os limites de restrição de acesso e transmissão pelos programas digitais, é também relevante pensar em diretrizes internacionais para a regulação dos ativos digitais, pensando-se até em solução para conflitos de jurisdição. A tendência inaugurada na União Europeia de estabelecimento de um Certificado Sucessório Europeu[232] fundamenta a importância de se pensar em soluções além das fronteiras nacionais, ainda que não se tenha, inicialmente, aproveitado o Regulamento UE 2016/679 para tratar da herança digital.

Na Alemanha, prevalece o entendimento do *Bundesgerichtshof*, no processo BGH III ZR 183/17, julgado em 12 de julho de 2018. O julgamento paradigmático alemão – mencionado em diversas passagens deste trabalho – reconheceu direito sucessório de herdeiros a acessar a conta de usuários falecidos e todo o conteúdo ali armazenado, pois todo o acervo de que era titular o falecido comporia a massa hereditária. Assentou-se a tese de que todos os ativos são transmissíveis, independentemente de seu conteúdo, considerando-se que a legislação alemã não distingue direitos e deveres patrimoniais ou extrapatrimoniais passíveis de transmissão *causa mortis*.

A decisão do BGH trouxe novos ares para o debate, afirmando a importância de se prezar pela obediência à manifestação de vontade do usuário.

231 RIVA, Ilaria. L'impatto del Regolamento UE 650/2012 sull'ordinamento italiano. In: SCOLA, Sara; TESCARO, Mauro (Orgs.). *Casi controversi in materia di diritto delle successioni*: Esperienze italiane. Collana del Dipartimento di Scienze Giuridiche dell'Università di Verona. Napoli: Edizioni Scientifiche Italiane, 2019, v. 1 p. 51.

232 Sobre o tema: BALDUS, Christian. Il diritto tedesco delle successioni: forme e funzionalità delle disposizioni causa mortis. In: AMAYUELAS, Esther Arroyo et al. (Orgs.). *Casi controversi in materia di diritto delle successioni*: Esperienze straniere. Collana del Dipartimento di Scienze Giuridiche dell'Università di Verona. Napoli: Edizioni Scientifiche Italiane, 2019, v. 2, p. 803.

De tal forma, impõe-se a relevância de que as plataformas e corporações adotem como prática o oferecimento de opções para livre escolha dos usuários em vida. Em relação à legislação aplicável na Alemanha, o julgamento abordou dois fundamentos principais, com base nas disposições do Regulamento UE 2016/679.

Em síntese, o primeiro argumento se refere à transferência de titularidade dos dados ao espólio, com a abertura da sucessão, e à continuidade das relações contratuais, com fundamento na licitude do tratamento de dados para a execução contratual, consubstanciada no artigo 6º, item 1, alínea b) do Regulamento. É o que se comenta em:

> Primeiro, baseou-se no artigo 6(1)(b) do Regulamento 2016/679, que permite o processamento de dados para a execução de uma relação contratual em que há pessoas legitimamente interessadas. Assumindo que o contrato de acesso à rede social foi validamente transmitida aos herdeiros, a Corte [alemã] facilmente concluiu que é legal a comunicação das informações armazenadas na conta, já que é fundamental para a transferência efetiva do posição contratual e o cumprimento das obrigações primárias do (prestação do serviço, armazenamento e acesso ao conteúdo)[233].

O segundo argumento, por sua vez, refere-se à autorização dada pela

233 Tradução livre. No original: "Innanzitutto, essa ha invocato il disposto dell'art. 6, par. 1, lett. b) del Regolamento 2016/679, che ammette il trattamento dei dati qualora questo sia necessario all'esecuzione di un rapporto contrattuale di cui sia parte l'interessato. Assumendo che il contratto di accesso al social network sia stato validamente trasmesso agli eredi, può agevolmente concludersi che la comunicazione delle informazioni conservate nell'account è lecita, poiché strumentale all'effettivo trasferimento della posizione contrattuale e all'esecuzione delle obbligazioni primarie della piattaforma (fornitura del servizio, conservazione e accesso ai contenuti)". RESTA, Giorgio. La successione nei rapporti digitali e la tutela post-mortale dei dati personali. In: AMAYUELAS, Esther Arroyo et al. (Orgs.). *Casi controversi in materia di diritto delle successioni*: Esperienze straniere. Collana del Dipartimento di Scienze Giuridiche dell'Università di Verona. Napoli: Edizioni Scientifiche Italiane, 2019, v. 2, p. 984.

alínea f) do mesmo item 1 do artigo 6º do Regulamento, que permite o tratamento de dados pessoais digitais, quando houver interesses legítimos:

> Em segundo lugar, o Tribunal fez referência ao artigo 6(1)(f) do Regulamento 2016/679, que autoriza o processamento de dados pessoais necessários para a "busca do interesse legítimo" do titular ou de terceiros. Considerando que os herdeiros, no caso [alemão], os pais, pretendendo a acessar a conta a fim de obter elementos para esclarecer a possível preparação de suicídio pela filha, bem como para obter provas que poderiam ser utilizadas em ação judicial de reparação de danos, a autorização de aceso e divulgação é legítima[234].

A respeito da tutela jurídica da concessão de acesso a informações digitais do autor da herança *post mortem*, no cenário alemão, destaca Giorgio Resta que "a divulgação das comunicações pessoais armazenadas na conta do *Facebook* não é contrária ao parágrafo 88 da Lei de Telecomunicações alemã, nem com o GDPR"[235].

---

234 Tradução livre. No original: "In secondo luogo, la Corte ha richiamato l'art. 6, par. 1, lett. f) del Regolamento 2016/679, il quale autorizza il trattamento dei dati personali necessario per il "perseguimento del legittimo interesse" del titolare o di terzi. Atteso che gli eredi, nonché genitori, della donna intendevano accedere all'account al fine di apprendere elementi utili a chiarire l'esistenza di un possibile progetto di suicidio della figlia, come pure a dotarsi di prove spendibili in una possibile causa di risarcimento dei danni, la divulgazione delle informazioni avrebbe dovuto ritenersi legittima". RESTA, Giorgio. La successione nei rapporti digitali e la tutela post-mortale dei dati personali. In: AMAYUELAS, Esther Arroyo et al. (Orgs.). *Casi controversi in materia di diritto delle successioni*: Esperienze straniere. Collana del Dipartimento di Scienze Giuridiche dell'Università di Verona. Napoli: Edizioni Scientifiche Italiane, 2019, v. 2, p. 984.

235 Tradução livre. No original: "la divulgazione delle comunicazioni personali conservate nell'account Facebook non è in contrasto con l'art. 88, par. 3, della legge tedesca sulle telecomunicazioni, né con il GDPR". RESTA, Giorgio. La successione nei rapporti digitali e la tutela post-mortale dei dati personali. In: AMAYUELAS, Esther Arroyo et al. (Orgs.). *Casi controversi in materia di diritto delle successioni*: Esperienze straniere. Collana del Dipartimento di Scienze Giuridiche dell'Università di Verona. Napoli:

Como debatido, a experiência alemã foi inédita no tema e tem inspirado posicionamentos judiciais e aprovações legislativas, sobretudo no âmbito da União Europeia. A mesma orientação vem sendo seguida em outros julgamentos no país, como em caso apreciado na Comarca de Münster – também na Alemanha –, em que a *Apple* foi condenada a permitir o acesso dos herdeiros ao conteúdo do *iCloud* de usuário falecido. O caso diz respeito ao processo LG Münster Az. 014 O 565/18, julgado em 16.04.2019[236].

O entendimento alemão também repercutiu na Áustria e foi utilizado como precedente paradigmático para igualmente condenar a *Apple* a conceder acesso de familiares à conta no *iCloud* de usuário que veio a óbito[237], em caso similar ao julgado em Münster.

Após o ineditismo do posicionamento judicial alemão, a Espanha trouxe resposta legislativa ao problema. Em dezembro de 2018, entrou em vigor a Lei Orgânica n. 3/2018, denominada Lei de Proteção de Dados Pessoais e garantias de direitos digitais (em espanhol: *Ley de Protección de Datos Personales y garantía de los derechos digitales*)[238], com o intuito de "assegurar um nível mais elevado de proteção da intimidade e privacidade dos cidadãos espanhóis na sociedade digital"[239]. A aprovação do referido texto legal

---

Edizioni Scientifiche Italiane, 2019, v. 2, p. 983.

236 Segundo comentado em: FRITZ, Karina Nunes. Herança digital: quem tem legitimidade para ficar com o conteúdo digital do falecido? In: MARTINS, Guilherme Magalhães; LONGHI, João Victor Rozatti (Coords.). *Direito digital*: direito privado e internet. 3. ed. atual. rev. e ampl. Indaiatuba: Foco, 2020, p. 207.

237 WARWICK, Stephen. Apple ordered to give iCloud access to relatives of deceased person in Austrian court case. *iMore*, [*s. l.*], 30 jun. 2020. Disponível em: https://www.imore.com/apple-ordered-give-icloud-access-relatives-deceased-person-austrian-court-case. Acesso em: 25 out. 2020.

238 ESPANHA. *Ley Orgánica 3/2018, de 5 de diciembre, de Protección de Datos Personales y garantía de los derechos digitales*. Boletín Oficial del Estado, n. 294, 06 dez. 2018. Disponível em: https://www.boe.es/eli/ es/lo/2018/12/05/3/con. Acesso em: 25 out. 2020.

239 FRITZ, Karina Nunes. Herança digital: quem tem legitimidade para ficar com o

"operou uma reforma na antiga Lei de Proteção de Dados [de 1999] e estabeleceu, dentre outros aspectos, a legitimidade dos herdeiros da pessoa falecida para gerir a herança digital, salvo disposição testamentária em contrário, expressa ou implícita"[240].

A inovação normativa espanhola foi retratada como "Direito ao testamento digital", no artigo 96 da Lei, contendo, em especial, as seguintes previsões:

> 1. O acesso ao conteúdo administrado pelos prestadores de serviços da sociedade da informação sobre pessoas falecidas deve ser regido pelas seguintes regras:
> a) Pessoas ligadas ao falecido por razões familiares ou de fato, assim como seus herdeiros podem entrar em contato com os prestadores de serviços da sociedade da informação a fim de acessar tal conteúdo e dar-lhes instruções que considerem adequadas sobre seu uso, destino ou eliminação.
> Excepcionalmente, as pessoas acima mencionadas não podem acessar o conteúdo do falecido, nem solicitar sua modificação ou eliminação, quando o falecido tiver expressamente proibido ou quando assim for estabelecido por lei. Tal proibição não afetará o direito dos herdeiros de acessar o conteúdo que possa fazer parte do monte hereditário.
> b) O executor do testamento e qualquer pessoa ou instituição que o falecido tenha expressamente designado para este fim também poderá solicitar, de acordo com as instruções recebidas, o acesso ao conteúdo com vistas ao cumprimento de tais instruções[241].

A alínea a) do item acima transcrito estabelece que sucessores e demais

---

conteúdo digital do falecido? In: MARTINS, Guilherme Magalhães; LONGHI, João Victor Rozatti (Coords.). *Direito digital*: direito privado e internet. 3. ed. atual. rev. e ampl. Indaiatuba: Foco, 2020, p. 208.

240 MENDES, Laura Schertel Ferreira, FRITZ, Karina Nunes. Case Report: corte alemã reconhece a transmissibilidade da herança digital. *Revista Direito Público*. Porto Alegre, v. 15, n. 85, 2019 p. 194. Disponível em: https://www.portaldeperiodicos.idp.edu.br/direitopublico/article/view/3383. Acesso em: 07 out. 2019.

241 Tradução livre. No original: " 1. El acceso a contenidos gestionados por prestadores de

indivíduos próximos e vinculados ao falecido "poderão se dirigir às plataformas com o intuito de acessar os conteúdos digitais, bem como deve ser compatibilizado com a vontade manifestada em vida pelo *de cujus* ou com a lei, caso deem destino diferente aos dados"[242]. A alínea b), em complemento, faculta ao executor do testamento, ou às pessoas designadas pelo falecido, a possibilidade de solicitar aos provedores acesso ao conteúdo digital do respectivo usuário, conquanto respeitadas as instruções e limites estabelecidos pelo titular dos bens digitais.

No mesmo sentido, o texto legal espanhol reforça a liberdade dos usuários na escolha do destino de seus dados digitais *post mortem*, estabelecendo que a exclusão de contas somente será autorizada quando o titular dos dados não houver manifestado oposição. Destaca, ainda, que o provedor que receber o pedido de exclusão deverá atendê-lo em tempo hábil, com a maior brevidade possível. É o teor do seguinte trecho:

> 2. As pessoas habilitadas no parágrafo anterior podem decidir sobre a

---

servicios de la sociedad de la información sobre personas fallecidas se regirá por las siguientes reglas: a) Las personas vinculadas al fallecido por razones familiares o de hecho, así como sus herederos podrán dirigirse a los prestadores de servicios de la sociedad de la información al objeto de acceder a dichos contenidos e impartirles las instrucciones que estimen oportunas sobre su utilización, destino o supresión. Como excepción, las personas mencionadas no podrán acceder a los contenidos del causante, ni solicitar su modificación o eliminación, cuando la persona fallecida lo hubiese prohibido expresamente o así lo establezca una ley. Dicha prohibición no afectará al derecho de los herederos a acceder a los contenidos que pudiesen formar parte del caudal relicto. b) El albacea testamentario así como aquella persona o institución a la que el fallecido hubiese designado expresamente para ello también podrá solicitar, con arreglo a las instrucciones recibidas, el acceso a los contenidos con vistas a dar cumplimiento a tales instrucciones".

242 TERRA, Aline de Miranda Valverde; OLIVA, Milena Donato; MEDON, Filipe. Acervo Digital: controvérsias quanto à sucessão causa mortis. In: TEIXEIRA, Ana Carolina Brochado; LEAL, Lívia Teixeira (Coords.). *Herança Digital*: Controvérsias e Alternativas. Indaiatuba: Foco, 2021, p. 69.

> manutenção ou eliminação de perfis pessoais de pessoas falecidas em redes sociais ou serviços equivalentes, a menos que o falecido tenha decidido sobre esta circunstância, caso em que suas instruções serão seguidas.
> A pessoa responsável pelo serviço que for notificada, de acordo com o parágrafo anterior, do pedido de remoção do perfil, deverá proceder sem demora para fazê-lo[243].

Nota-se, pois, preservação da autonomia do autor da herança, pela garantia de observância às determinações que houver designado em seu testamento digital.

Apesar de colocar os interesses dos próprios usuários em perspectiva, o texto legal contém exceção que resguarda o direito à herança dedicado aos sucessores. A parte final da alínea a) ora registrada cria ressalva à manifestação de vontade dos titulares de dados digitais para o destino de seu patrimônio virtual além vida. Trata-se do seguinte trecho: "Tal proibição não afetará o direito dos herdeiros de acessar o conteúdo que possa fazer parte do monte hereditário". Assim, eventual limitação estabelecida pelos usuários "não afetará os direitos que possam fazer parte dos bens do espólio"[244].

A proteção concedida ao direito sucessório dos herdeiros, no aspecto patrimonial, legitima a ideia que será defendida no item "3.2.3 Direitos dos herdeiros", no sentido de que, por vezes, deverão ser afastadas as restrições impostas pelos indivíduos para a sucessão digital de seus herdeiros, com o

---

243 Tradução livre. No original: "2. Las personas legitimadas en el apartado anterior podrán decidir acerca del mantenimiento o eliminación de los perfiles personales de personas fallecidas en redes sociales o servicios equivalentes, a menos que el fallecido hubiera decidido acerca de esta circunstancia, en cuyo caso se estará a sus instrucciones. El responsable del servicio al que se le comunique, con arreglo al párrafo anterior, la solicitud de eliminación del perfil, deberá proceder sin dilación a la misma".

244 ROSA, Conrado Paulino da; BURILLE, Cíntia. A Regulação da Herança Digital: Uma breve análise das experiências espanhola e alemã. In: TEIXEIRA, Ana Carolina Brochado; LEAL, Lívia Teixeira (Coords.). *Herança Digital*: Controvérsias e Alternativas. Indaiatuba: Foco, 2021, p. 254.

intuito de se resguardar o princípio da solidariedade familiar e a preservação da regra da sucessão universal. Tal noção, ainda, reforça a ideia defendida no item "3.3.3 Prolongamento da exploração patrimonial '*post mortem*'", referente ao direito dos herdeiros de prolongar a exploração econômica de atividades digitais do *de cujus*.

Consta, também, preocupação com a validade e efetividade dos testamentos digitais assegurados pela lei, prevendo-se a edição de ato normativo posterior, tratando as condições de registro desses termos:

> 3. Mediante Decreto Real serão estabelecidos os requisitos e condições para a concessão de validade e vigência dos mandatos e instruções e, quando apropriado, o seu registro, que pode coincidir com o previsto no Artigo 3 desta Lei Orgânica[245].

No aspecto geral, para a legislação espanhola "em regra, ocorre a transmissibilidade dos bens digitais aos herdeiros, salvo disposição em contrário da lei ou do falecido, na linha da decisão alemã mencionada"[246].

A disciplina francesa, ainda carente de jurisprudência, constitui um dos primeiros exemplos de regulamentação pela legislação do problema da morte digital[247]. A partir da *Loi n. 2016-1321 du 7 octobre 2016 pour une*

---

245 Tradução livre. No original: "3. Mediante real decreto se establecerán los requisitos y condiciones para acreditar la validez y vigencia de los mandatos e instrucciones y, en su caso, el registro de los mismos, que podrá coincidir con el previsto en el artículo 3 de esta ley orgânica".

246 FRITZ, Karina Nunes. Herança digital: quem tem legitimidade para ficar com o conteúdo digital do falecido? In: MARTINS, Guilherme Magalhães; LONGHI, João Victor Rozatti (Coords.). *Direito digital*: direito privado e internet. 3. ed. atual. rev. e ampl. Indaiatuba: Foco, 2020, p. 208.

247 RESTA, Giorgio. La successione nei rapporti digitali e la tutela post-mortale dei dati personali. In: AMAYUELAS, Esther Arroyo et al. (Orgs.). *Casi controversi in materia di diritto delle successioni*: Esperienze straniere. Collana del Dipartimento di Scienze Giuridiche dell'Università di Verona. Napoli: Edizioni Scientifiche Italiane, 2019, v. 2, p. 989.

République numérique[248], foram promovidas alterações na *Loi Informatique et Libertés, n°. 78-17 du 6 janvier 1978*[249], que agora conta com determinações específicas para a herança digital. Dentre as atuais previsões legais na França sobre o tema, destaca-se o artigo 85, inciso I desta Lei, com a seguinte redação:

> Qualquer pessoa pode definir diretivas relativas à conservação, eliminação e comunicação dos seus dados pessoais após a sua morte. Estas diretivas podem ser gerais ou específicas.
> As diretivas gerais dizem respeito a todos os dados pessoais relativos à pessoa em questão e podem ser registadas em certificado digital de confiança pela *Commission nationale de l'informatique et des libertés.*
> [...]
> As diretivas especiais [...] estão sujeitas ao consentimento específico do titular dos dados e não podem resultar da simples aprovação das condições gerais de utilização por parte do titular dos dados.
> [...]
> A pessoa pode modificar ou revogar as diretivas em qualquer altura.
> As diretivas mencionadas no primeiro parágrafo podem designar uma pessoa responsável pela sua execução. Esta pessoa tem então o direito, quando o usuário falecer, de tomar conhecimento das diretivas e de solicitar a sua aplicação aos responsáveis pelo tratamento de dados em questão. Na ausência dessa designação ou, salvo instruções em contrário, em caso de morte da pessoa designada, os seus herdeiros terão o direito de tomar conhecimento das diretivas sobre a morte do seu autor e de solicitar a sua aplicação aos responsáveis pelo tratamento de dados em causa.
> Qualquer cláusula contratual das condições gerais de utilização de um

---

248 FRANÇA. *Loi n. 2016-1321, du 7 octobre 2016 pour une République numérique.* Journal officiel Lois et Décrets n. 0235, 08 out. 2016. Disponível em: https://www.legifrance.gouv.fr/eli/loi/2016/10/7/ECFI1524250L /jo/texte. Acesso em: 17 jun. 2021.

249 FRANÇA. *Loi n. 78-17, du 6 janvier 1978 relative à l'informatique, aux fichiers et aux libertés.* Loi Informatique et Libertés. CNIL. Disponível em: https://www.cnil.fr/fr/la-loi-informatique-et-libertes#article40. Acesso em: 17 jun. 2021.

tratamento de dados pessoais que limite as prerrogativas da pessoa ao abrigo deste artigo será considerada como não escrita[250].

Com base nas previsões acima selecionadas, portanto, no direito francês, embora os direitos pessoais sejam, em regra, extintos com a morte, os usuários podem criar diretrizes gerais ou específicas para o processamento de seus dados *post mortem*. As disposições das plataformas, para serem admitidas, deverão ser consciente e expressamente aceitas pelos usuários, sendo considerada não escrita qualquer cláusula que restrinja ou exclua direitos e poderes dos usuários titulares dos dados.

Quanto aos poderes dos herdeiros, na ausência de manifestação prévia dos usuários, ser-lhes-á autorizado (1º) obter acesso aos dados e

250 Tradução livre. No original: "Article 85, I: Toute personne peut définir des directives relatives à la conservation, à l'effacement et à la communication de ses données à caractère personnel après son décès. Ces directives sont générales ou particulières. Les directives générales concernent l'ensemble des données à caractère personnel se rapportant à la personne concernée et peuvent être enregistrées auprès d'un tiers de confiance numérique certifié par la Commission nationale de l'informatique et des libertés. [...] Les directives particulières [...] font l'objet du consentement spécifique de la personne concernée et ne peuvent résulter de la seule approbation par celle-ci des conditions générales d'utilisation. [...] La personne peut modifier ou révoquer ses directives à tout moment. Les directives mentionnées au premier alinéa du présent I peuvent désigner une personne chargée de leur exécution. Celle-ci a alors qualité, lorsque la personne est décédée, pour prendre connaissance des directives et demander leur mise en œuvre aux responsables de traitement concernés. A défaut de désignation ou, sauf directive contraire, en cas de décès de la personne désignée, ses héritiers ont qualité pour prendre connaissance des directives au décès de leur auteur et demander leur mise en œuvre aux responsables de traitement concernés. Toute clause contractuelle des conditions générales d'utilisation d'un traitement portant sur des données à caractère personnel limitant les prérogatives reconnues à la personne en vertu du présent article est réputée non écrite". FRANÇA. *Loi n. 78-17, du 6 janvier 1978 relative à l'informatique, aux fichiers et aux libertés*. Loi Informatique et Libertés. CNIL. Disponível em: https://www.cnil.fr/fr/la-loi-informatique-et-libertes#article40. Acesso em: 17 jun. 2021.

informações digitais do falecido, além de (2º) regular os efeitos da morte do usuário, decidindo pela continuação da relação negocial, ou por sua extinção. É o que determina o inciso II do mesmo artigo 85, com a seguinte redação:

> 1° Para a organização e liquidação da sucessão do falecido. A este respeito, os herdeiros podem acessar o processamento dos dados pessoais, a fim de identificar e informações úteis para a liquidação e partilha da herança. Eles também podem ter acesso a bens digitais ou dados similares a memórias familiares, que podem ser transmitidos aos demais herdeiros;
> 2° Para a tomada de decisão, pelos responsáveis pelo processamento de dados após a morte. A este respeito, os herdeiros podem excluir as contas de usuário do falecido, opor-se à continuação do processamento dos dados pessoais que lhe dizem respeito ou fazer com que sejam atualizados[251].

Estabelece-se, ainda, que discordâncias entre herdeiros sobre o exercício dos direitos previstos nesse dispositivo deverão ser judicializadas.

Embora a legislação francesa retratada diga respeito, essencialmente, a dados de natureza pessoal, as previsões também impactam a perspectiva patrimonial e a possibilidade de exploração econômica desses dados.

Na Itália, não há instrumento jurídico específico para a transmissão

251 Tradução livre. No original: "Article 85, II: 1° A l'organisation et au règlement de la succession du défunt. A ce titre, les héritiers peuvent accéder aux traitements de données à caractère personnel qui le concernent afin d'identifier et d'obtenir communication des informations utiles à la liquidation et au partage de la succession. Ils peuvent aussi recevoir communication des biens numériques ou des données s'apparentant à des souvenirs de famille, transmissibles aux héritiers; 2° A la prise en compte, par les responsables de traitement, de son décès. A ce titre, les héritiers peuvent faire procéder à la clôture des comptes utilisateurs du défunt, s'opposer à la poursuite des traitements de données à caractère personnel le concernant ou faire procéder à leur mise à jour. FRANÇA. *Loi n. 78-17, du 6 janvier 1978 relative à l'informatique, aux fichiers et aux libertés.* Loi Informatique et Libertés. CNIL. Disponível em: *https://www.cnil.fr/fr/la-loi-informatique-et-libertes#article40.* Acesso em: 17 jun. 2021.

causa mortis de bens digitais em geral[252]. Em que pese a omissão do sistema jurídico italiano, em 2018, assim como na Espanha, foi editado texto legal que assegura direito de proteção pelos herdeiros e familiares em relação aos dados pessoais *post mortem* de usuários falecidos. Trata-se do Decreto Legislativo n. 101, de 10 de agosto de 2018, com vigência iniciada em 19 de setembro de 2018[253].

Sobre o cenário italiano, afirma-se que:

> Na Itália, por exemplo, já se discute a necessidade de efetiva normatização da proteção de dados na internet desde a década de 1990. Contudo, a normativa italiana denominada *Codice Privacy* (Decreto Legislativo n. 196/2003) foi objeto de recente alteração pelo Decreto Legislativo n. 101, de 10.8.2018, que entrou em vigor em 19.9.2018, definindo em seu art. 2-*terdecies*, que os dados pessoais de pessoas falecidas podem ser reivindicados por aqueles que têm um interesse pessoal, ou agem para proteger o titular dos dados, na condição de agentes, ou por razões familiares que merecem

252 MANIACI, Arturo. Eredità digitale: cos'è e come si può trasmettere, *Altalex*, [*s. l.*], 18 jun. 2020. Nuove Tecnologie. Disponível em: https://www.altalex.com/guide/eredita-digitale-cos-a-e-come-si-puo-trasmettere#par agrafo5. Acesso em: 13 set. 2020; PATTI, Francesco Paolo; BARTOLINI, Francesca. Digital inheritance and post mortem data protection: the italian reform. *Bocconi Legal Studies Research Paper Series*. n. 3397974, jun. 2019. Disponível em: https://ssrn.com/abstract=3397974. Acesso em: 31 out. 2019, p. 4-8.

253 ITÁLIA. *Decreto Legislativo 10 ago. 2018, n. 101*. Disposizioni per l'adeguamento della normativa nazionale alle disposizioni del regolamento (UE) 2016/679 del Parlamento europeo e del Consiglio, del 27 aprile 2016, relativo alla protezione delle persone fisiche con riguardo al trattamento dei dati personali, nonche' alla libera circolazione di tali dati e che abroga la direttiva 95/46/CE (regolamento generale sulla protezione dei dati). Gazzetta Ufficiale, a. 159, n. 205, 04 set. 2018. Disponível em: https://www.gazzettaufficiale.it/eli/id/2018/09/04/18G00129/sg. Acesso em: 05 nov. 2019.

proteção. Definiu-se, basicamente, um "diritto all' eredità del dato"[254].

Uma das mais relevantes disposições diz respeito à mitigação da vinculatividade de termos de serviço dos provedores digitais, especialmente quando houver cláusulas contratuais estabelecidas unilateralmente que limitem o exercício de direitos dos usuários, pela mera assinatura. A restrição ao espectro de atuação e determinação das plataformas, por conseguinte, assemelha-se à opção seguida pelo legislador francês[255].

Conforme apresentado, a aprovação normativa no direito italiano também esteve restrita aos aspectos de direito pessoal. Apesar disso – como igualmente retratado na análise da reforma francesa –, as disposições do direito italiano também refletem na economicidade dos bens digitais.

A omissão da União Europeia certamente inspirou as inovações legislativas na Espanha e Itália, na aprovação de dispositivos legais dando complementaridade ao Regulamento Geral de Proteção de Dados. Com base no cenário comentado, "ao que se percebe, portanto, há uma tendência, ao menos no cenário europeu, em conferir como regra a transmissibilidade dos bens digitais"[256]. Tal tendência fortalece a autonomia dos usuários, pois "atende plenamente tanto aos objetivos da legislação sobre proteção de

---

254 MARTINS, Guilherme Magalhães; FALEIROS JÚNIOR, José Luiz de Moura. O planejamento sucessório da herança digital. In: TEIXEIRA, Daniele Chaves (Coord.). *Arquitetura do planejamento sucessório*: Tomo II. 2. ed. 1. reimp. rev. ampl e atual. Belo Horizonte: Fórum, 2020, p. 472-473.

255 Análise comparativa realizada em: RESTA, Giorgio. La successione nei rapporti digitali e la tutela post-mortale dei dati personali. In: AMAYUELAS, Esther Arroyo et al. (Orgs.). *Casi controversi in materia di diritto delle successioni*: Esperienze straniere. Collana del Dipartimento di Scienze Giuridiche dell'Università di Verona. Napoli: Edizioni Scientifiche Italiane, 2019, v. 2, p. 994.

256 ROSA, Conrado Paulino da; BURILLE, Cíntia. A Regulação da Herança Digital: Uma breve análise das experiências espanhola e alemã. In: TEIXEIRA, Ana Carolina Brochado; LEAL, Lívia Teixeira (Coords.). *Herança Digital*: Controvérsias e Alternativas. Indaiatuba: Foco, 2021, p. 255.

dados pessoais, representando um ato genuíno de exercício do direito à autodeterminação informativa, quanto aos direitos de sucessão"[257].

A China também se destaca, com inovação legal tutelando a transmissão da herança digital. A partir do início de 2021, passou a vigorar no país previsão legal estabelecendo que "a propriedade legal do falecido inclui ativos da internet como um todo, abrangendo até mesmo contas em plataformas, itens e dinheiros virtuais em jogos, entre outros"[258].

Em relato sobre a nova realidade chinesa:

> O código civil que garantia a proteção de heranças do povo chinês foi criado em 1985 e não tinha sido mudado até essa nova reforma. Originalmente, a herança era classificada como "ganhos, propriedades imobiliárias, árvores, relíquias culturais e propriedades intelectuais". Toda essa determinação (sic) agora foi substituída por "propriedade legal", ampliando em muito a definição de herança no país e abrangendo muitos outros tipos de bens, sendo eles físicos ou não[259].

A comemoração mais incisiva foi em relação à possibilidade, agora em território chinês, de herdar criptomoedas de titulares falecidos. A ousadia do legislador chinês na inclusão expressa das criptomoedas reacendeu a expectativa em torno das moedas digitais, sobretudo, quanto ao *Yuan Digital.*

---

257 Tradução livre. No original: "Risponda pienamente sia alle finalità della normativa in materia di protezione dei dati personali, rappresentando un autentico atto di esercizio del diritto all'autodeterminazione informativa, sia a quelle del diritto delle successioni". RESTA, Giorgio. La "morte" digitale. *Il diritto dell'informazione e dell'informatica.* Milão: Giuffrè, v. 6, a. 29, 2014, p. 919.

258 MANGO, Carolina Mattioti Martino; GARLA FILHO, Celso. A aceitação da herança digital no Brasil e no mundo. *Migalhas*, [*s. l.*], 30 jun. 2020. Disponível em: https://www.migalhas.com.br/depeso/329849. Acesso em: 30 ago. 2020.

259 HENRIQUE, Matheus. China aprova lei que garante direito de receber herança em criptomoedas. *Livecoins*, [*s. l.*], 30 maio 2020. Disponível em: https://livecoins.com.br/china-aprova-lei-que-garante-direito-de-receber-heranca-em-criptomoedas/. Acesso em: 30 ago. 2020.

Nos Estados Unidos, em regra, cada estado tem autonomia para estabelecer suas próprias determinações. Contudo, pela abrangência do tema, a Comissão de Uniformização de Leis (*Uniform Law Commission* - ULC) foi estimulada a discutir diretrizes para tratamento harmônico no território nacional do país, que adota o sistema de *common law*. Assim, em 2014 foi editado o primeiro *Uniform Fiduciary Access to Digital Assets Act* (UFADAA), um documento que disciplina o destino de arquivos digitais em situações de morte ou incapacidade dos titulares, com nova versão revista em 2015, aprovada por quase todos os estados.

> O *Uniform Fiduciary Access to Digital Assets Act* esclarece a aplicação das leis federais de privacidade e dá efeito legal às instruções do titular da conta para a disposição dos bens digitais. Enquanto o UFADAA de 2014 forneceu aos fiduciários o acesso a toda informação digital [em caso de omissão do titular], a versão revista protege o conteúdo das comunicações electrônicas da divulgação sem o consentimento do usuário. Os fiduciários podem ainda acessar a outros bens digitais, a menos que sejam proibidos pelo utilizador[260].

Destarte, o *Revised Uniform Fiduciary Access to Digital Assets Act* (2015) permite que usuários designem pessoas para gerir bens digitais *post mortem*, como arquivos eletrônicos, domínios de internet e criptomoedas. Por outro lado, restringe o acesso a comunicações privadas, como mensagens de texto, *e-mails* e contas em redes sociais, a menos que o usuário tenha

260 Como tratado em: "The Revised Uniform Fiduciary Access to Digital Assets Act clarifies the application of federal privacy laws and gives legal effect to an account holder's instructions for the disposition of digital assets. While the 2014 UFADAA provided fiduciaries with default access to all digital information, the revised act protects the contents of electronic communications from disclosure without the user's consent. Fiduciaries can still access other digital assets unless prohibited by the user" UNIFORM LAW COMISSION. *Fiduciary Access to Digital Assets Act*, 2015. Revised. Disponível em: https://www.uniformlaws.org/committees/community-home?CommunityKey=f7237fc4-74c2-4728-81c6-b39a91ecdf22. Acesso em: 17 jun. 2021.

expressamente autorizado o acesso a conteúdos de caráter eminentemente pessoal. O consentimento prévio do usuário, para ter validade, deverá ser externalizado por meio de testamento, procuração ou outro registro válido. De tal forma, no UFADAA: "a vontade tem plena soberania sobre aquilo que está disposto na lei ou mesmo no contrato que regula acesso ao bem digital. A legislação que ora se optou em construir tem nítido caráter subsidiário à vontade do particular"[261].

Ainda com a aprovação do ato geral pela ULC, praticamente todos os estados norte-americanos promulgaram leis sobre o acesso às mensagens eletrônicas privadas *post mortem*[262]. A título de estudo, as legislações sobre herança digital aprovadas pelos estados no território dos Estados Unidos são divididas em três gerações[263].

A primeira geração diz respeito ao destino das contas de *e-mail post mortem* e compreende os estados de Califórnia e Connecticut e Rhode Island, que editaram normas em 2002, 2005 e 2007, respectivamente. O estado de Connecticut, por exemplo, desde 2005 contém previsão legal autorizando herdeiros a acessar *e-mail* e contas digitais dos falecidos, desde que comprovada a posição de procurador ou administrador da herança, ou desde que apresentada ordem judicial[264].

A segunda geração contou com ampliação da proteção do patrimônio

---

261 LACERDA, Bruno Torquato Zampier. *Bens Digitais*: Em busca de um microssistema próprio. In: TEIXEIRA, Ana Carolina Brochado; LEAL, Lívia Teixeira (Coords.). *Herança Digital*: Controvérsias e Alternativas. Indaiatuba: Foco, 2021, p. 47.

262 NATIONAL CONFERENCE OF STATE LEGISLATURES. *Access to Digital Assets of Decedents*. Washington, 26 mar. 2021. Disponível em: https://www.ncsl.org/research/telecommunications-and-information-technology/access-to-digital-assets-of-decedents.aspx. Acesso em: 17 jun. 2021.

263 LARA, Moisés Fagundes. *Herança digital*. Porto Alegre: S.C.P., 2016, p. 26-32.

264 UNIFORM LAW COMISSION. Fiduciary Access to Digital Assets Act, 2015. *Conn. Gen. Stat. § 45a-334b et seq*. Chapter 802b. Disponível em: https://www.cga.ct.gov/current/pub/chap_802b.htm#sec_45a-334b. Acesso em: 17 jun. 2021.

digital, para além do correio eletrônico, tendo como expoente o estado de Indiana. Em Indiana, foi editada no ano de 2007 norma assegurando o direito de representantes e sucessores de acessar comunicações eletrônicas de pessoas falecidas, bem como estabelecendo o dever das plataformas de armazenar os arquivos digitais por até dois anos contados da morte do usuário. Em 2016, o estado editou novo regramento, adaptando-se ao *Revised Uniform Fiduciary Access to Digital Assets Act, Revised*, reconhecido por: *Ind. Code Ann. § 32-39-1-1 et seq*[265].

A terceira geração, por fim, amplia o rol de bens digitais, contemplando os bens indicados pelas gerações anteriores e acrescentando ativos até aquele momento alheios a regulamentação, como as redes sociais e *microblogging*. Tem como estados componentes: Oklahoma, Idaho, Oregon, Nebraska, Massachusetts, Nova Iorque, Delaware, dentre outros.

Oklahoma, em 2010, adotou regra autorizando procuradores e administradores da herança a encerrar contas digitais de usuários falecidos[266]. No Oregon, o foco é em "definições flexíveis para permitir que futuras tecnologias possam vir já tuteladas pela legislação"[267]. Em Delaware, acirrou-se o embate com as plataformas digitais, pela edição de norma que permite expressamente a continuação do uso de perfis digitais, operando verdadeira transferência de titularidade das contas. É o que se retrata no seguinte dispositivo:

---

265 NATIONAL CONFERENCE OF STATE LEGISLATURES. *Ind. Code § 29-1-13-1.1.* Right of personal representative to access decedent's electronic communications and other digital assets. Disponível em: https://www.ncsl.org/research/telecommunications-and-information-technology/access-to-digital-assets-of-decedents.aspx. Acesso em: 17 jun. 2021.

266 MANGO, Carolina Mattioti Martino; GARLA FILHO, Celso. A aceitação da herança digital no Brasil e no mundo. *Migalhas*, [s. l.], 30 jun. 2020. Disponível em: *https://www.migalhas.com.br/depeso/329849*. Acesso em: 30 ago. 2020.

267 LARA, Moisés Fagundes. *Herança digital*. Porto Alegre: S.C.P., 2016, p. 31.

> § 5005. Recuperação de ativos digitais e contas digitais de um depositário.
> (a) Um fiduciário com autoridade sobre ativos digitais ou contas digitais de um titular de conta, com base no presente capítulo, terá o mesmo acesso que o titular da conta, sendo considerado como tal:
> (1) Ter o consentimento legal do titular da conta; e
> (2) Ser um agente ou utilizador autorizado, com fundamento nas leis e regulamentos estaduais e federais aplicáveis, além de acordo autorizativo[268].

De forma ainda mais explícita, é franqueado aos sucessores o acesso às comunicações eletrônicas – enviadas ou recebidas –, bem como a todas as contas ou ativos digitais, como se depreende da seguinte redação:

> (b) [...] Salvo disposição em contrário por disposição legal ou ordem judicial, um fiduciário pode acessar:
> [...]
> (2) O acervo das comunicações electrônicas enviadas ou recebidas pelo titular da conta; e
> (3) Qualquer outra conta digital ou ativo digital do titular da conta[269].

O tratamento mundial de bens digitais vivenciou forte marco normativo,

---

268 Tradução livre. No original: "§ 5005. Recovery of digital assets and digital accounts from a custodian. (a) A fiduciary with authority over digital assets or digital accounts of an account holder under this chapter shall have the same access as the account holder, and is deemed to: (1) Have the lawful consent of the account holder; and (2) Be an authorized agent or user under all applicable state and federal law and regulations and any end user license agreement". DELAWARE. *The Delaware Code Online.* Chapter 50: Fiduciary Access to Digital Assets and Digital Accounts. Disponível em: http://delcode.delaware.gov/title12/c050/index.html. Acesso em: 17 jun. 2021.

269 Tradução livre. No original: "§ 5005. Recovery of digital assets and digital accounts from a custodian. (b) [...] Unless otherwise provided by a governing instrument or a court order, a fiduciary may access: [...] (2) The catalogue of electronic communications sent or received by the account holder; and (3) Any other digital account or digital asset of the account holder. DELAWARE. *The Delaware Code Online.* Chapter 50: Fiduciary Access to Digital Assets and Digital Accounts. Disponível em: http://delcode.delaware.gov/title12/c050/index.html. Acesso em: 17 jun. 2021.

com a aprovação dos princípios sobre o uso de ativos digitais, em fevereiro de 2022, pelo *European Law Institute*, estabelecendo orientações para solucionar questões transfronteiriças no território europeu, acerca dos ativos digitais. A inspiração é o tratamento uniforme adotado pela *Uniform Law Commission*, no âmbito estadunidense[270]. E a intenção da medida é garantir a observância de diretrizes importantes por todos os Estados Membros, ao mesmo tempo em que a elasticidade principiológica permite a adaptação a cada sistema nacional. Assim, os Membros da União Europeia poderão eventualmente adotar regras próprias, desde que estabeleçam tratamento uniforme aos bens digitais, facilitando a atuação dos profissionais que trabalham com o tema[271].

A realidade nos Estados Unidos, como exposta, apresenta diversidades em relação ao tratamento *post mortem* de bens digitais. Os estados selecionados para comentários neste trabalho demonstram o quadro de riqueza de normas quanto ao tema. Apesar das especificidades de cada estado, é nítida a tendência de assegurar a autonomia dos usuários e resguardar o direito dos herdeiros, em maior ou menor grau. O UFADAA, por si só, denota restrição no alvedrio dos provedores digitais.

De forma geral, no âmbito norte-americano:

> A legislação americana surgiu de modo extremamente pertinente, porque se manifesta a respeito dos ativos digitais e vai mais além do que apresentar disposições genéricas sobre os dados pessoais: a grande inovação da iniciativa reside em tutelar os bens digitais de cada usuário, tanto em caso de morte como nos casos de incapacidade (curatela), reconhecendo a

270 EUROPEAN LAW INSTITUTE. *Access to Digital Assets*. Disponível em: https://www.europeanlawinstitute.eu/projects-publications/current-projects-upcoming-projects-and-other-activities/current-projects/access -to-digital-assets/. Acesso em: 02 set. 2022.

271 LACERDA, Bruno Torquato Zampier. Bens Digitais: Em busca de um microssistema próprio. In: TEIXEIRA, Ana Carolina Brochado; LEAL, Lívia Teixeira (Coords.). *Herança Digital*: Controvérsias e Alternativas. Indaiatuba: Foco, 2021, p. 50.

essencialidade dos conteúdos em questão e a necessidade de regulação do tema em tais situações[272].

As frequentes mudanças, inerentes ao contexto tecnológico, atraem constantes desafios aos bens digitais, tornando a adaptabilidade uma característica essencial. Ainda, é evidente a preocupação nacional em adotar tratamentos mais uniformes e patronizados em relação ao patrimônio digital. As criptomoedas, por exemplo, são valorizadas exatamente pela volatilidade e desburocratização, sem amarras à localização geográfica. Na ausência de legislação específica regulando as moedas digitais, torna-se ainda mais imperiosa a adoção de um planejamento estatal.

Ainda, o Congresso estadunidense pré-aprovou um projeto de lei que pretende criar um grupo de trabalho sobre ativos digitais, reunindo a Comissão de Valores Mobiliários (*Securities and Exchange Commission* – SEC) e a Comissão de Negociação de Futuros de Commodities (*Commodity Futures Trading Commission* – CFTC). O projeto ainda requer aprovação pelo Senado norte-americano e, em seguida, chancela do presidente Joe Biden[273].

Os Tribunais estaduais norte-americanos estão sendo acionados para decidir problemas afetos aos bens digitais, no âmbito de ações coletivas. O sistema jurídico norte-americano, para decidir, tem buscado identificar quatro elementos, quais sejam: economicidade, atividade empresária, expectativa razoável de lucros e origem desses proventos[274]. A presença ou não

---

272 CARVALHO, Gabriel Honorato de; GODINHO, Adriano Marteleto. Planejamento sucessório e testamento digital: a proteção dinâmica do patrimônio virtual. In: TEIXEIRA, Daniele Chaves (Coord.). *Arquitetura do planejamento sucessório*: Tomo II. 2. ed. 1. reimp. rev. ampl e atual. Belo Horizonte: Fórum, 2020, p. 182.

273 BRETT, Jason. U.S. House Passes Bill To Create First Crypto Task Force On Digital Assets. *Forbes*, [s. l.], 22 abr. 2021. Disponível em: https://www.forbes.com/sites/jasonbrett/2021/04/22/us-house-passes-bill-to-create-first-crypto-task-force-on-digital-assets/?sh=132515d06612. Acesso em: 18 jun. 2021.

274 CREA, R. M. et al. Metamorphosis: Digital Assets and the U.S. Securities Laws. *Eureka Hedge*, set. 2018. Disponível em: https://www.eurekahedge.com/Research/News/

desses elementos não traz resposta pronta ao caminho decisório. Não obstante a carência de solução única, a análise de elementos como os descritos corrobora na triagem dos processos e na busca de soluções patronizadas, assegurando segurança jurídica.

Após exposto quadro geral dos principais expoentes do cenário internacional relativo ao tema, investiga-se a posição normativa brasileira.

2.3.3 Mercado da autonomia privada "post mortem"

Outro grande interesse em jogo é o do mercado para gerenciamento de preferências dos usuários em relação ao destino de seus bens digitais *post mortem*.

Não há dúvidas de que as ferramentas de gerenciamento de dados digitais *post mortem* estão em ascensão. Até 2070, o número de contas com usuários mortos no *Facebook* vai superar o número de usuários vivos, de acordo com estudo da Universidade de Oxford, caso a proporção na tendência de uso e crescimento da rede social se mantenha[275]. A preocupação com o destino dos bens digitais após a morte de usuários motivou a criação de organizações que auxiliam os titulares de ativos virtuais na definição de destinos para o conteúdo após seu falecimento.

Segundo Lívia Leal, crescem as opções de testamentos digitais, por meio dos quais os usuários podem determinar a opção desejada a seus bens digitais *post mortem*, incluindo a administração, manutenção ou exclusão do

---

1808/K-and-L-Gates-Metamorphosis-Digital-Assets-and-the-US-Securities-Laws. Acesso em: 28 mar. 2021.

275 CANTOR, Matthew. Facebook could have 4.9bn dead users by 2100, study finds. *The Guardian*, Londres, 30 abr. 2019. Disponível em: https://www.theguardian.com/technology/2019/apr/29/facebook-dead-users-2100-oxford. Acesso em: 09 mar. 2021.

conteúdo[276]. Além disso, outro ponto que deve se destacar no futuro próximo são iniciativas para buscar valorar os bens digitais.

O *site The Digital Beyond* armazena diversas informações sobre a existência digital, acessíveis gratuitamente a qualquer usuário da internet[277]. A página fornece amplo inventário de vários programas e *sites* capazes de auxiliar no planejamento do futuro do conteúdo on-line, dispostos ordenadamente, em linha alfabética. A seguir, destaca-se duas indicações da página para o prévio gerenciamento da vida digital além morte.

Uma das alternativas recomendadas pelo *The Digital Beyond* é o *SecureSafe*, criado em 2009, cuja contratação permite armazenar senhas e documentos a serem enviados a um beneficiário designado no momento oportuno. O serviço originalmente suíço é ativo ainda hoje e possui outros setores de atuação, como o auxílio na definição e no registro de senhas individualizadas e fortes para cada conta digital, além de serviço de armazenamento em nuvem, para utilização dos usuários ainda em vida. Segundo a página, o *SecureSafe* é uma solução singular, graças à utilização de dupla encriptação e outras estratégias de tecnologia de ponta, que asseguram o mais alto nível de proteção de privacidade[278].

Outra sugestão é o *Meminto*, fundado em 2017, que fornece completo serviço, atuando como rede de segurança de informações fornecidas pelo usuário, planejamento de vida *post mortem*, criação de memorial de vida, registrando lembranças, e ainda como meio de notificação das informações desejadas a sucessores e entes queridos. O foco principal, neste caso, é a elaboração de um livro relatando a história de vida individual, destinado ao

---

276 LEAL, Lívia Teixeira. *Internet e morte do usuário*: Propostas para o tratamento jurídico *post mortem* do conteúdo inserido na rede. 2. ed. Rio de Janeiro: GZ, 2020, p. 28.

277 THE DIGITAL BEYOND. Disponível em: https://www.thedigitalbeyond.com/. Acesso em: 09 jun. 2021.

278 SECURESAFE. *About us*. Disponível em: https://www.securesafe.com/en/about-us. Acesso em: 09 jun. 2021.

contratante e a todas as pessoas que ele ama, conforme divulgado pela página[279].

Outros empreendimentos como *Dead Man's Switch, My Digital Executor, Asset Lock, E-Z-Safe* e *Mi Legado Digital*, comprometem-se a comunicar herdeiros e provedores das instruções deixadas pelos usuários, conforme contrato com aquele *site*.

O *Dead Man's Switch* oferece serviço de armazenamento de mensagens escritas para destinatários específicos, que deverão ser enviadas após a ausência de resposta do usuário à plataforma de gerenciamento por determinado período livremente por este escolhido. Como estabelecido pela página:

> É assim que o mecanismo funciona. Você [usuário] escreve alguns *e-mails* e escolhe os respectivos destinatários. Esses *e-mails* são guardados em sigilo até serem enviados. A plataforma enviar-lhe-á um *e-mail* de vez em quando, pedindo-lhe para mostrar que está bem, clicando num *link*. Se algo... *lhe acontecer...* [entenda-se: se o usuário não clicar no *link* durante o período determinado], a plataforma enviará, então, os *e-mails* escritos para os destinatários especificados. Uma espécie de "testamento eletrônico", pode-se dizer[280].

A página *My Digital Executor* adota o *slogan* "protegemos sua vida digital após a morte", destacando que protegerá as senhas de contas digitais fornecidas, e que não as utilizará[281]. Como não há garantias de que a página

---

279 Tradução livre. No original: "For you and everyone you love". MEMINTO. Disponível em: https://meminto.com/. Acesso em: 09 jun. 2021.

280 Tradução livre. No original: "This is how this works. You write a few e-mails and choose the recipients. These emails are stored privately until they're sent. Your switch will email you every so often, asking you to show that you are fine by clicking a link. If something were to... happen... to you, your switch would then send the emails you wrote to the recipients you specified. Sort of an "electronic will", one could say". DEAD MAN'S SWITCH. Disponível em: https://www.deadmansswitch.net/. Acesso em: 09 jun. 2021.

281 Cf. os trechos "Managing you digital life after death" e "We protect your passwords

realmente não acessará a conta, tal possibilidade intriga e incomoda. O sistema de aplicação no Reino Unido explica que fornece espaço para que os interessados apresentem desejos em relação a seus ativos digitais, incluindo *e-mails*, *tweets*, *blogs*, nomes de domínio, páginas de vendas, músicas, fotografias, *websites*, itens do mundo virtual, saldos de contas on-line e até negócios operacionais digitais. Destaca, em especial, que ao contrário de outros *sites* como *Entrusted.com* e *LegacyLocker.com*, o serviço fornecido terá vinculatividade legal, pois, no *My Digital Executor*, as orientações dos usuários passarão por profissional jurídico que auxilie na validação dos desejos exteriorizados.

Asset Lock[282], outra ferramenta do ramo tratado, também possui amplo serviço de administração de carteira de investimentos ainda em vida.

E-Z-Safe permite que contratantes depositem ativos digitais ao longo da vida, que deverão ser transferidos a pessoas previamente designadas, antecipadamente, ou após o falecimento do titular. O *site* permite, ainda, que o usuário deixe cartas de partida e instruções sobre seus últimos desejos, mostrando-se como oportunidade para a elaboração de plano de contingência para ativos e contas digitais, inspirando consumidores a controlar a segurança e o destino de seu legado virtual[283].

O *site Mi Legado Digital* também oferta serviço diferenciado, buscando distinção com o uso de interface interativa, destacando o uso de tecnologia *blockchain* para a realização de *smart contract* contendo as vontades do testador para sua vida eletrônica, por meio do qual pode-se tomar o controle da própria identidade digital, além de organizar o próprio velório virtualmente. Em síntese, o *Mi Legado Digital* acata manifestações de vontade dos

---

but do not hold them". MY DIGITAL EXECUTOR. Disponível em: http://www.mydigitalexecutor.co.uk/. Acesso em: 09 jun. 2021.

282 Cf. o trecho: "You Earn It. We help protect it". ASSET LOCK. Disponível em: https://assetlock.com/. Acesso em: 09 jun. 2021.

283 *E-Z-SAFE*. Disponível em: http://www.e-z-safe.com/#. Acesso em: 09 jun. 2021.

usuários para o destino de seus bens digitais *post mortem*, o que inclui o interesse na manutenção ou exclusão de contas digitais. Permite, ainda, que usuários programem postagens a serem publicadas após sua morte em suas redes sociais, dentre outras atividades. De acordo com a página, o testamento inteligente oferecido é a primeira ferramenta on-line com plena validade jurídica, que engloba, a partir de proposta tecnológica única, os desejos relacionados ao patrimônio físico, aos ativos digitais, ao testamento vital e ao legado genético[284].

No Brasil, identificou-se as páginas Morte Digital (www.mortedigital.com.br) – utilizada pelos herdeiros para contactar plataformas digitais nas quais usuário falecido possuía contas –, e Nota de Falecimento (www.notadefalecimento.org) – por meio da qual pode-se criar mensagem com informações da pessoa morta e divulgá-la em mídias sociais –, como relatado por UOL e Folha de São Paulo, em 2015[285]. Tais páginas, todavia, não estão mais ativas. A tentativa de acessá-las mostrou-se frustrada, com o aparecimento de mensagem de erro comunicando a inexistência dos endereços buscados.

O mercado é fértil. Os serviços oferecidos pelos *sites* comentados envolvem, inclusive, a possibilidade de remoção completa de qualquer vestígio deixado pelo usuário na internet. Consoante alertado por Ana Luiza Maia Nevares, "cada vez mais, as pessoas estarão preocupadas com os seus bens

284 Tradução livre. No original: "El Testamento Inteligente es la primera herramienta online con plena validez jurídica que engloba, en una solución tecnológica única, tus voluntades acerca del patrimonio físico, los activos digitales, el testamento vital y el legado genético". MI LEGADO DIGITAL. Disponível em: https://www.milegadodigital.com/. Acesso em: 09 jun. 2021.

285 STOCCO, Gabriela; SOMAN, Márcia. Empresas cuidam de "legado digital" e oferecem até postagens depois da morte. *Folha de São Paulo*. São Paulo, 06 dez. 2015. Negócios. Disponível em: http://classificados.folha.uol.com.br/negocios/2015/12/1715154-empresas-cuidam-de-legado-digital-e-oferecem-ate-postagens-depois-da-morte.shtml. Acesso em: 09 jun. 2021.

e dados digitais e com o acesso a eles *post mortem*"[286]. Contudo, ainda há problemas e inseguranças, com especial destaque para o risco de vazamento das informações confidenciadas a essas páginas que fornecem serviço de gerenciamento de dados virtuais após o óbito de usuários contratantes. Ainda que páginas como as aqui retratadas estejam em expansão, o receio de enfrentar eventos *hackers* ainda preocupa os titulares de bens digitais, desincentivando a contratação dessas companhias.

No contexto de novas técnicas para o gerenciamento de sucessão testamentária, desponta-se o projeto WO/2007/010427, que promete tecnologia inovadora na concessão de licenças para bens digitais no pós vida, submetido à *World Intellectual Property Organization* (*WIPO*), pela companhia holandesa Koninklijke Philips Eletronics N.V.[287]. Segundo José Luiz de Moura Faleiros Júnior e Guilherme Magalhães Martins:

> As vantagens da utilização de um sistema como esse são inegáveis, na medida em que se pode conceber a atribuição de licenças específicas a pessoas ou dispositivos que sejam da confiança do indivíduo. A patente foi definida por meio de modalidades exemplificativas, permitindo concluir transações de espólios compostos por conteúdos privados (criptografados) de maneira segura e fácil, na medida em que, quando a última licença de herança for postumamente aberta, o(s) herdeiro(s) pretendido(s) receberá(ão) licenças e/ou direitos de transferência de propriedade a dispositivos compatíveis/confiáveis e/ou terceiros confiáveis (*trusted third parties*), que poderão

286 NEVARES, Ana Luiza Maia. Testamento Virtual: Ponderações sobre a Herança Digital e o Futuro do Testamento. In: TEIXEIRA, Ana Carolina Brochado; LEAL, Lívia Teixeira (Coords.). *Herança Digital*: Controvérsias e Alternativas. Indaiatuba: Foco, 2021, p. 187.

287 WORLD INTELLECTUAL PROPERTY ORGANIZATION. Patent n. WO/2007/010427, 27 jan. 2007. Disponível em: https://bit.ly/2Cp7sjc. Acesso em: 11 jun. 2021.

concluir com segurança as transações[288].

Os esforços no desenvolvimento de ferramentas mais seguras podem ampliar a aceitação e a adesão às páginas que prestam serviço de gerenciamento póstumo de ativos digitais.

Há, ainda, o desafio de compatibilizar a manifestação de vontade pelos usuários nos testamentos digitais com a vedação normativa ao pacto sucessório. Segundo o artigo 426 do Código Civil: "Não pode ser objeto de contrato a herança de pessoa viva"[289].

O direito italiano também contém disposição semelhante, sendo retratada a mesma preocupação pelo autor Giorgio Resta: "um acordo contratual tratando de sucessões futuras de direitos de propriedade seria anulado pela sanção de nulidade, pelo conflito com a proibição de acordos quanto à sucessão (Art. 458 Código Civil)"[290]. Em outra oportunidade, todavia, o próprio autor reconhece a possibilidade de designação de um executor de testamento, como a concessão de um mandato com eficácia *post mortem*, sem que se ofenda a legislação. É o que afirma em:

> Tecnicamente, os atos pelos quais o testador instrui um terceiro a realizar certas ações legais em seu nome, após sua morte, são atos jurídicos passíveis de atribuição por meio de mandato de execução *post mortem* (ou, em outra

288 MARTINS, Guilherme Magalhães; FALEIROS JÚNIOR, José Luiz de Moura. O planejamento sucessório da herança digital. In: TEIXEIRA, Daniele Chaves (Coord.). *Arquitetura do planejamento sucessório*: Tomo II. 2. ed. 1. reimp. rev. ampl e atual. Belo Horizonte: Fórum, 2020, p. 472.

289 BRASIL. Lei n.10.406, de 10 de janeiro de 2002. Institui o Código Civil. *Diário Oficial da União*. Brasília, 11 jan. 2002. Disponível em: http://www.planalto.gov.br/ccivil_03/leis/2002/l10406compilada.htm. Acesso em: 11 abr. 2021.

290 Tradução livre. No original: "um accordo contrattuale volto a realizzare la disposizione di diritti patrimoniali relativi a successioni future, sarebbe fulminato dalla sanzione della nullità, per contrasto con il divieto dei patti successori (art. 458 c.c.)". RESTA, Giorgio. La "morte" digitale. *Il diritto dell'informazione e dell'informatica*. Milão: Giuffrè, a. 29, v. 6, 2014. p. 918.

interpretação também válida, por meio de ato unilateral atípico, com função de autorização e eficácia *post mortem*[291].

Ressalva-se, pois, que sujeitos que desejam estabelecer o destino de seu patrimônio digital *post mortem* podem prever apenas orientações a serem seguidas pelos sucessores. Nem usuários nem herdeiros podem firmar previamente acordos em que o monte hereditário seja a contraprestação negociada.

A proibição do pacto sucessório no ordenamento brasileiro, assim, não impede a contratação de serviços de gerenciamento *post mortem* de ativos digitais. Em tais casos, o objeto contratual é a orientação deixada pelo titular, como o desejo de exclusão ou concessão de acesso dos dados e contas a pessoas designadas, e não o próprio dado em si.

Reforçando a importância de que seja assegurada aos usuários a possibilidade de dispor sobre o destino de seus bens digitais, destaca-se a ausência de barreiras legais para a inclusão de ativos digitais em disposições testamentárias, incluindo tanto a manifestação de vontade pela transferência do patrimônio digital a pessoa determinada, quanto o desejo pela não transmissão[292].

291 Tradução livre. No original: "Tecnicamente, gli atti con i quali il de cuius provveda ad incaricare un terzo affinché costui compia per suo conto, dopo la morte, determinati atti giuridici, sono riconducibili alla fattispecie del mandato post mortem exequendum (o secondo un'altra ricostruzione, non differente nella sostanza, ad un negozio unilaterale atipico, con funzione autorizzatoria ed efficacia post mortem)". RESTA, Giorgio. La successione nei rapporti digitali e la tutela post-mortale dei dati personali. In: AMAYUELAS, Esther Arroyo et al. (Orgs.). *Casi controversi in materia di diritto delle successioni*: Esperienze straniere. Collana del Dipartimento di Scienze Giuridiche dell'Università di Verona. Napoli: Edizioni Scientifiche Italiane, 2019, v. 2, p. 994.

292 CALDAS, L. Figueiredo de Lima; MORAIS, R. Rodrigues Medeiros Mitchell de. Herança Digital Bens Virtuais Como Patrimônio Sucessório. *Revista de Estudos Jurídicos do UNI-RN*, n. 3, p. 149, 28 nov. 2019. Disponível em: http://revistas.unirn.edu.br/index.php/revistajuridica/article/view/. Acesso em: 28 jun. 2022.

> O testamento digital – relembre-se que a expressão aqui é utilizada como sinônimo de planejamento sobre bens digitais – é, pois, a ferramenta hábil para concretização dos direitos fundamentais da pessoa humana na perspectiva sucessória, sejam aqueles direitos ligados à projeção da vontade do autor da herança, sejam aqueles direitos relacionados ao direito de herança como instrumento da tutela do mínimo existencial [...][293].

Conquanto respeitada a sutileza esclarecida, as determinações escolhidas antecipadamente pelos usuários, por meio dos denominados testamentos digitais, não representarão negociação de herança de pessoa viva. Tal raciocínio se aplica aos testamentos particulares (públicos ou privados), aos codicilos, às escolhas formuladas nos campos fornecidos pelas próprias plataformas digitais e nos contratos firmados com *sites* de gerenciamento de dados digitais. Será, pois, respeitada a vedação ao pacto sucessório.

No atual contexto globalizado e tecnológico, o incremento na circulação e no compartilhamento de informações deixa de ser novidade e passa a ser regra. Tecnologias disruptivas exigem reflexão e compreensão de riscos e potencialidades. No âmbito da sociedade de informação, a migração de aspectos da vivência humana para o aparato digital fomentará a contratação de empresas de planejamento da administração *post mortem* de bens digitais, pela facilidade e desburocratização do serviço prestado, quando comparado às formalidades dos testamentos tradicionais. Sem ignorar as exigências impostas pela legislação, o direito precisa se adaptar e definir tratamento para as novas modalidades de manifestações póstumas de vontade.

Analisa-se, a seguir, o choque de interesses entre os sujeitos envolvidos na temática da herança digital.

---

293 CARVALHO, Gabriel Honorato de; GODINHO, Adriano Marteleto. Planejamento sucessório e testamento digital: a proteção dinâmica do patrimônio virtual. In: TEIXEIRA, Daniele Chaves (Coord.). *Arquitetura do planejamento sucessório*: Tomo II. 2. ed. 1. reimp. rev. ampl e atual. Belo Horizonte: Fórum, 2020, p. 185.

3

JOGO DE INTERESSES

3.1. Herança Digital segundo as Plataformas Digitais

3.1.1 Redes sociais

Quando se fala em bens digitais, um dos primeiros tipos de plataforma que vem à mente normalmente são as redes sociais, pela massiva aceitação e utilização – e, ousa-se falar, até dependência – da população[294], além da gama de potencialidades envolvendo relações intersubjetivas e patrimoniais.

Cumpre reforçar a "superutilização" de redes sociais, que se tornaram, "senão o único, o principal meio de socialização e, não raro, também de exercício da atividade profissional"[295], fenômeno intensificado após o

294 Apura-se que 3,48 bilhões de pessoais utilizem plataformas de redes sociais no mundo, como abordado em: RAZO, Val. Top 11 highly profitable Instagram niches for 2021. *Sellfy*, [s. l.], 2020. Disponível em: https://blog.sellfy.com/instagram-niches. Acesso em: 19 abr. 2021.

295 TERRA, Aline de Miranda Valverde; OLIVA, Milena Donato; MEDON, Filipe. Acervo Digital: controvérsias quanto à sucessão causa mortis. In: TEIXEIRA, Ana Carolina Brochado; LEAL, Lívia Teixeira (Coords.). *Herança Digital*: Controvérsias e Alternativas. Indaiatuba: Foco, 2021, p. 56.

cenário de distanciamento social, como medida de enfrentamento à pandemia de Covid-19.

De acordo com Raquel Recuero:

> Nesta definição, o foco da atenção dos sistemas não está mais na busca dos atores pela formação das redes sociais através de novas conexões. A grande diferença entre sites de redes sociais e outras formas de comunicação mediada pelo computador é o modo como permitem a visibilidade e a articulação das redes sociais, a manutenção dos laços sociais estabelecidos no espaço *off-line*[296].

Para além do retrato sociológico, "as redes sociais potencializam a realidade de uma economia compartilhada, em que as relações patrimoniais vão muito além do direito de propriedade"[297]. Há diversas redes sociais disponíveis, sendo as mais conhecidas e utilizadas na atualidade: *Facebook, YouTube, Instagram, Twitter, LinkedIn, TikTok, Snapchat* e *Pinterest.*

Com a morte dos usuários, o *Facebook* fornece duas possibilidades: optar em vida pela exclusão permanente de seu perfil após a morte, mediante apresentação de certidão de óbito em formulário on-line por algum herdeiro; e a conversão da página em memorial, com a designação de um administrador, ou contato herdeiro, que poderá ser especificado na própria plataforma, ou testamento válido[298].

Na hipótese de criação de memorial, o administrador não poderá acessar diretamente a conta para editar nem excluir informações pessoais, conteúdos postados pelo titular em vida, ou mensagens privadas. Por outro lado, poderá alterar a foto de perfil e aceitar novos amigos, que visualizarão conteúdos postados na linha do tempo do usuário em vida e marcações de

---

296 RECUERO, Raquel. *Redes Sociais na Internet.* Porto Alegre: Sulina, 2009, p. 102.

297 MILAGRES, Marcelo de Oliveira. *Manual de direito das coisas.* 1. ed. Belo Horizonte: D'Plácido, 2020, p. 35.

298 FACEBOOK. *Termos de Serviço.* Disponível em: https://pt-br.facebook.com/terms/. Acesso em: 26 set. 2022.

amigos em publicações públicas. Em síntese, o contato herdeiro fará a administração ou o gerenciamento do memorial.

A escolha do usuário em vida pela constituição de memorial é retratada nas Disposições adicionais dos Termos de Serviço da plataforma, em cláusula assim redigida:

> Você pode designar uma pessoa (chamada "contato herdeiro") para administrar sua conta caso ela seja transformada em memorial. Somente seu contato herdeiro ou uma pessoa que você tenha identificado em um testamento válido ou documento semelhante que expresse consentimento claro para divulgar seu conteúdo em caso de morte ou incapacidade poderá buscar a divulgação de sua conta depois que ela for transformada em memorial[299].

A instituição dos memoriais considera que a manutenção da página com suas características usuais pode gerar incômodo e sofrimento nos entes queridos, por exemplo, nos avisos de aniversário daquela pessoa que não está mais entre familiares e amigos. É infortúnio em relação ao qual pretendeu lidar a rede social, bastando que outros usuários comuniquem o falecimento, para que se converta a respectiva página em memorial. Soma-se a isso a alegação de proteção da privacidade do falecido e das próprias pessoas que com ele interagiram por meio da rede social.

A principal crítica é feita ao domínio exercido pela plataforma, que, não obstante negue acesso ao conteúdo privado da conta aos herdeiros, não garante que esses dados serão terminantemente excluídos, levando a fundadas suspeitas de que o provedor, exclusivamente, poderá acessá-los. Nesse sentido, as cláusulas estabelecidas pelas plataformas que proíbem a sucessão do acervo digital ali contido, "acabam por qualificar a plataforma como herdeira do consumidor"[300], tutelando os interesses dos conglomerados

299 FACEBOOK. *Termos de Serviço*. Disponível em: https://pt-br.facebook.com/terms/. Acesso em: 26 set. 2022.

300 TERRA, Aline de Miranda Valverde; OLIVA, Milena Donato; MEDON, Filipe. Herança digital e proteção ao consumidor contra cláusulas abusivas. *Revista de Direito do*

digitais.

Há, ainda, críticas à possibilidade de futura alteração das diretrizes da plataforma, que se vincularão automaticamente aos casos:

> A plataforma, a rigor, arroga-se (sic) direito que é dos herdeiros, bloqueando o acesso a fotos e diálogos que devem ser entregues aos sucessores. Pelo modelo estruturado pela própria plataforma, a decisão acerca de aspectos relacionados a escolhas existenciais do falecido fica exclusivamente em suas mãos, e não do falecido ou, na falta de sua prévia determinação, da família. A plataforma decide que não haverá novas solicitações de amizade pelo contato herdeiro ou remoção de amigos, mas, paradoxalmente, o contato herdeiro pode aceitar novos amigos - só não pode tomar a iniciativa. E mais: a plataforma pode alterar todas essas condições ao longo do tempo, sendo ela a verdadeira gestora do acervo digital, pois a decisão final acerca dos poderes do usuário e de seus familiares é dela[301].

O *Instagram* – assim como o *Facebook*, gerido pela organização *Meta* –, também possibilita a conversão da conta em memorial, embora com algumas diferenciações. No *Instagram*, a transformação em memorial não admite a designação de um administrador. Neste caso, há congelamento ou estabilização das informações presentes na conta, sendo vedado qualquer acesso ao perfil memorial. Segundo a plataforma, "não podemos divulgar as informações de login de uma conta transformada em memorial. Entrar na

---

Consumidor, v. 135, p. 335-350, maio/jun. 2021. Disponível em: <http://amvt.com.br/wp-content/uploads/2021/06/Heran%C3%A7a-digital-e-prote%C3%A7%C3%A3o-do-consumidor-contra-cl%C3%A1usulas-abusivas-Terra-Oliva-e-Medon.pdf>. Acesso em: 01 jul. 2021. Versão digital, p. 04.

301 TERRA, Aline de Miranda Valverde; OLIVA, Milena Donato; MEDON, Filipe. *Aspectos controvertidos sobre herança digital*: Análise da apelação cível 1119688-66.2019.8.26.0100 do TJ/SP. Migalhas, [s. l.], 9 abr. 2021. Disponível em: https://www.migalhas.com.br/depeso/343356/aspectos-controvertidos-sobre-heranca-digital. Acesso em: 12 abr. 2021.

conta de outra pessoa sempre viola nossas políticas"[302].

Para o *Instagram*, qualquer conta pode denunciar o falecimento de um usuário e, após comprovação por meio válido como obituário ou artigo de jornal, ocorrerá a conversão em memorial, independentemente da manifestação prévia do titular. Todavia, é preciso questionar a aplicação dessa ferramenta. Qual o critério definido para o efetivo congelamento da conta? E, ainda, por que a rede permite a permanência da conta de pessoas famosas notadamente falecidas, e outras não? A outra alternativa no *Instagram* é a exclusão definitiva da conta, que precisa ser requerida por familiar do usuário morto, pelo preenchimento de formulário disponibilizado pela plataforma.

O *YouTube* é um misto entre rede social e plataforma de *streaming*. Por ter se iniciado como um serviço geral gratuito de compartilhamento de publicações e interações entre usuários, amolda-se com mais naturalidade ao conceito de redes sociais. Em contrapartida, o lançamento de versão onerosa, o *YouTube Premium*, mostra-se mais como um serviço de *streaming*, contando com facilidade e benefícios no acesso da rede social, pela eliminação de anúncios publicitários nos vídeos, e pelo oferecimento de conteúdos a partir do serviço de assinatura.

Nos termos de serviço da plataforma não há qualquer menção às situações de morte dos titulares de contas[303]. As estratégias aplicáveis são retratadas nas disposições gerais da *Google*. A *Google*, à qual pertence o *YouTube*, permite que os usuários designem contatos de confiança para receber simples notificação de que a conta está inativa, ou notificação acompanhada de compartilhamento de *link* para *download* dos dados ali armazenados. A notificação será enviada após análise de mecanismo de gerenciamento de

302 INSTAGRAM. *Denúncia de conta de uma pessoa falecida*. Disponível em: https://pt-br.facebook.com/help/ instagram/264154560391256. Acesso em: 11 fev. 2021.

303 YOUTUBE. *Termos de Serviço*. Disponível em: https://www.youtube.com/static?gl=BR&template=terms&hl =pt. Acesso em: 11 fev. 2021.

contas inativas da própria *Google*, a partir de critérios que avaliam a atividade no perfil[304].

É ainda permitido ao usuário a definição do período de inatividade da conta, por critério cronológico, para que a notificação seja enviada às pessoas selecionadas. Atingido o lapso temporal escolhido pelo usuário sem acesso à conta – seja um mês ou um ano, por exemplo –, a empresa enviará notificação, inicialmente, solicitando a confirmação do falecimento e, caso confirmada, aplicará o "decidido pelo morto diretamente na plataforma, sem a necessidade de que estivesse realizado um testamento público ou particular"[305].

Após o falecimento de um usuário, a *Google* oferece três alternativas de solicitação: o encerramento da conta, o recebimento de eventuais fundos provenientes de monetização e o recebimento de dados da conta, destacando com clareza que:

> Reconhecemos que muitas pessoas falecem sem deixar instruções claras sobre como gerenciar suas contas on-line. Podemos trabalhar com membros imediatos da família e com representantes para fechar a conta de uma pessoa falecida, quando apropriado. Em certas circunstâncias, podemos fornecer o conteúdo da conta de um usuário falecido. Em todos esses casos, nossa principal responsabilidade é manter as informações das pessoas seguras, protegidas e particulares. Não podemos fornecer senhas ou outros detalhes de login. Qualquer decisão de atender a uma solicitação sobre um usuário falecido será feita somente após uma cuidadosa análise[306].

A ferramenta estabelecida para o recebimento de fundos pendentes da

---

304 GOOGLE, Ajuda da Conta do Google. *Sobre o Gerenciador de contas inativas*. Disponível em: https://support.google.com/accounts/answer/3036546. Acesso em: 11 fev. 2021.

305 HONORATO, Gabriel; LEAL, Lívia Teixeira. Exploração econômica de perfis de pessoas falecidas. In: TEIXEIRA, Ana Carolina Brochado; LEAL, Lívia Teixeira (Coords.). *Herança Digital*: Controvérsias e Alternativas. Indaiatuba: Foco, 2021, p. 149.

306 GOOGLE, Ajuda da Conta do Google. *Enviar uma solicitação a respeito da conta de*

conta é a efetiva concretização da herança digital na perspectiva patrimonial.

3.1.2 Serviços de armazenamento em nuvem

Os serviços de *cloud computing* ou armazenamento em nuvem, em geral, possuem versão gratuita, com baixa capacidade de armazenamento, e paga, com maior espaço para salvar arquivos digitais.

Tais serviços correspondem ao espaço disponibilizado digitalmente para inserção e salvamento de arquivos de diversas naturezas, que poderão ser acessados por qualquer dispositivo eletrônico compatível, incluindo *notebooks*, computadores, *smartphones* e até relógios. As plataformas de *cloud computing* mudam a forma de registrar informações, guardar conteúdos diversos, arquivar documentos e são bem recepcionadas pelas facilidades que caracterizam o armazenamento digital. Há quatro tipos de serviços oferecidos: armazenamento gratuito, oneroso, compartilhado entre usuários específicos e híbrido, com a mistura entre os outros três estilos.

Descrevendo melhor esses serviços:

> Armazenamento em nuvem ou em inglês, *cloud computing* refere-se à utilização da memória e da capacidade de armazenamento e cálculo de computadores e servidores compartilhados e interligados por meio da internet, na qual o usuário deve criar uma conta onde poderá salvar seus arquivos, serve para armazenar fotos, documentos, músicas e arquivos de vídeo.
> O armazenamento em nuvem é um serviço oferecido para usuários da *internet* (*Dropbox, OneDrive, Box, MediaFire, Google Drive, Amazon CloudDrive*)[307].

Em relação à política após o óbito de usuários, o *Google Drive* se

---

um usuário falecido. Disponível em: https://support.google.com/accounts/troubleshooter/6357590?hl=pt-BR#:~:text. Acesso em: 11 fev. 2021.

307 FELIX, Bruno de Carvalho. *A sucessão dos bens e contas digitais do autor da herança:*

assemelha ao *YouTube*, cujo tratamento se encontra retratado acima, pois também não contém previsão específica em seus termos de serviço[308], sendo regido pelas disposições gerais da *Google*.

O *OneDrive* é o serviço de armazenamento em nuvem da *Microsoft* e determina que, nas situações de falecimento de usuários, algum contato munido das credenciais da conta poderá encerrá-la. Caso isso não ocorra, após um ano de inatividade a conta será congelada e, após dois anos, a conta será fechada automaticamente. A *Microsoft* ainda alerta para que os interessados providenciem o cancelamento das assinaturas de contas pagas, seja fechando a respectiva conta bancária ou encerrando o cartão de crédito usado pelo usuário na contratação, seja revogando as autorizações ou informando a instituição bancária responsável[309].

Para conceder acesso ao conteúdo da conta, a *Microsoft* exige a apresentação de ordem ou intimação judicial, requerida por representante legal do usuário falecido. Estabelece ainda que a determinação deverá ser encaminhada para o agente registrado próximo à localidade da parte solicitante.

Na mesma página de suporte acima referenciada, a organização pontua, devidamente, que: "qualquer decisão sobre o fornecimento do conteúdo de uma conta de *e-mail* (sic) pessoal ou de armazenamento em nuvem só será

---

análise do projeto de lei 75/2013. 2017. 33 f. Trabalho de Conclusão de Curso (Graduação em Direito) – Curso de Direito, Departamento de Direito, Universidade Federal do Rio Grande do Norte, Caicó, 2017, p. 7. Disponível em: https://monografias.ufrn.br/jspui/handle/123456789/5459. Acesso em: 10 out. 2019.

308 GOOGLE DRIVE. *Termos de Serviço adicionais do Google Drive*. Disponível em: *https://www.google. com/drive/terms-of-service/*. Acesso em: 11 fev. 2021.

309 MICROSOFT. *Acessar o Outlook.com, o OneDrive e outros serviços da Microsoft quando alguém tiver o falecido*. Disponível em: https://support.microsoft.com/pt-br/office/acessar-o-outlook-com-o-onedrive-e-outros-servi%C3%A7os-da-microsoft-quando-algu%C3%A9m-tiver-o-falecido-ebbd2860-917e-4b39-9913-212362da6b2f#:~:text=A%20Microsoft%20deve%20primeiro%20receber,%2C%20Live.com%2C%20Hotmail. Acesso em: 11 fev. 2021.

tomada após a análise e consideração criteriosas da legislação aplicável".

Em especial, estabelece, ao final da página de suporte, que, na Alemanha, os interessados podem requerer diretamente ao suporte técnico da *Microsoft* acesso à conta, desde que apresentando: cópia do certificado de óbito do usuário da conta; documento pessoal de identificação do falecido; cópia de certificado de herança ou documentação judicial comprovando ser o único herdeiro, ou contar com consentimento dos demais e, por fim, documento pessoal de identificação do solicitante.

O *Dropbox*, terceiro serviço de *cloud computing* analisado, permite, com a apresentação de autorização judicial, que interessados acessem dados e arquivos salvos na conta após a morte de usuários. A plataforma indica ao solicitante que deverá ser apresentada, dentre outros documentos de identificação: "ordem judicial válida estabelecendo que era o desejo da pessoa falecida que você tivesse acesso aos arquivos da sua conta após o seu falecimento, e que o Dropbox é obrigado por lei a fornecer os arquivos da pessoa falecida"[310].

A política de exigir determinação judicial para fornecer acesso aos arquivos armazenados nas contas da nuvem do *Dropbox*, desse modo, assemelha-se às práticas da *Microsoft* aplicadas ao *OneDrive*.

3.1.3 Serviços de "streaming"

A inovação do conceito de armazenamento, com a evolução do cenário eletrônico, também trouxe implicações relativas aos serviços de *streaming*, cuja análise é especialmente problemática, considerando a aquisição ou não

---

310 DROPBOX. *Como posso acessar a conta do Dropbox de uma pessoa que faleceu?* Disponível em: https://help.dropbox.com/pt-br/accounts-billing/settings-sign-in/access-account-of-someone-who-passed-away#:~:text=Se%20algu%C3%A9m%20pr%C3%B3ximo%20a%20voc%C3%AA,com%20suas%20contas%20on%2Dline. Acesso em: 11 fev. 2021.

de propriedade após o *download* de arquivos.

A princípio, a criação de conta em aplicativos como *iTunes Store*, *Spotify* e *Netflix* permite acessar conteúdo alheio (em geral, músicas e *podcasts* nos dois primeiros e filmes, séries e documentários na última), sem a realização de *download*. Em complemento, permite que usuários baixem arquivos escolhidos, em relação aos quais é franqueada a visualização offline, por exemplo.

A possibilidade de fazer *download* desses arquivos, todavia, levanta dúvidas sobre sua natureza e regime jurídico, após baixados. Com o *download*, adquire-se a propriedade, ou é mera prerrogativa de armazenamento, decorrente do acesso? Em outras palavras: o *download* não configuraria poder de uso ilimitado no tempo?

As plataformas não trazem tratativa específica acerca do ponto levantado. Aborda-se, em geral, a simples autorização para armazenamento de conteúdos baixados no próprio perfil. Seguindo esse raciocínio, é possível interpretar que os conteúdos continuariam armazenados no próprio provedor, embora na conta do usuário que realizou o *download*. De tal forma, nas plataformas de *streaming*, seja ouvindo músicas e *podcasts*, seja assistindo filmes disponibilizados e armazenados em aplicativos, fala-se antes em licença de uso do que em direito de dono. Logo, a resposta diria respeito à opção final da pergunta formalizada: o *download* importaria mero armazenamento do conteúdo baixado, sem maiores representações de domínio.

Em contrapartida, outra resposta sugere que, com o *download*, surge titularidade dos dados baixados e armazenados no perfil. Os termos de uso não negam expressamente esta alternativa e, ainda que o fizessem, é possível questioná-los enquanto disposição contratual. Nestes casos, por meio do negócio jurídico celebrado com plataformas, provedores e aplicativos, são adquiridos bens, ou o espaço para criação e incorporação de arquivos diversos, como ocorre em redes sociais, jogos eletrônicos e contas de *e-mail*. Os termos de uso não negam expressamente esta alternativa e, ainda que o fizessem, é possível questioná-los enquanto disposição contratual.

Para esta segunda afirmativa, surgem desdobramentos relacionados à onerosidade do serviço. No *Spotify* e na *Netflix* pode ou não haver onerosidade na utilização do aplicativo, pois há formas de uso temporário das plataformas gratuitamente. Na *iTunes Store*, após a criação de conta no *iCloud* da *Apple*, o acesso à plataforma permite visualizar e baixar conteúdos com ou sem custo, a depender do arquivo. Logo, é também importante avaliar se a existência ou não de contraprestação financeira pelo usuário influencia na natureza do domínio exercido no conteúdo baixado.

Diante das duas alternativas expostas, fala-se em bem ou em direito?

Antes da propagação dos serviços de *streaming* digitais, os interessados compravam, por exemplo, CDs ou DVDs para visualizar o conteúdo pretendido. Em outros casos, realizavam contrato de locação ou comodato com locadoras ou outros sujeitos, devendo promover a devolução no momento oportuno. A diferenciação entre as duas hipóteses – incorporação do item no acervo patrimonial ou mera aquisição de direito temporário – era nitidamente mais simples.

A discussão, entretanto, é mais profunda. Não há limiar definido entre o que é bem e o que é direito no cenário digital. Em algumas situações será mais fácil delimitar; em outras, mais difícil, pois mesmo o direito pode culminar em bem. No exemplo apresentado, discute-se a possibilidade de titularidade de conteúdos baixados nas próprias plataformas de *streaming*, demonstrando que o direito de acesso se desdobra na incorporação patrimonial de arquivo audiovisual disponibilizado pela plataforma. Todavia, a discussão é ainda incipiente.

Tal diferenciação, a princípio, será delimitada pelo provedor de internet, no instrumento contratual (termo de serviço). Havendo omissão ou dificuldade de entendimento das cláusulas impostas, operar-se-á a interpretação mais favorável ao usuário, conforme disposição do Código de Defesa do

Consumidor[311], qual seja: a aquisição de propriedade dos dados salvos no perfil.

Pois bem. Na ausência de disposição específicas das plataformas, a saída é clara, como acima indicado. O problema, por outro lado, é na análise da vinculatividade da previsão dos provedores de internet, quando impedem expressamente a incorporação patrimonial pelos usuários dos elementos dispostos na plataforma.

Levantando a bandeira da defesa da economicidade e do impacto na patrimonialidade, indica-se o nascimento da titularidade desses conteúdos após o *download*, especialmente em analogia com a relação consumerista na realidade analógica.

Ainda que seja complicado superar cláusula contratual negando a aquisição de conteúdo de serviço de *streaming*, é preciso analisar cuidadosamente essa conjuntura, para que os usuários não sejam prejudicados pela manutenção irrestrita de cláusulas unilateralmente impostas e pela inquestionável preservação da hegemonia dos conglomerados digitais.

3.2 Usuários X Plataformas X Herdeiros

3.2.1 Manifestações de vontade dos usuários

Um dos pontos mais desafiadores nesse tema é a compatibilização entre a validade das disposições das plataformas, o limite de manifestação de vontade dos usuários e os anseios dos herdeiros. A solução da problemática deve considerar o necessário e difícil sopesamento entre os princípios

311 "Art. 47. As cláusulas contratuais serão interpretadas de maneira mais favorável ao consumidor". BRASIL. Lei n. 8.078, de 11 de setembro de 1990. Dispõe sobre a proteção do consumidor e dá outras providências. *Diário Oficial da União*. Brasília, 12 set. 1990. Disponível em: http://www.planalto.gov.br/ccivil_03/leis/l8078 compilado.htm. Acesso em: 02 jul. 2021.

envolvidos[312].

> Dito isto, nota-se que haverá a necessidade de o magistrado efetuar juízo de proporcionalidade de direitos dos herdeiros, do morto e de terceiros, nos casos em que, após os provedores de aplicações se recusarem a liberar o acesso às redes sociais do usuário falecido, os herdeiros ajuízem ações reclamando a transferência de ditos bens digitais, dado que, de um lado estará o direito à privacidade do finado e daqueles que trocaram mensagens com ele, e de outro o direito à herança dos herdeiros[313].

Pensar no escopo da vontade dos usuários da internet significa avaliar a dimensão do exercício da autonomia privada no cenário digital. De acordo com Yochai Benkler, a ascensão da economia da informação em rede promove a autonomia individual, pela ampliação do leque de ações e buscas disponibilizados aos usuários, afetando inclusive suas percepções de mundo[314].

Na perspectiva dos usuários, garantir liberdade de escolha na destinação de seus dados digitais *post mortem* é essencial. Há legítimo interesse disponível. Assim, "do ponto de vista da autodeterminação patrimonial, a

---

312 LANA, Henrique Avelino; FERREIRA, Cinthia Fernandes. A herança digital e o direito sucessório: nuances da destinação patrimonial digital. *IBDFAM*, [s. l.], 02 jun. 2023. Disponível em: https://ibdfam.org.br/artigos/1989/. Acesso em: 12 jul. 2023.

313 SILVA, A. de Oliveira da; FRANCO, L. Dutra. Direitos da personalidade e a herança digital: uma análise da defesa póstuma dos direitos personalíssimos face a sociedade digital. *Revista* Vianna Sapiens. Juiz de Fora, v. 13, n. 1, p. 190, 2022. Disponível em: https://viannasapiens.emnuvens.com.br/revista/article/view/782. Acesso em: 28 jun. 2022.

314 Como retratado pelo autor: "From the perspective of individual autonomy, the emergence of the networked information economy offers a series of identifiable improvements in how we perceive the world around us, the extent to which we can affect our perceptions of the world, the range of actions open to us and their possible outcomes, and the range of cooperative enterprises we can seek to enter to pursue our choices". BENKLER, Yochai. *The Wealth of Networks*: How Social Production Transforms Markets and Freedom. New Heaven: Yale University Press, 2006. E-book, local. 464-465.

proposta de facultar ao próprio titular meios para que, em vida, defina os destinos de seu acervo de dados, é um caminho inexorável"[315]. Permitir que indivíduos sejam autores de sua própria história, providenciando o destino de dados pessoais e situações existenciais *post mortem* é medida de reforço à autonomia privada, como concretização do direito à propriedade privada, estabelecido no artigo 5º, *caput*, incisos XXII e XXIII, da Constituição da República[316].

Os usuários têm, pois, o direito de se resguardar de ações em sua ausência que lhes contrariem, deixando pré-estabelecido o destino desses bens digitais. Além de efetivar a autonomia privada, os testamentos eletrônicos podem solucionar um dos principais impasses – senão o principal – envolto na herança digital: a preservação dos interesses do falecido no tratamento de bens de perspectiva existencial:

> Decerto que a afirmação da autonomia privada do usuário para deliberar em vida sobre o destino do conteúdo inserido na rede é o melhor caminho. Nesse cenário, os chamados testamentos eletrônicos adquirem especial importância para o planejamento sucessório da herança digital. A rigor, tais documentos seriam úteis não somente para a destinação dos bens digitais patrimoniais, mas igualmente poderiam conter disposições sobre o conteúdo de caráter existencial inserido na rede[317].

É preciso analisar a regularidade e a validade das manifestações de

---

315 MARTINS, Guilherme Magalhães; FALEIROS JÚNIOR, José Luiz de Moura. O planejamento sucessório da herança digital. In: TEIXEIRA, Daniele Chaves (Coord.). *Arquitetura do planejamento sucessório*: Tomo II. 2. ed. 1. reimp. rev. ampl e atual. Belo Horizonte: Fórum, 2020, p. 478.

316 "Artigo 5º [...]: XXII - é garantido o direito de propriedade; [...] XXIII - a propriedade atenderá a sua função social". BRASIL. *Constituição da República Federativa do Brasil de 1988*. Brasília, 5 de outubro de 1988. Disponível em: http://www.planalto.gov.br/ccivil_03/constituicao/constituicao.htm. Acesso em: 10 abr. 2021.

317 BARBOSA, Heloísa Helena; ALMEIDA, Vitor. Tecnologia, Morte e Direito. In: TEIXEIRA, Ana Carolina Brochado; LEAL, Lívia Teixeira (Coords.). *Herança Digital*:

vontade dos usuários, especialmente quando externalizadas dentro da própria plataforma digital, analisando se tratou-se de decisão consciente, ou de mera adesão tácita a termo em relação ao qual o usuário não dedicou maior reflexão[318].

Em síntese, "o testamento virtual tem a finalidade de dispor do patrimônio digital de natureza econômica e existencial, como por exemplo as plataformas de redes sociais"[319]. Nesse sentido, Lívia Leal retrata três alternativas dispostas à seleção dos usuários. Caso se escolha pela concessão de acesso do conteúdo digital aos herdeiros, o titular do material virtual poderá: (*i*) realizar *backup* dos arquivos no próprio disco rígido do computador ou em outro meio físico e deixar senhas necessárias ao acesso anotadas aos familiares, ou (*ii*) contratar empresa que forneça senhas de acesso e outras orientações a pessoas designadas após a morte. É possível, ainda, (*iii*) que se incluam disposições em testamento ou outra forma de manifestação de vontade, acerca do destino almejado para esses conteúdos[320].

Pensando em instrumentos para a manifestação de vontade dos usuários, destaca-se o papel dos codicilos, instituto antigo do direito privado, e a figura do legado[321].

Controvérsias e Alternativas. Indaiatuba: Foco, 2021, p. 15.

318 BURILLE, Cíntia; HONORATO, Gabriel; LEAL, Livia Teixeira. Danos morais por exclusão de perfil de pessoa falecida? Comentários ao acórdão proferido na Apelação Cível n. 1119688-66.2019.8.26.0100 (TJSP). In: *Revista Brasileira de Direito Civil*. Belo Horizonte, v. 28, p. 207-227, abr./jun. 2021. Disponível em: https://rbdcivil.ibdcivil.org.br/rbdc/article/view/737. Acesso em: 15 set. 2022.

319 VALADARES, Maria Goreth Macedo; COELHO, Thais Câmara M. Fernandes. Aspectos Processuais Relacionados à Herança Digital. In: TEIXEIRA, Ana Carolina Brochado; LEAL, Lívia Teixeira (Coords.). *Herança Digital*: Controvérsias e Alternativas. Indaiatuba: Foco, 2021, p. 128.

320 LEAL, Lívia Teixeira. Internet *e morte do usuário*: Propostas para o tratamento jurídico post mortem do conteúdo inserido na rede. 2. ed. Rio de Janeiro: GZ, 2020, p. 78.

321 DELGADO, Mário Luiz. Transmissão hereditária de bens digitais na sucessão

Quanto à estrutura dos codicilos e a sua pertinência na gestão da herança digital:

> Realmente, num mundo em que os bens são cada vez mais intangíveis e digitais, é preciso adequar a forma de dispor *post mortem* à rotina digital da sociedade. Vale aqui lembrar o codicilo (CC, art. 1.881 e seguintes), que é um escrito particular, datado e assinado pelo disponente, com conteúdo específico e, a saber, disposições de bens de pequeno valor e aquelas que visam nomear ou substituir testamenteiros[322].

Os codicilos podem ostentar peculiar relevância ao "propor a outorga de licenças a pessoas previamente definidas"[323]. Respeitadas as condições de aplicação – especificidade do conteúdo de destinação, inclusão de até 10% do patrimônio e adoção de documento particular assinado e datado –, o codicilo pode ser naturalmente adaptado para a vontade de usuários no cenário digital. As poucas exigências e formalidades tornam atrativa sua recepção.

O legado, por sua vez, é ideal para registrar o destino de bens específicos a pessoa determinada e pode exercer especial função no cenário digital, facilitando a definição do novo titular daquele conteúdo pela transferência direta de propriedade. A partir da definição de um legado para determinada conta digital, por exemplo, poderiam ser evitadas desavenças familiares

testamentária. *Consultor Jurídico*, [s. l.], 11 jun. 2023. Disponível em: https://www.conjur.com.br/2023-jun-11/processo-familiar-legado-bens-digitais. Acesso em: 21 jul. 2023.

322 NEVARES, Ana Luiza Maia. Testamento Virtual: Ponderações sobre a Herança Digital e o Futuro do Testamento. In: TEIXEIRA, Ana Carolina Brochado; LEAL, Lívia Teixeira (Coords.). *Herança Digital*: Controvérsias e Alternativas. Indaiatuba: Foco, 2021, p. 188.

323 MARTINS, Guilherme Magalhães; FALEIROS JÚNIOR, José Luiz de Moura. O planejamento sucessório da herança digital. In: TEIXEIRA, Daniele Chaves (Coord.). *Arquitetura do planejamento sucessório*: Tomo II. 2. ed. 1. reimp. rev. ampl e atual. Belo Horizonte: Fórum, 2020, p. 479.

referentes à administração e ao destino dos rendimentos de uma conta no *Youtube*[324].

No âmbito dos testamentos, havendo incompatibilidade entre previsão testamentária digital registrada nas próprias plataformas e o testamento tradicional, discute-se o que deve prevalecer. O testamento, como mecanismo específico para a definição de escolhas de indivíduos para sua vida além morte e, sobretudo, de autogerenciamento patrimonial, precisa ser hábil a incluir o novo feixe de relações digitais. Sabe-se que "a cada dia serão mais comuns as disposições testamentárias que versem sobre conteúdos digitais"[325].

De um lado, há quem defenda a prevalência do testamento tradicional, pela observância de formalidades, como Gabriel Honorato e Lívia Leal, ao afirmarem que:

> Sopesando-se o dever de perseguição, ao máximo, da vontade do autor da herança, e que esta representa a externalização do direito fundamental da pessoa humana à autodeterminação informativa material, entende-se que os mecanismos tradicionais garantem maior certeza e validade quanto às intenções do morto, a exemplo do testamento público que é realizado perante tabelião dotado de fé pública ou mesmo do testamento particular que se perfaz mediante rigorosas formalidades, como a presença de três testemunhas[326].

---

324 HONORATO, Gabriel; LEAL, Lívia Teixeira. Exploração econômica de perfis de pessoas falecidas. In: TEIXEIRA, Ana Carolina Brochado; LEAL, Lívia Teixeira (Coords.). *Herança Digital*: Controvérsias e Alternativas. Indaiatuba: Foco, 2021, p. 148.

325 NEVARES, Ana Luiza Maia. Testamento Virtual: Ponderações sobre a Herança Digital e o Futuro do Testamento. In: TEIXEIRA, Ana Carolina Brochado; LEAL, Lívia Teixeira (Coords.). *Herança Digital*: Controvérsias e Alternativas. Indaiatuba: Foco, 2021, p. 187.

326 HONORATO, Gabriel; LEAL, Lívia Teixeira. Exploração econômica de perfis de pessoas falecidas. In: TEIXEIRA, Ana Carolina Brochado; LEAL, Lívia Teixeira (Coords.). *Herança Digital*: Controvérsias e Alternativas. Indaiatuba: Foco, 2021, p. 149.

De outro lado, há quem defenda a prevalência da última manifestação externalizada, ainda que seja a eletrônica. Defensora desta ideia, Ana Luiza Nevares, registra que:

> Assim, uma vez havendo conflito entre manifestação de vontade de um testamento e aquela lançada na plataforma digital, deverá prevalecer a última vontade do disponente. [...] se determinadas plataformas digitais contêm termos de uso para o acesso aos dados e informações *post mortem*, estas criam novas formas de manifestar a última vontade de seu titular e, assim, deverão prevalecer sobre anteriores disposições testamentárias[327].

A autora propõe a necessária flexibilização do rigor formal testamentário, pontuando que "os requisitos do testamento privado merecem ser revisitados, para que seja possível um testamento particular eletrônico, mediante chaves digitais específicas para aquele ato, de forma a garantir maior segurança à sua lavratura"[328].

Se o usuário deixar registrado em documento averbado em cartório ou simplesmente em nota guardada em casa, não haverá sequer garantia de que essa declaração será encontrada. O desafio também se aplica aos codicilos. A imprecisão das formas de declaração torna ainda mais difícil dar concretude à vontade. Há dúvidas ainda quanto à forma dos atos aceitáveis. É possível discutir se a realidade digital aceitaria manifestação testamentária gravada pelo usuário em arquivo de vídeo, por exemplo. Em geral, ainda é cenário de inseguranças.

Analisada a importância de que os usuários designem o destino de seus

327 NEVARES, Ana Luiza Maia. Testamento Virtual: Ponderações sobre a Herança Digital e o Futuro do Testamento. In: TEIXEIRA, Ana Carolina Brochado; LEAL, Lívia Teixeira (Coords.). *Herança Digital*: Controvérsias e Alternativas. Indaiatuba: Foco, 2021, p. 188.

328 NEVARES, Ana Luiza Maia. Testamento Virtual: Ponderações sobre a Herança Digital e o Futuro do Testamento. In: TEIXEIRA, Ana Carolina Brochado; LEAL, Lívia Teixeira (Coords.). *Herança Digital*: Controvérsias e Alternativas. Indaiatuba: Foco, 2021, p. 189.

bens após a morte e os caminhos autorizados a tal manifestação de vontade, cumpre estudar a vinculatividade desses desígnios.

As previsões deixadas pelos usuários podem atrair impasses quando contrariarem os termos de serviço de plataforma em que os dados estejam armazenados, ou a vontade dos herdeiros necessários. Analisando o caráter das escolhas feitas por usuários na plataforma, discute-se sua natureza jurídica e validade. Em síntese: qual o valor jurídico das escolhas feitas por meio dos próprios provedores? A princípio, a defesa da vinculação de cláusula testamentária mostra-se aceitável. Contudo, os conflitos decorrentes instigam reflexão.

A autonomia, como valor precioso da autodeterminação informativa dos indivíduos, compõe a tutela da personalidade, e "qualquer forma de limitação ou restrição absoluta ao poder de disposição configuraria ato de paternalismo incomparável com o pluralismo democrático que rege a ordem constitucional"[329].

Quando um usuário manifesta livremente em vida o destino escolhido para seu patrimônio – físico e virtual –, após seu falecimento, tal vontade deve ser cumprida, em prol do princípio da liberdade individual. No meio eletrônico, devem ser observadas as determinações dos indivíduos manifestadas previamente por meio válido, seja determinando a exclusão dos dados, seja decidindo pelo acesso dos sucessores àquele conteúdo.

Tais noções inspiraram a *Apple* a alterar a antiga política de exclusão automática dos dados armazenados no *iCloud* após o falecimento dos usuários, reconhecendo que essa disposição taxativa prejudicava também terceiros e interessados, que eram impedidos de ter acesso a documentos que lhes digam respeito. O novo sistema operacional do iOS 15, lançado em

329 TEIXEIRA, Ana Carolina Brochado; KONDER, Carlos Nelson. O enquadramento dos bens digitais sob o perfil funcional das situações jurídicas. In: TEIXEIRA, Ana Carolina Brochado; LEAL, Lívia Teixeira (Coords.). *Herança Digital*: Controvérsias e Alternativas. Indaiatuba: Foco, 2021, p. 34.

setembro de 2021, conta com ferramenta para a designação de contatos que poderão acessar as informações contidas na conta da *Apple* – acessadas pelo *ID Apple* – na eventual morte do usuário[330]. Conforme enunciado pela página de suporte, o "Contato de Legado é alguém que você escolhe para ter acesso aos dados da sua conta da *Apple* após a sua morte"[331].

De tal forma, o usuário do *iCloud*, para utilizar os serviços contratados, precisa anuir que um Contato de Legado previamente selecionado somente poderá acessar conteúdos específicos, de acordo com as seguintes previsões[332]:

> Dados que um Contato de Legado consegue acessar:
> Os dados que um Contato de Legado consegue acessar depende do conteúdo que o titular da conta do ID Apple armazenou no iCloud e no Backup do iCloud. Um Contato de Legado pode acessar todos os tipos de dados indicados abaixo (o titular da conta original não pode apagar esses tipos de dados). Por exemplo, o titular da conta não pode conceder acesso apenas aos apps Mensagens e Mail e apagar o Fotos do iCloud. Mas, se a pessoa tiver armazenado todas as fotos em um site de terceiros, essas fotos não estarão armazenadas com a Apple e não estarão nos dados do ID Apple.
> Os dados que um Contato de Legado consegue acessar incluem:
> • Fotos do iCloud
> • Notas
> • Mail
> • Contatos
> • Calendários
> • Lembretes
> • Mensagens no iCloud

---

330 NEW features available with iOS 15: iOS 15 Preview. *Apple*. Disponível em: https://www.apple.com/ios/ios-15-preview/features/. Acesso em: 10 jun. 2021.

331 APPLE. *Como adicionar um Contato de Legado ao ID Apple*. Disponível em: https://support.apple.com/pt-br/HT212360. Acesso em: 28 jun. 2022.

332 APPLE. *Dados que um Contato de Legado consegue acessar*. Disponível em: https://support.apple.com/pt-br/HT212362. Acesso em: 28 jun. 2022.

- Histórico de ligações
- Arquivos armazenados no iCloud Drive
- Dados de Saúde
- Gravador
- Favoritos do Safari e Lista de Leitura
- Backup do iCloud, que pode incluir apps baixados da App Store; fotos e vídeos armazenados no dispositivo; ajustes do dispositivo e outros conteúdos salvos no iCloud e não excluídos pela lista abaixo

Dados que um Contato de Legado não consegue acessar:

Os dados que não estão disponíveis para um Contato de Legado incluem:

- Mídias licenciadas, por exemplo, filmes, músicas e livros que o titular da conta adquiriu
- Compras dentro de um app, por exemplo, atualizações, assinaturas, moeda do jogo ou outro conteúdo comprado dentro de um app
- Informações de pagamento, por exemplo, informações de pagamento do ID Apple ou cartões salvos para uso com o Apple Pay
- Informações armazenadas nas Chaves do titular da conta, por exemplo, nomes de usuário e senhas do Safari, contas de Internet (usadas no Mail, Contatos, Calendário e Mensagens), números e datas de expiração de cartões de crédito e senhas de Wi-Fi.

A alteração promovida pela *Apple*, um dos maiores conglomerados digitais da atualidade, assemelha-se à política aplicada às contas da *Google*. A adoção de tais medidas reforça a inadmissibilidade da exclusão inadvertida dos dados digitais pelas plataformas, embora ainda não garanta a ampla transmissão da herança digital. Denota, outrossim, a importância de que os demais provedores também se adequem, extirpando cláusulas de automática remoção de conteúdos digitais *post mortem*.

Não há resposta pronta nem definitiva. Na ausência de parâmetros objetivos, a análise ainda precisa ser casual. A despeito das fragilidades comentadas, pelo direito à autodeterminação informativa, a expectativa é que os anseios dos usuários passem a ser mais respeitados, em detrimento da postura unilateral das plataformas.

3.2.2. *Previsões das plataformas*

Através de contratos particulares, normalmente termos de uso e de serviço, fornecedores de serviços de internet determinam se um ativo é transmissível e como será o gerenciamento, na ausência do titular da conta[333].

Cumpre analisar como se classificam os termos de serviço que regem essas relações, suas principais características e algumas questões polêmicas correlatas. De início, o serviço envolvido, contratado pelos usuários e prestado pelas plataformas, envolve vínculo contratual e, mais precisamente, relação de consumo, considerando-se que a "prestação de serviço encontra-se submetida ao regramento do Código de Defesa do Consumidor, na medida em que há onerosidade indireta"[334].

No Brasil, já foi estabelecido que as relações entre usuários e plataformas digitais são consumeristas, ainda que o serviço prestado pelo provedor não requeira direta contraprestação financeira. Como esclarecido em julgamento do Superior Tribunal de Justiça, em acórdão de relatoria da Ministra Nancy Andrighi, a exploração econômica da condição de usuário pelas plataformas representa remuneração indireta. Tal exploração pode se dar de variadas formas, como, por exemplo, vendendo dados dos usuários a terceiros interessados. No acórdão, entendeu-se que "o termo mediante remuneração, contido no art. 3º, §2º, do CDC, deve ser interpretado de forma

---

333 Sobre o tema: "Through private contracts, internet service providers determine if an asset is descendible and how it is distributed without direction from an account holder" BANTA, Natalie M. Inherit the Cloud: The Role of Private Contracts in Distributing or Deleting Digital Assets at Death. *Fordham Law Review*, 2014, v. 83, p. 817. Disponível em: https://ssrn.com/abstract=2561871. Acesso em: 22 out. 2019.

334 LEAL, Livia Teixeira. Internet e a morte do usuário: a necessária superação do paradigma da herança digital. In: *Revista Brasileira de Direito Civil*, Belo Horizonte, v. 16, p. 194, abr./jun. 2018. Disponível em: https://rbdcivil.ibdcivil.org.br/rbdc/article/view/237. Acesso em: 07 out. 2019.

ampla, de modo a incluir o ganho indireto do fornecedor"[335].

Mesmo as plataformas que não exigem pagamento direto para acesso dos usuários ostentam onerosidade, pois "por trás do alardeado serviço gratuito, esconde-se um *contrato oneroso*, recompensado pela cessão gratuita dos dados pessoais, e *sinalagmático*, uma vez que a empresa só disponibiliza a plataforma digital em troca e por causa da cessão gratuita dos dados pessoais"[336].

Ainda que os termos dos provedores, aceitos pelos usuários, sejam o mecanismo hábil a reger os impasses decorrentes dessa relação, o contrato nem sempre é a última palavra. Assim como ocorre normalmente no direito privado aplicável ao mundo analógico, a relação entre contratantes pode conter termos desarrazoados ou inconcebíveis, especialmente tratando-se de relação de consumo, formalizada por contrato de adesão.

Afirma-se que: "a relação com as plataformas sofre assimetrias estruturais de informação e poder de barganha, de modo que o exercício da autonomia privada deve ser cuidadosamente triado e controlado pelo sistema legal, para que não se transforme em mera mistificação"[337]. Pela natureza

---

335 BRASIL. Superior Tribunal de Justiça (Terceira Turma). *Recurso Especial 1444008/RS*. Relatora: Minª. Nancy Andrighi, 25 out. 2016. Diário da Justiça Eletrônico, 09 nov. 2016. Disponível em: https://scon.stj.jus.br/SCON/GetInteiroTeorDoAcordao?num_registro=201400646460&dt_publicacao=09/11/2016. Acesso em: 12 abr. 2021.

336 FRITZ, Karina Nunes. A Garota de Berlim e a Herança Digital. In: TEIXEIRA, Ana Carolina Brochado; LEAL, Lívia Teixeira (Coords.). *Herança Digital*: Controvérsias e Alternativas. Indaiatuba: Foco, 2021, p. 239. Destaque da autora.

337 Tradução livre. No original: "Il rapporto con le piattaforme soffre di strutturali asimmetrie informative e di potere negoziale, sicché è opportuno che l'esercizio dell'autonomia privata sia attentamente vagliato e controllato dall'ordinamento perché questo non si traduca in una mera mistificazione". RESTA, Giorgio. La successione nei rapporti digitali e la tutela post-mortale dei dati personali. In: AMAYUELAS, Esther Arroyo et al. (Orgs.). *Casi controversi in materia di diritto delle successioni*: Esperienze straniere. Collana del Dipartimento di Scienze Giuridiche dell'Università di Verona. Napoli: Edizioni Scientifiche Italiane, 2019, v. 2, p. 994.

do instrumento contratual, ainda, "os usuários do serviço, de regra, não leem todos os seus infindáveis termos, dispostos em cláusulas de adesão"[338].

No precedente do *Bundesgerichtshof* analisado neste trabalho, a Corte infraconstitucional ou Tribunal Federal de Justiça alemão, declarou abusiva e nula a cláusula do *Facebook* que entende ser necessária a indicação de contato herdeiro para acessar a conta. Como asseverado por Karina Fritz, ao analisar o caso:

> De início, o BGH fez questão de salientar que o contrato do Facebook com o usuário pode e deve ser submetido ao controle de abusividade pelo Judiciário, como qualquer outro contrato. E, analisando o conteúdo do contrato - que, não custa relembrar, é de adesão - considerou abusiva e, consequentemente, nula a cláusula imposta pelo Facebook em seus Termos de Uso (condições contratuais gerais) que transforma automaticamente a conta em memorial, bloqueando o acesso de qualquer pessoa, salvo o contato herdeiro indicado[339].

O exemplo reforça que contratos *business to consumers* no âmbito digital também podem conter abusividades. Não é porque determinada cláusula está contida em termo de serviço de plataforma digital que deverá vigorar.

Ainda em 2013, as autoras Lilian Edwars e Edina Harbinja ressaltaram a realização de breve pesquisa, que obteve como resultado a conclusão de que consumidores têm dificuldade de entender termos e condições de uso na forma apresentada pelas plataformas em relação ao universo dos ativos

---

338 TERRA, Aline de Miranda Valverde; OLIVA, Milena Donato; MEDON, Filipe. Acervo Digital: controvérsias quanto à sucessão *causa mortis*. In: TEIXEIRA, Ana Carolina Brochado; LEAL, Lívia Teixeira (Coords.). *Herança Digital*: Controvérsias e Alternativas. Indaiatuba: Foco, 2021, p. 61.

339 FRITZ, Karina Nunes. Leading case: BGH reconhece a transmissibilidade da herança digital. *Migalhas* – German Report, [*s. l.*], 13 ago. 2019. Disponível em: https://www.migalhas.com.br/GermanReport/133,MI308578, 51045-. Acesso em: 07 out. 2019.

digitais[340].

No *Facebook*, não há esclarecimentos a respeito das atribuições do contato herdeiro no gerenciamento do memorial, nem quanto ao pedido de remoção da conta pelos herdeiros. Nesse sentido, é temerário esperar que essas organizações solucionem o problema da clareza na manifestação de vontade dos usuários.

A falta de clareza nas disposições do *Facebook* instigou a criação de instituição, a *Digital Legacy Association*[341], para auxiliar e conscientizar interessados, orientando desde usuários até familiares, amigos e herdeiros em geral, quanto às possibilidades de destinação de perfis e dados na rede social *post mortem*.

A difícil compreensão dos termos também prejudica a validade das regras estabelecidas unilateralmente pela plataforma controladora dos dados. Se nem há total clareza das cláusulas impostas aos usuários, não dá para dizer que os termos serão necessariamente aplicados. Assim, as noções estabelecidas pelos provedores devem ser tomadas com cautela.

No caso do *YouTube*, indaga-se se a plataforma deveria aceitar disposição testamentária determinando a transmissão sucessória de determinada conta, especialmente considerando que há canais cujos valores de alienação podem atingir números astronômicos, pelo potencial de alcance e interação.

Os serviços de armazenamento em nuvem, essencialmente, são

---

340 Tradução livre. No original: "In a brief survey of important online intermediaries in the digital assets world, what is immediately noticeable is that there is no single model of good practice. Instead for consumers there is a confusing jungle of difficult to understand terms and conditions". EDWARDS, Lilian; HARBINJA, Edina. What Happens to My Facebook Profile When I Die?: Legal Issues Around Transmission of Digital Assets on Death. In: MACIEL, Cristiano. PEREIRA, Vinícius Carvalho (Eds.). *Digital Legacy and Interaction*: Post-mortem issues. Nova York: Springer, 2013, p. 127.

341 FACEBOOK Digital Assets and Digital Legacy Tutorial. *Digital Legacy Association*. Disponível em: https://digitallegacyassociation.org/facebook-tutorial/. Acesso em: 11 fev. 2021.

verdadeiros contratos de depósito de materiais no universo digital, tipo previsto no artigo 627 do Código Civil[342]. Tal modalidade contratual tem como premissa básica a devolução do conteúdo depositado. Assim, a existência de cláusulas vedando a transferência dos arquivos armazenados após a morte do titular viola as disposições do contrato de depósito. Destaca-se que "mesmo no depósito irregular, em que a propriedade é transmitida ao depositário, o dever de restituir bens da mesma espécie, quantidade e qualidade quando encerrada a relação contratual se mantém"[343].

Em relação à "expropriação" realizada pelas plataformas que excluem automaticamente os dados digitais nos casos de morte do titular, ou simplesmente impedem o acesso legítimo dos herdeiros, conservando os dados para seus exclusivos interesses financeiros:

> No cenário atual, o acervo digital, prometido para sobreviver ao indivíduo, morre com ele por decisão da plataforma. Há, portanto, em muitos casos, reversão de expectativa – quando não verdadeira expropriação – se ao dono do acervo digital não é dado escolher entre a perenidade e transmissibilidade do conteúdo ou sua exclusão diante da morte, nos limites e na forma da lei[344].

---

342 "Art. 627. Pelo contrato de depósito recebe o depositário um objeto móvel, para guardar, até que o depositante o reclame". BRASIL. Lei n.10.406, de 10 de janeiro de 2002. Institui o Código Civil. *Diário Oficial da União.* Brasília, 11 jan. 2002. Disponível em: http://www.planalto.gov.br/ccivil_03/leis/2002/l10406compilada.htm. Acesso em: 11 abr. 2021.

343 TERRA, Aline de Miranda Valverde; OLIVA, Milena Donato; MEDON, Filipe. Herança digital e proteção ao consumidor contra cláusulas abusivas. *Revista de Direito do Consumidor*, v. 135, p. 335-350, maio/jun. 2021. Disponível em: <http://amvt.com.br/wp-content/uploads/2021/06/Heran%C3%A7a-digital-e-prote %C3%A7%C3%A3o-do-consumidor-contra-cl%C3%A1usulas-abusivas-Terra-Oliva-e-Medon.pdf>. Acesso em: 01 jul. 2021. Versão digital, p. 04.

344 TERRA, Aline de Miranda Valverde; OLIVA, Milena Donato; MEDON, Filipe. Acervo Digital: controvérsias quanto à sucessão causa mortis. In: TEIXEIRA, Ana Carolina Brochado; LEAL, Lívia Teixeira (Coords.). *Herança Digital*: Controvérsias e

Para Giorgio Resta, a previsão de unilateral exclusão dos dados pelas plataformas resulta em significativo desequilíbrio de posições contratuais, constatando, por conseguinte, tratar-se de cláusula abusiva[345].

Assim, as cláusulas que preveem a intransmissibilidade e a automática exclusão do conteúdo na plataforma, com a morte do titular, devem ser consideradas "nulas de pleno direito à luz do artigo 51, inciso IV, do CDC (LGL\1990\40), cabendo aos herdeiros ingressar em juízo para obter legitimamente o acesso a tais bens"[346].

Como retratado por Karina Fritz, em alusão ao julgamento do Tribunal alemão BGH –"2.1.2 Precedente contra o Facebook na Alemanha" –, os contratos assinados com as plataformas digitais são transmitidos sucessoriamente, com exceção daqueles que possuem oposição pela natureza jurídica. Por tal entendimento, como os termos de serviço analisados não são personalíssimos, não haveria óbice à transmissão. É o que aduz no seguinte trecho: "salvo acordo ou disposição expressa do falecido vetando a transmissibilidade do conteúdo digital, o contrato de uso da plataforma digital só seria intransmissível aos herdeiros se isso contrariasse sua natureza jurídica"[347].

Alternativas. Indaiatuba: Foco, 2021, p. 65.

345 Como verificado no trecho: "In quanto la cessazione unilaterale del rapporto, con contestuale cancellazione dei dati, potrebbe determinare un 'significativo squilibrio' delle posizioni contrattuali, con conseguente giudizio di abusività della clausola" RESTA, Giorgio. La "morte" digitale. *Il diritto dell'informazione e dell'informatica.* Milão: Giuffrè, a. 29, v. 6, 2014. p. 909.

346 TERRA, Aline de Miranda Valverde; OLIVA, Milena Donato; MEDON, Filipe. Herança digital e proteção ao consumidor contra cláusulas abusivas. *Revista de Direito do Consumidor*, v. 135, p. 335-350, maio/jun. 2021. Disponível em: <http://amvt.com.br/wp-content/uploads/2021/06/Heran%C3%A7a-digital-e-prote%C3%A7%C3%A3o-do-consumidor-contra-cl%C3%A1usulas-abusivas-Terra-Oliva-e-Medon.pdf>. Acesso em: 01 jul. 2021. Versão digital, p. 06.

347 FRITZ, Karina Nunes. A Garota de Berlim e a Herança Digital. In: TEIXEIRA, Ana Carolina Brochado; LEAL, Lívia Teixeira (Coords.). *Herança Digital*: Controvérsias e

Completa a autora, em outra oportunidade, reforçando que a natureza não personalíssima desses contratos com plataformas digitais permite a transmissão sucessória das contas, em imbatível argumento contra a pretensão dos provedores de automática remoção e exclusão das contas após o óbito dos usuários:

> Os deveres de prestação assumidos pela plataforma digital, especialmente o de viabilizar o acesso à conta e ao conteúdo armazenado, não têm cunho personalíssimo, pois as prestações devidas a um usuário em nada se distinguem das prestações devidas a todos os demais usuários do planeta. Em regra, não há sequer o controle, pelas plataformas digitais, da verdadeira identidade do outro contratante, como o comprovam os inúmeros perfis falsos, o que também afasta o caráter personalíssimo da prestação e do contrato[348].

Os termos de serviço ocupam papel de instrumento contratual, de forma que a sujeição de indivíduos com plataformas digitais configura relações de consumo. Assim, os contratos, incluindo os consumeristas digitais, compõem o conjunto de relações jurídicas transferidas sucessoriamente. Conclui-se que manifestação de vontade do usuário pela transmissão sucessória de dados deve ser respeitada, ainda que em oposição às plataformas ou contrariando termos de uso do provedor, em atenção à autonomia individual e ao direito dos herdeiros.

3.2.3 Direitos dos herdeiros

E quando o próprio usuário externaliza desejo que prejudica os interesses dos herdeiros: deve ser respeitada a autodeterminação informativa, ou

---

Alternativas. Indaiatuba: Foco, 2021, p. 240.

348 FRITZ, Karina Nunes. Herança digital: quem tem legitimidade para ficar com o conteúdo digital do falecido? In: MARTINS, Guilherme Magalhães; LONGHI, João Victor Rozatti (Coords.). *Direito digital*: direito privado e internet. 3. ed. atual. rev. e ampl. Indaiatuba: Foco, 2020, p. 205.

devem ser tutelados os direitos dos sucessores? É preciso investigar a conciliação entre a vontade de remoção do conteúdo e o direito dos herdeiros à incorporação do patrimônio do *de cujus*.

A princípio, o poder autônomo dos usuários deve ganhar destaque. O interesse do titular dos dados deve ser priorizado na definição do destino de seu patrimônio digital *post mortem*. Assim, em regra, a vontade dos usuários deverá ser respeitada, ainda que prejudique interesses de herdeiros. E seria, então, dever dos herdeiros respeitar a vontade dos usuários manifestada em conta de plataforma digital[349]. Por tal visão, apenas na ausência de manifestação de vontade dos usuários seria possível dar prioridade aos interesses dos sucessores.

Pensa-se na situação em que usuário designa como administrador de conta digital pessoa diversa dos herdeiros necessários. Embora vigore presunção de que herdeiros têm melhores condições de tutelar bens depois da morte, nem sempre essa é a realidade. É preciso pensar em formas de tutela que não se restrinjam somente aos familiares. Tal necessidade não é exclusiva ao meio digital, no entanto, é na realidade virtual que aparece de forma premente, sobretudo pelas particularidades de gerenciamento do meio.

Everilda Brandão destaca que a administração dos dados pessoais digitais deve ser realizada pelo inventariante ou por outra pessoa designada previamente pelo usuário em testamento[350]. De tal forma, é possível aceitar a opção cunhada pelo titular da conta, ainda que frustre interesses dos sucessores. Tal hipótese será mais facilmente aceita quando acompanhada de

---

349 BURILLE, Cíntia; HONORATO, Gabriel; LEAL, Livia Teixeira. Danos morais por exclusão de perfil de pessoa falecida? Comentários ao acórdão proferido na Apelação Cível n. 1119688-66.2019.8.26.0100 (TJSP). In: *Revista Brasileira de Direito Civil.* Belo Horizonte, v. 28, p. 207-227, abr./jun. 2021. Disponível em: https://rbdcivil.ibdcivil.org.br/rbdc/article/view/737. Acesso em: 15 set. 2022.

350 GUILHERMINO, Everilda Brandão. Direito de Acesso e Herança Digital. In: TEIXEIRA, Ana Carolina Brochado; LEAL, Lívia Teixeira (Coords.). *Herança Digital*: Controvérsias e Alternativas. Indaiatuba: Foco, 2021, p. 100-101.

justificativa expressa do usuário, esclarecendo o motivo pelo qual outra pessoa ficará encarregada de seus ativos em plataformas digitais, como, por exemplo, no caso do amigo ou colega de trabalho ter mais conhecimento dos negócios desenvolvidos pelo *de cujus*.

Ainda, uma *digital influencer* ou um *youtuber* podem desejar que a empresa que normalmente lhes presta suporte na manutenção do perfil no *Instagram* ou do canal no *YouTube*, respectivamente, gerencie a conta após sua eventual morte, com receio de que a família não tenha condições de exercer tal atividade. Claro, desde que os frutos da conta sejam integrados ao espólio, sem ignorar os direitos dos herdeiros.

Lado outro, apesar da relevância da preservação e concretização da autodeterminação individual, em certos casos, os anseios individuais serão superados por justificadas vontades alheias de legítimos interessados, pela proteção do direito de herança.

Sobre o direito hereditário, Orlando Gomes ensina que:

> [...] a herança não é mais do que a extensão da propriedade privada além dos limites da vida humana. O próprio Menger reconhece que está intimamente ligado o destino das duas instituições, a propriedade e sucessão. Se a apropriação individual de bens de qualquer espécie é legalmente protegida, e até estimulada, não se justifica a expropriação com a morte do proprietário. Em todos os tempos, a *sucessão* tem sido admitida, e até nos povos que aboliram a propriedade privada dos bens de produção, ocorre em relação aos bens de uso e consumo[351].

Aprofundando no fenômeno sucessório digital, defende-se que os "contratos atípicos de utilização do espaço digital" são transmitidos de forma automática aos sucessores, pelo princípio de *saisine*:

> [...] retomando a análise da relação contratual entre usuário e plataformas

351 GOMES, Orlando. *Sucessões*. 17. ed. rev. e atual. por Mario Roberto C. de Faria. BRITO, Edvaldo (Coord.). Rio de Janeiro: Forense, 2019.

> digitais, pode-se dizer que, uma vez que essa relação jurídica é um *contrato atípico de utilização do espaço digital*, de natureza consumerista (para empresas: civil), marcado pela troca de prestação e contraprestação, conclui-se ser ele transferido automaticamente aos herdeiros no momento de abertura da sucessão por força do princípio da sucessão universal, segundo o qual todo o patrimônio, isto é, todas as relações jurídicas do falecido transmitem-se aos sucessores no momento da morte – exceto as que se devam extinguir por sua natureza, por força de lei, acordo ou pela vontade do autor da herança[352].

Cada indivíduo possui inequivocamente direito à auto disposição patrimonial. Todavia, tal prerrogativa encontra limitação no direito à herança, derivado do princípio da solidariedade familiar. Fala-se, assim, em um direito fundamental à herança, que mitiga o poder individual[353].

De certa forma, soa complicado herdeiros decidirem pela personalidade do falecido, sem o consentimento deste. Todavia, em hipóteses específicas, a restrição imposta pelos usuários admite revisão, em prol exatamente dos direitos de herdeiros.

É inaceitável vedar o direito sucessório, especialmente considerando a expressão econômica do patrimônio digital[354], considerando as quatro premissas a seguir: (*i*) a objetividade do direito à herança; (*ii*) a complexa ou impossível separação entre bens existenciais, patrimoniais e híbridos; (*iii*) o

---

352 FRITZ, Karina Nunes. Herança digital: quem tem legitimidade para ficar com o conteúdo digital do falecido? In: MARTINS, Guilherme Magalhães; LONGHI, João Victor Rozatti (Coords.). *Direito digital*: direito privado e internet. 3. ed. atual. rev. e ampl. Indaiatuba: Foco, 2020, p. 204.

353 DELGADO, Mário Luiz. *Direito fundamental de herança*: sob a ótica do titular do patrimônio. Indaiatuba, SP: Editora Foco, 2023.

354 CALDAS, L. Figueiredo de Lima; MORAIS, R. Rodrigues Medeiros Mitchell de. Herança Digital Bens Virtuais Como Patrimônio Sucessório. *Revista de Estudos Jurídicos do UNI-RN*, n. 3, p. 149, 28 nov. 2019. Disponível em: http://revistas.unirn.edu.br/index.php/revistajuridica/article/view/. Acesso em: 28 jun. 2022.

potencial valor financeiro dos bens existenciais; (*iv*) a legitimidade dos herdeiros para zelar pela proteção da personalidade *post mortem*.

Pontes de Miranda foi perspicaz ao ponderar que a sucessão *causa mortis* não se relaciona com a personalidade do morto[355], pois, deveras, a personalidade se extingue com a morte e na sucessão falamos eminentemente de transmissão patrimonial. A despeito da genialidade da afirmação, não se pode olvidar que, ainda que os aspectos individuais sejam particulares e intransmissíveis, os herdeiros são legitimados à tutela póstuma da personalidade de pessoas falecidas, desempenhando o papel de zelar pela preservação do espectro da personalidade no momento pós vida.

A legitimidade dos herdeiros para defender a projeção da personalidade após a morte é resguardada pelos art. 12 e art. 20 do Código Civil[356] e confirmada pela súmula n. 642 do STJ[357].

Cita-se hipótese em que o titular, por testamento, requeira o encerramento da conta tão logo confirmada sua morte, impedindo a transmissão. É franqueado a pessoa famosa e que aufira substanciais lucros no universo digital impedir que seus herdeiros obtenham rendimentos com sua imagem e suas contas digitais *post mortem*? Parece que não.

No ambiente analógico, é sabido que obra do famoso escritor Franz Kafka foi publicada, após sua morte, contra sua vontade. O autor deixou carta endereçada a um amigo, requisitando expressamente que se queimasse tudo o que produzira em vida, sem que ninguém lesse, o que foi

355 PONTES DE MIRANDA. *Tratado de Direito Privado*: Parte Especial – Tomo LV – Direito das Sucessões. 3. ed. 2. reimp. São Paulo: RT, 1984.

356 Ver notas de rodapé n. 184 e 185.

357 BRASIL. Superior Tribunal de Justiça. Súmula n. 642. O direito à indenização por danos morais transmite-se com o falecimento do titular, possuindo os herdeiros da vítima legitimidade ativa para ajuizar ou prosseguir a ação indenizatória. Brasília, 15 dez. 2010. *Diário da Justiça Eletrônico*, 10 fev. 2011. Disponível em: https://www.stj.jus.br/publicacaoinstitucional/index.php/sumstj/author/proofGalleyFile/11573/11697. Acesso em: 28 jun. 2022.

desrespeitado[358].

Em sentido oposto ao questionamento anterior: o que fazer quando o usuário previamente manifestou desejo de ter sua conta convertida em memorial, como um espaço de recordações digitais de seus momentos e sua presença em vida, e a família, posteriormente, decide ir contra esse desejo e requerer a remoção do perfil? Qual interesse deve prevalecer?

Situação similar ocorreu no caso judicial apresentado ao Judiciário do Mato Grosso do Sul em 2013, como retratado no "Caso 6" no item "2.3.1 Aplicação jurisprudencial no Brasil", em que a mãe de usuária falecida requereu a remoção da conta da filha no *Facebook*, alegando que o memorial virara um "muro de lamentações", agravando a saudade e trazendo sofrimento à família, pelo fato de que "a constante rememoração provocada pelo resgate e compartilhamento de fotos, vídeos, escritos, etc. daquele que faleceu pode representar um intenso sofrimento para outros usuários"[359]. Neste caso, como registrado, o encerramento da conta foi determinado por decisão judicial, a despeito de a usuária ter, pelos termos de serviço da plataforma, anuído com a manutenção do memorial na eventualidade de sua morte.

A plataforma negou a exclusão da conta ao argumento de que a usuária manifestou vontade ao anuir aos termos de serviço que estabeleciam a conversão da página em memorial, e que tal disposição se transmite

358 BATUMAN, Elif. *O último processo*: A disputa jurídica e literária em torno do espólio de Franz Kafka. Tradução de Paulo Migliacci. Folha de São Paulo. São Paulo, 10 out. 2010. Literatura. Disponível em: https://www1.folha.uol.com.br/fsp/ilustrissima/il1010201006.htm. Acesso em: 12 mar. 2021. A título de curiosidade, o acervo deixado por Franz Kafka foi alvo de recentes disputas judiciais entre o Arquivo Alemão de Literatura de Marbach, a Biblioteca Nacional de Israel e a senhora Eva Hoffe, como retratado na obra: BALINT, Benjamin. O último processo de Kafka: a disputa por um legado literário. 1. ed. Tradução de Rodrigo Breunig. Porto Alegre: Arquipélago, 2021.

359 LEAL, Lívia Teixeira. *Internet e morte do usuário*: Propostas para o tratamento jurídico post mortem do conteúdo inserido na rede. 2. ed. Rio de Janeiro: GZ, 2020, p. 28.

sucessoriamente aos herdeiros. Todavia, tal defesa contém incongruência, pois a plataforma defende somente a transferência da disposição de criação do memorial, e não do direito de substituição da posição contratual original do *de cujus*, para o devido acesso à conta, ignorando o dever assumido contratualmente de fornecer acesso à conta, e que também deve ser objeto de sucessão.

De fato, os contratos firmados pelo *de cujus* integram a herança – com exceção apenas dos contratos pessoais e, segundo a visão empregada pela Corte alemã, não há pessoalidade nesses casos. Assim, como o contrato assinado com a plataforma integra o espólio, os direitos e obrigações contratuais devem ser automaticamente transmitido aos herdeiros[360], incluindo não apenas a cláusula que estabelece a criação do memorial, mas também a necessidade de conceder acesso aos dados que integram o patrimônio do usuário falecido aos herdeiros.

Nesse aspecto, ainda, há que se analisar a vinculatividade da referida cláusula, aferindo se a anuência foi realizada conscientemente, por efetivo desejo da usuária, ou se houve mera adesão aos termos disciplinados para navegação na plataforma, sem a devida manifestação de consentimento para o memorial.

Segundo Karina Fritz, "a cláusula da intransmissibilidade da herança digital promove uma alteração unilateral no dever de prestação principal do contrato, que consiste em viabilizar o acesso e a disposição da conta e do conteúdo armazenado aos usuários – e, com a morte, a seus sucessores"[361].

---

360 ROSA, Conrado Paulino da; BURILLE, Cíntia. A Regulação da Herança Digital: Uma breve análise das experiências espanhola e alemã. In: TEIXEIRA, Ana Carolina Brochado; LEAL, Lívia Teixeira (Coords.). *Herança Digital*: Controvérsias e Alternativas. Indaiatuba: Foco, 2021, p. 251.

361 FRITZ, Karina Nunes. Leading case: BGH reconhece a transmissibilidade da herança digital. *Migalhas* – German Report, [s. l.], 13 ago. 2019. Disponível em: https://www.migalhas.com.br/GermanReport/133,MI308578,5104 5-. Acesso em: 07 out. 2019.

Pontua-se que a liberdade de escolha dos usuários deve ganhar prioridade, embora nem sempre deva prevalecer, pois há casos em que a vontade dos herdeiros deverá ser tutelada, seja no sentido de remoção ou de acesso ao conteúdo.

A ideia de ampla transmissão sucessória digital compreende os poderes de acessar o conteúdo digital deixado pelo falecido e de escolher livremente entre todas as decisões cabíveis. Envolve, portanto, as possibilidades de exclusão, manutenção, gestão, retroalimentação e exploração econômica dos dados e contas virtuais.

Na realidade de confronto entre provedores de internet e herdeiros de usuários mortos, a defesa da ampla transmissibilidade dos ativos digitais aos sucessores põe-se ainda mais relevante. Garantir acesso, controle, gerenciamento e poder de decisão aos herdeiros, além de assegurar a necessária sobrevivência e o princípio da solidariedade familiar, evita que plataformas mantenham injustificado poder exclusivo sobre os dados dos usuários, inclusive obtendo lucros com alienação de informações ali contidas.

O planejamento sucessório ainda não é tendência. Sendo raras as disposições prévias dos usuários, há poucas situações de possível choque entre interesses de titulares de ativos digitais e herdeiros. Enquanto perdurar tal cenário, serão mais frequentes os confrontos entre os termos aderidos pelo titular no acesso às plataformas digitais e os direitos e anseios dos sucessores. Na ausência de disposição do autor da herança, deve prevalecer o interesse dos sucessores em detrimento dos termos das plataformas, considerando que a lei, eminentemente, protege os interesses comerciais[362].

---

362 Sobre o tema: "Since the law protects commercial interests, there is ample room for protecting a family's interest in the information stored on an individual's online accounts if she has not made her wishes known concerning his digital asset personal privacy". BANTA, Natalie M. Death and Privacy in the Digital Age. *North Carolina Law Review*, v. 94, n. 927, 2016, p. 979. Disponível em: https://ssrn.com/abstract=2798812. Acesso em: 31 out. 2019).

No mundo analógico, a vontade do titular comporta limites, dentro de determinações legais como o instituto da legítima e aspectos fiscais. No universo digital, restrições à vontade dos usuários também devem ser impostas. Os titulares de dados e contas digitais não podem injustificadamente requerer a automática exclusão dos ativos eletrônicos após sua morte, negando aos herdeiros a possibilidade de continuação da exploração patrimonial daqueles ativos, se este era o principal meio de sobrevivência do indivíduo. Quando o proprietário de um açougue falece, por exemplo, é facultado a seus herdeiros a continuidade do exercício daquela atividade laboral. Tal realidade deve ser transportada para o contexto digital.

Em resumo: a autonomia privada dos usuários deve ser sempre privilegiada, tanto no confronto com as determinações de plataformas digitais, quanto com os anseios dos herdeiros. Deve ser assegurada a execução e a validade da capacidade testamentária. Excepcionalmente, o princípio da solidariedade familiar sobrepor-se-á às escolhas dos usuários, para garantir a sobrevivência financeira dos sucessores.

Os conflitos encontrados são ainda muito particulares, requerendo profunda e contextualizada análise casuística. Todavia, a *casuisticalidade* traz novos problemas, centrados na insegurança jurídica, com diferentes posicionamentos para casos similares, e na excessiva utilização do Poder Judiciário, conforme criticado em:

> A hiperjudicialização brasileira é um fenômeno mundial atípico. A partir desse enfoque, se todos os casos envolvendo herança digital tiverem como nascedouro a análise do teor de termos de uso das plataformas, nem sempre semelhantes, é inegável que esse tipo de imbróglio deverá ser decidido pelas Cortes de vértices brasileiras, para que se busque, no mínimo, uma padronização de entendimento, por meio da fixação de precedentes [...]"[363].

Os argumentos apresentados pretendem servir de diretrizes no estudo

---

363 GARCIA, Fernanda Mathias de Souza. *Herança digital*: o direito brasileiro e a experiência estrangeira. Rio de Janeiro: Lumen Juris, 2022, p. 117.

dos casos e, sobretudo, na busca de caminhos mais objetivos, em prol da segurança nas decisões.

3.3 Interesses Envolvidos

3.3.1 Hegemonia das Big Techs

Adentra-se no escopo herança digital, identificando os reais interesses envolvidos. A sistemática envolve três espectros que tencionam os principais embates entre as teorias de transmissibilidade digitais: os usuários, os herdeiros e as plataformas digitais.

Para a projeção de cada um dos interesses, inicia-se com a análise particular do contexto das empresas de tecnologia, colocando em destaque o que vem por traz da notória hegemonia dos conglomerados digitais.

É comum que as plataformas de internet estabeleçam alguma orientação para as situações de morte dos usuários. Orientação que, quase sempre, refere-se à proibição da transferência ampla e irrestrita de dados, informações de acesso e contas digitais[364].

Segundo Natalie Banta, há quatro estratégias normalmente seguidas por plataformas de internet em relação à transmissão sucessória de bens digitais, sendo elas: (*i*) a proibição expressa de transferência da conta após a morte do titular; (*ii*) a permissão, excepcionalmente, da transferência com a autorização do provedor; (*iii*) a permissão expressa, após devidamente comprovada a morte do titular; e (*iv*) a omissão sobre o tema[365].

---

364 LEAL, Lívia Teixeira. Tratamento jurídico do conteúdo disposto na Internet após a morte do usuário e a denominada herança digital. In: TEIXEIRA, Daniele Chaves (Coord.). *Arquitetura do planejamento sucessório*: Tomo II. 2. ed. 1. reimp. rev. ampl e atual. Belo Horizonte: Fórum, 2020, p. 229.

365 BANTA, Natalie M. Inherit the Cloud: The Role of Private Contracts in Distributing or Deleting Digital Assets at Death. *Fordham Law Review*, 2014, v. 83, p. 817. Disponível em: https://ssrn.com/abstract=2561871. Acesso em: 22 out. 2019.

Na segunda opção, inserem-se os casos em que, com autorização da plataforma, os usuários expressam em vida o desejo de transmissão. Refere-se à situação em que usuários manifestam vontade de que a página no *Facebook* seja convertida em memorial, dentro das alternativas fornecidas pela plataforma.

A terceira opção, de permissão expressa de transmissão, é rara. Verifica-se, parcialmente, no caso do *YouTube*, que autoriza aos herdeiros não o acesso à conta, e sim aos frutos monetizados da utilização do perfil, enquanto expressão patrimonial pendente do acordo firmado com o usuário.

A autora ainda ressalta que, "ao aceitar os termos de serviço estabelecidos pela plataforma, usuários se submetem às políticas estabelecidas pelos provedores, incluindo a possibilidade de que plataformas alterem suas regras quanto à sucessão de bens digitais a qualquer momento"[366].

O abuso de poder e a gestão indevida das plataformas digitais são evidentes e têm ensejado casos isolados de penalização internacionalmente. A preocupação com a atuação das plataformas digitais é tão necessária que o Parlamento Europeu aprovou novas regras, impondo, dentre outras determinações, maior necessidade de transparência nos serviços digitais[367].

No cenário judicial, o *Facebook* foi condenado pelo TJMG a reativar conta de usuária na plataforma Instagram que excluiu injustificadamente,

366 Tradução livre. No original: "By agreeing to use the service, account holders bind themselves to the contractual terms and policies of the service provider. Service providers are free to change or update their policies regarding whether the assets are descendible at any time". BANTA, Natalie M. Inherit the Cloud: The Role of Private Contracts in Distributing or Deleting Digital Assets at Death. Fordham Law Review, 2014, v. 83, p. 819. Disponível em: https://ssrn.com/abstract=2561871. Acesso em: 22 out. 2019.

367 SERVIÇOS digitais: novas regras para um ambiente em linha mais seguro e aberto. *Parlamento Europeu*, Comunicado de Imprensa, Sessão Plenária [s. l.], 05 jul. 2022. Disponível em: https://www.europarl.europa.eu/news/pt/press-room/20220701IPR34364. Acesso em: 13 jul. 2022.

além de pagar a quantia de cinco mil reais ao titular das contas, a título de reparação por danos extrapatrimoniais, reconhecendo que a usuária é profissional autônoma e utiliza a rede social para divulgar seu trabalho[368].

Cite-se ainda o escândalo decorrente da divulgação da Cambridge Analítica de que a rede social estava coletando indevidamente os dados dos usuários, em 2018[369].

Em setembro de 2022, foi a vez da Irlanda aplicar multa de 405 milhões de euros ao *Instagram*, pelo tratamento irregular de dados de jovens de 13 a 17 anos[370].

O próprio governo brasileiro, por parte do Ministério da Justiça e Segurança Pública e do Departamento de Proteção e Defesa do Consumidor, aplicou ao *Facebook* em 2019 multa no valor de R$6,6 milhões, pelo compartilhamento indevido de dados de usuários[371]. A Secretaria Nacional do

---

368 MINAS GERAIS. Tribunal de Justiça de Minas Gerais (11ª Câmara Cível). *Apelação Cível 1.0000.22.028736-1/002*. Relatora: Desª. Mônica Libânio, 15 fev. 2023. Diário da Justiça Eletrônico, 15 fev. 2023. Disponível em: https://www5.tjmg.jus.br/jurisprudencia/pesquisaNumeroCNJEspelhoAcordao.do;jsessionid=8B87A5329C339118A244FE195522631E.juri_node2?numeroRegistro=1&totalLinhas=1&linhasPorPagina=10&numeroUnico=1.0000.22.028736-1%2F002&pesquisaNumeroCNJ=Pesquisar. Acesso em: 10 jun. 2023.

369 DUARTE, Raquel Pita Guerreiro Marcelino. *Case Study*: Facebook In Face of Crisis. 2020. 88 f. Dissertação (Mestrado em Gestão e Administração de Empresas) – Universidade Católica Portuguesa, 2020, p. 6. Disponível em: https://repositorio.ucp.pt/bitstream/10400.14/29693/1/152118129_. Acesso em: 10 maio 2022.

370 EURONEWS. Ireland fines Instagram €405 million over protection of children's data. *Biztech news*, 06 set. 2022. Disponível em: https://www.euronews.com/next/2022/09/06/ireland-fines-instagram-405-million-over-protection-of-childrens-data. Acesso em: 06 jun. 2022.

371 MOURA, Thaís. Brasil multa Facebook por compartilhamento indevido de dados. *Poder 360*, [s. l.], 30 dez. 2019. Disponível em: https://www.poder360.com.br/justica/brasil-multa-facebook-por-compartilhamento-indevido-de-dados/. Acesso em: 23 abr. 2021.

Consumidor (Senacon) confirmou a penalidade imposta em agosto de 2022[372].

Tais condenações revelam a atuação no mínimo irresponsável – e recorrente – das plataformas digitais. Öhman e Floridi dimensionam o impacto da exploração financeira nos meios digitais, indicando que "até serviços gratuitos como *Facebook* têm interesse em atrair usuários que irão conceder mais informações, para serem vendidas a terceiros"[373]. Assim, é necessário problematizar o poder concedido às empresas de tecnologia na definição dos termos de uso e na prestação de serviço em geral.

Grande margem de lucro de redes como *Facebook* e *Instagram* vem da cobrança por veiculação de conteúdo publicitário pelos alimentado pelos próprios usuários, seja individualmente ou em parceria com marcas[374]. Somado a esse objeto principal, as plataformas reafirmam sua posição pela detenção dos dados pessoais dos usuários.

Fato é que a dependência dos indivíduos das plataformas digitais na era da economia do compartilhamento transfere para as *Big Techs* grande poder

---

372 FACEBOOK é condenado a pagar R$ 6,6 mi por vazar dados de usuários. *Gov.br* – Ministério da Justiça e Segurança Pública, Brasília, 23 ago. 2022. Disponível em: https://www.gov.br/mj/pt-br/assuntos/noticias/facebook-e-condenado-a-pagar-r-6-6-mi-por-vazar-dados-de-usuarios. Acesso em: 24 ago. 2022.

373 Tradução livre. No original: "Even 'free' services such as Facebook have an incentive to attract consumers who produce surplus attention to be sold to third parties". ÖHMAN, Carl; FLORIDI, Luciano. The Political Economy of Death in the Age of Information: A Critical Approach to the Digital Afterlife Industry. *Minds & Machines*, [s. l.], set. 2017, v. 27, p. 648. Disponível em: https://doi.org/10.1007/s11023-017-9445-2. Acesso em: 18 mar. 2020.

374 ANTONIETTO, Guilherme Galhardo; FRANCESCHET, Julio Cesar; DE OLIVEIRA, Edmundo Alves. Direito das Sucessões na Era Virtual: a questão da herança digital. *Revista Brasileira de Direito Civil em Perspectiva*, v. 6, n. 1, p. 56-72, jan./jul. 2020. Disponível em: https://www.indexlaw.org/index.php/direitocivil/article/view/6508/pdf. Acesso em: 19 set. 2022.

de gerenciamento de dados e de controle propriamente dito[375]. Essas empresas se tornam detentoras de grande riqueza: os dados dos usuários, utilizando-os em boa parte das vezes como um lucrativo negócio paralelo e subjacente[376].

Como retratado, os dados pessoais têm alto valor de mercado, principalmente pelas publicidades direcionadas[377]. As ferramentas digitais estão cada vez mais modernas e preparadas para captar maiores conjuntos de informações inseridas pelos usuários em aparelhos eletrônicos e aplicativos digitais, também para realizar levantamento de padrões de gosto e comportamento. O *Twitter*, por exemplo, investe muito no desenvolvimento de algoritmos de *machine learning* para avaliar e categorizar rapidamente as informações publicadas nos *tweets*[378]. Todo esse amontoado de dados vira relevante moeda de troca após a morte.

Mesmo que se saiba a relevância dos dados pessoais no atual momento, ainda não se tem perspectiva do real impacto que terão no futuro, guiado pela hegemonia dos grandes conglomerados digitais. Em uma realidade cada vez mais imersa em tecnologia, na geração "Metaverso" e na ascensão

375 FRAZÃO, Ana. Economia do compartilhamento e tecnologias disruptivas. *JOTA* – Tecnologia, [s. l.], 14 jun. 2017. Disponível em: https://www.jota.info/opiniao-e-analise/colunas/constituicao-empresa-e-mercado/economia-do-compartilhamento-e-tecnologias-disruptivas-14062017. Acesso em: 08 mar. 2023.

376 FRAZÃO, Ana. O poder das plataformas digitais. *JOTA* – Tecnologia, [s. l.], 11 jul. 2017. Disponível em: https://www.jota.info/opiniao-e-analise/colunas/constituicao-empresa-e-mercado/o-poder-das-plataformas-digitais-11072017. Acesso em: 08 mar. 2023.

377 QUANTO dinheiro o Facebook ganha com você (e como isso acontece). *BBC*, [s. l.], 10 nov. 2016. Disponível em: https://www.bbc.com/portuguese/internacional-378986 26. Acesso em: 06 out. 2019.

378 MATHUR, Richa; BANDIL, Devesh; PATHAK, Vibhakar. Analyzing Sentiment of Twitter Data using Machine Learning Algorithm. *Journal of Inventions in Computer Science and Communication Technology (JICSCT)*. Índia, v. 4, n. 2, p. 1, 2018. Disponível em: www.gadlonline.com. Acesso em: 23 abr. 2021.

dos mecanismos de inteligência artificial, nossos hábitos e informações pessoais são a grande riqueza[379].

Pelo quadro retratado, de modo geral, os "termos de serviço das empresas apresentam-se como obstáculo à transmissão da herança digital"[380]. Claro que, para a otimização da posição mundial desses conglomerados, é interessante manter o monopólio no domínio dos dados digitais dos indivíduos, explorando-os ainda que de modo nefasto, sem participação ou interferências do espólio.

É igualmente temerário estudar as teorias e hipóteses de transmissão de dados digitais de usuários *post mortem* enquanto as plataformas continuam em posição de destaque hegemônico, tomando decisões com o intuito de resguardar seus próprios interesses – notadamente comerciais –, e excepcionalmente sendo obrigadas a relaxar a proibição de acesso por decisão judicial específica.

Continuar transferindo às plataformas digitais o poder de definir unilateralmente o destino das informações digitais que armazena, especialmente após a morte dos usuários, é simplesmente estratégia de resguardar o poderio e o domínio das *Big Techs*, dando-lhes ferramentas para a legitimar a preservação de seus interesses financeiros.

3.3.2 Desmascarando a resistência à transmissão sucessória de dados existenciais

É ingênuo e temerário supor que as plataformas digitais – permeadas pelo espírito capitalista e auferindo riqueza na utilização e comercialização

---

379 ALMEIDA, Mônica Silva; OLIVEIRA, Michelle Ivair Cavalcanti de. Herança digital no brasil e a ascensão do metaverso. *IBDFAM*, [s. l.], 03 jul. 2023. Disponível em: https://ibdfam.org.br/artigos/2001/Heran%C3%A7a+digital. Acesso em: 12 jul. 2023.

380 PEREIRA, Gustavo Santos Gomes. *Herança digital no Brasil*: Os impactos de sua proposta de tutela sobre a defesa póstuma dos direitos da personalidade. 2. ed. Rio de Janeiro: Lumen Juris, 2020, p. 48.

de informações pessoais dos usuários – excluirão facilmente dados de usuários falecidos. É leviano pensar que o direito de personalidade dos usuários, incluindo sua privacidade e sua intimidade, serão preservados ao barrar o acesso da família aos conteúdos de cunho existencial, deixando um imenso conjunto de dados à mercê das plataformas digitais.

O problema é que não há mecanismo que assegure que os conteúdos serão excluídos, nem há como se estabelecer, no atual estado da arte, formas de controle da atividade dos conglomerados digitais. Trata-se, em verdade, de um grande jogo de interesses.

A simples tese de impedir que familiares acessem mensagens e dados privados dos usuários falecidos não abarca a raiz do problema. A teoria, a um primeiro olhar, parece proteger o genuíno interesse dos usuários em sua ausência. Todavia, na prática, essa corrente teórica acaba por "entregar de bandeja" um amontoado de dados pessoais às empresas de internet.

Nada garante que a plataforma realmente irá excluir o conteúdo impassível de transmissão sucessória. Na história recente, não há precedentes favoráveis a se considerar que as plataformas digitais serão íntegras, corretas, éticas, ou preocupadas com a privacidade e a intimidade de usuários falecidos, quando há imensas quantias envolvidas.

Em relação à natureza dos conteúdos transmissíveis, como visto, são debatidas diferentes hipóteses e teorias, tanto doutrinária quanto jurisprudencialmente, considerando que as aplicações da internet podem ter funcionalidades diferentes. A visão deste trabalho, como abordado, amolda-se ao entendimento da Corte alemã, no sentido de que todos os dados devem ser transferidos aos herdeiros, destacando, principalmente: a dificuldade ou impossibilidade de diferenciação entre bens de caráter existencial e patrimonial, e a usual transmissão universal de bens (portanto, existenciais e patrimoniais) na sucessão do mundo analógico.

Os direitos patrimoniais de falecidos são transmissíveis e seguem as regras de sucessão, devendo respeitar a legítima. Referida noção se aplica também ao cenário digital. O impasse, no entanto, é quanto às desafiadoras situações dúplices. Destarte, se há caráter financeiro, ainda que atrelado a direitos da personalidade do falecido, é preciso transmitir, sob pena de prejuízo dos herdeiros, pois a própria transmissão da repercussão econômica do patrimônio hereditário ao espólio é incontroversa[381]. Portanto, o caminho mais justo é a transmissão, com a faculdade de que terceiros ofendidos busquem tutelas de proteção frente aos herdeiros, quando necessário, munidos da via judicial, assim como já ocorre no cenário analógico.

Fernanda Garcia, com visão ímpar, expõe ser inadmissível a "subtração do espaço legal do Direito Sucessório pela força empresarial do mercado, que vem usurpando o direito de herança"[382]. Proibir a transmissão sucessória dos dados digitais, além de violar a sistemática jurídica, eminentemente garante o maior interesse das plataformas digitais: a exclusividade no acesso, armazenação e tratamento desses conteúdos, com potencialidades crescentes de uso.

Além disso, quando se proíbe a plena transmissão da herança digital, em verdade, está se transferindo um ônus excessivo para o Poder Judiciário, de lidar com o volume crescente de demandas individuais, referentes à quantificação dos bens digitais, à definição de sua natureza, à briga por legitimidade e à busca por acesso e transmissibilidade. O melhor caminho, certamente, não é onerar ainda mais a justiça brasileira, sobretudo com a tendência de decisões díspares, comprometendo o ideal de segurança jurídica.

A transmissão universal é a melhor forma de preservar o direito à herança, tutelando a necessidade dos sucessores de acessar elementos

---

381 LEAL, Livia Teixeira. Internet e a morte do usuário: a necessária superação do paradigma da herança digital. In: *Revista Brasileira de Direito Civil*, Belo Horizonte, v. 16, p. 194, abr./jun. 2018. Disponível em: *https://rbdcivil.ibdcivil.org.br/rbdc/article/view/237*. Acesso em: 07 out. 2019.

382 GARCIA, Fernanda Mathias de Souza. *Herança digital*: o direito brasileiro e a experiência estrangeira. Rio de Janeiro: Lumen Juris, 2022, p. 148.

essenciais deixados pelo usuário falecido virtualmente, como, por exemplo, documentos pertinentes à abertura do inventário, à definição do monte hereditário, e até mesmo questões tributárias relevantes para o fisco, de interesse público, como declarações de imposto de renda. É estratégia para garantir que bens de caráter eminentemente patrimonial – como criptomoedas e programas de fidelização de consumidores e milhagens –, além de bens de natureza híbrida com difícil separação funcional – como perfis em redes sociais com repercussão econômica –, não sejam excluídos da sucessão. Assim, assegura a transmissão da titularidade de bens patrimoniais, e a concessão de acesso a bens com aspecto existencial, na proteção dos interesses dignos de tutela.

É preciso desmascarar o mercenário interesse das *Big Techs*, legitimado pelo propósito camuflado na teoria de intransmissibilidade de bens digitais, para se assentar a transmissão universal de conteúdo virtual *post mortem*, transferindo as informações digitais e a responsabilidade concernente a tais dados aos herdeiros, em prol do direito fundamental à herança e do princípio da solidariedade familiar.

3.3.3 Prolongamento da exploração patrimonial "post mortem"

O prolongamento da veiculação de aspectos pessoais no meio virtual esbarra na necessidade de proteção dos dados armazenados pelos usuários falecidos. Ocorre que esses dados poderão obter repercussão econômica, como no caso de informações com relevante valor de mercado. Cita-se situações em que autores deixam manuscritos que podem ser postumamente publicados e vendidos, e hipóteses em que usuários salvam valiosas informações de determinado ramo de trabalho. No último caso, imagine-se que um arquiteto, ao falecer, deixou salvo na nuvem projeto de edificação, contendo técnicas pessoais do profissional, e que poderá ser alienado financeiramente pelos herdeiros, obtendo expressão econômica.

A inesperada e trágica morte da cantora Marília Mendonça em um acidente de avião em novembro de 2021, além de abalar uma legião de fãs, tem causado polêmicas no cenário prático. Surgem, de início, três pontos fulcrais de impasses jurídicos.

A primeira problemática envolve o destino das letras deixadas pela cantora e compositora. Segundo a ABRAMUS (Associação Brasileira de Música e Artes), a cantora deixou mais de 100 canções inéditas, que poderão ser vendidas e gravadas por outros profissionais[383]. Tal ponto, a princípio, poderá ser resolvido pelas normas tradicionais de direitos autorais[384]. A novidade é que a repercussão econômica será evidenciada em meio digital, acrescida ao patrimônio virtual que integra o espólio da celebridade. E especula-se o tratamento jurídico conferido ao lucro proveniente desse sucesso.

A segunda problemática envolve as músicas que ela deixou gravadas com outros cantores. Várias músicas já foram lançadas, com expressivo sucesso. Uma, em especial, chama atenção por supostamente contrariar vontade genuína da cantora em vida, tratando-se da música "50%", em parceria com a

383 CRUZ, Felipe Branco. 'Música da discórdia' de Marília Mendonça e Naiara Azevedo enfim é lançada. *Veja*, [s. l.], 04 mar. 2022. Disponível em: https://veja.abril.com.br/cultura/musica-da-discordia-de-marilia-mendonca-e-naiara-azevedo-enfim-e-lancada/. Acesso em: 12 maio 2022.

384 "Art. 24. São direitos morais do autor: I - o de reivindicar, a qualquer tempo, a autoria da obra; II - o de ter seu nome, pseudônimo ou sinal convencional indicado ou anunciado, como sendo o do autor, na utilização de sua obra; III - o de conservar a obra inédita; IV - o de assegurar a integridade da obra, opondo-se a quaisquer modificações ou à prática de atos que, de qualquer forma, possam prejudicá-la ou atingi-lo, como autor, em sua reputação ou honra; V - o de modificar a obra, antes ou depois de utilizada; [...] § 1º Por morte do autor, transmitem-se a seus sucessores os direitos a que se referem os incisos I a IV. [...]". BRASIL. Lei n. 9.610, de 19 de fevereiro de 1998. Altera, atualiza e consolida a legislação sobre direitos autorais e dá outras providências. *Diário Oficial da União*. Brasília, 20 fev. 1998. Disponível em: http://www.planalto.gov.br/ccivil_03/leis/l9610.htm. Acesso em: 11 abr. 2021.

cantora Naiara Azevedo[385]. O irmão de Marília Mendonça tentou barrar o lançamento da música, ao argumento de que tal divulgação afrontaria o desejo da cantora antes de morrer. Apesar disso, três semanas após a polêmica a música foi lançada, ostentando mais de 77 milhões de visualizações no clipe oficial do *YouTube*[386] e mais de 78 milhões de reproduções no *Spotify*[387]. Aqui também o direito de propriedade intelectual presta socorro, embora não solucione por completo a controvérsia verificada, pela acusação da família de que o lançamento supostamente ignorou a vontade da cantora que, em vida, opôs-se à liberação da gravação com Naiara Azevedo.

A terceira e mais interessante polêmica é a continuidade do uso das redes sociais da cantora após sua morte, com fins comerciais e publicitários. Mesmo após o falecimento da titular da conta, foram realizadas postagens na página do *Instagram* da cantora, divulgando linha de maquiagem da empresa Oceane, em homenagem a Marília[388]. Além disso, o espaço da conta foi usado para divulgar o projeto "Decretos Reais", com série de publicações, que é um EP intitulado "projeto póstumo", em comemoração ao aniversário em que a cantora, se ainda viva, faria 27 anos[389]. Cumpre destacar

---

385 CRUZ, Felipe Branco. 'Música da discórdia' de Marília Mendonça e Naiara Azevedo enfim é lançada. *Veja*, [s. l.], 04 mar. 2022. Disponível em: https://veja.abril.com.br/cultura/musica-da-discordia-de-marilia-mendonca-e-naiara-azevedo-enfim-e-lancada/. Acesso em: 12 maio 2022.

386 AZEVEDO, Naiara. Naiara Azevedo - 50% Part. Marília Mendonça. *YouTube*, [s. l.], 03 mar. 2022. Disponível em: https://www.youtube.com/watch?v=zhaTkKdovgM. Acesso em: 29 jul. 2023.

387 AZEVEDO, Naiara. 50 por cento. *Spotify*, [s. l.], 03 mar. 2022. Disponível em: https://open.spotify.com/album/0rSMQjWcNv9A4zD0XnTFR0?highlight=spotify:track:1d7Z2HUkWno2w4452Jaqt6. Acesso em: 29 jul. 2023.

388 MENDONÇA, Marilia. Todos os seus sonhos continuarão sendo realizados! A Inspiração não pode acabar. #mariliamendoncabyoceane. *Instagram*: @mariliamendoncacantora, 14 dez. 2021. Disponível em: https://www.instagram.com/reel/CXd-aTdDA_w/?utm_source=ig_web_copy_link. Acesso em: 09 mar. 2022.

389 MARÍLIA Mendonça: equipe da cantora lança EP 'Decretos Reais', início de projeto

que o perfil da cantora, que já tinha 38 milhões de seguidores, recebeu acréscimo de 2 milhões, passando a marca dos 40 milhões de *followers* nas horas seguintes à confirmação da morte da cantora[390], tornando expressivo o alcance de qualquer conteúdo ali postado.

O exemplo citado demonstra que tem havido prolongamento da exploração patrimonial na conta em rede social da falecida cantora Marília Mendonça. E a situação não é isolada. Essa mesma realidade se repete com frequência, especialmente nos perfis de titulares com visibilidade. Assim, é inócuo simplesmente levantar a bandeira da impossibilidade de continuidade de exploração digital pelos herdeiros de conteúdo de natureza híbrida (existencial e patrimonial). Além de ineficaz tentar barrar essa atuação dos herdeiros – que já acontece, como destacado –, ela deve ser reconhecida legitimamente.

A revista Forbes divulgou lista de celebridades que auferiram expressiva riqueza mesmo após a morte no ano de 2022, como a venda dos direitos propriedade intelectual de filmes, videogames, mercadorias e outras projeções das franquias de "O Senhor dos Anéis" e "O Hobbit", para empresa de jogos sueca Embracer, por US$ 500 milhões, patrimônio incorporado pelo espólio de J. R. R. Tolkien, criador das histórias falecido em 1973[391].

---

póstumo; ouça. *G1* – Pop & Arte, [*s. l.*], 21 jul. 2022. Disponível em: <https://g1.globo.com/pop-arte/musica/noticia/2022/07/21/marilia-mendonca-equipe-da-cantora-lanca-ep-decretos-reais-inicio-de-projeto-postumo-ouca.ghtml>. Acesso em: 29 jul. 2022.

390 OLIVEIRA, Danielle. Perfil de Marília Mendonça ultrapassa 40 milhões de seguidores com comoção após morte. *G1 Goiás*, [*s. l.*], 06 nov. 2021. Disponível em: https://g1.globo.com/go/goias/noticia/2021/11/06/perfil-de-marilia-mendonca-ultrapassa-40-milhoes-de-seguidores-com-comocao-apos-morte.ghtml. Acesso em: 09 mar. 2022.

391 VOYTKO, Lisette. As 13 celebridades mortas mais bem pagas de 2022. *Forbes*, [*s. l.*], 31 out. 2022. Disponível em: *https://forbes.com.br/forbeslife/2022/10/as-13-celebridades-mortas-mais-bem-pagas-de-2022/*. Acesso em: 12 jul. 2023.

As situações de lucro após a morte se intensificam também a partir das IAs. Festeja-se a possibilidade de que *softwares* de inteligência artificial reproduzam a voz de pessoas falecidas, a partir da reunião de grande volume de dados pessoais, ou seja, de captação das conversas da pessoa em vida, e que, consequentemente, passam a ter valor econômico[392]. Essa valoração financeira se dá de maneira direta, na utilização do programa de reprodução da voz, bem como indireta, pelo levantamento do perfil dos usuários, pela escuta do teor das conversas, além da possível comercialização dos resultados obtidos na análise e tratamento dos dados.

Tal perspectiva envolve o problema da necessidade de autorização, bem como da legitimidade para concedê-la: se caberá à pessoa falecida que terá a voz reproduzida postumamente ou aos herdeiros. Segundo Stolze e Moraes, existe lacuna normativa quanto à "temporalidade da faceta patrimonial do direito de imagem", o que trai ainda mais complexidades[393]. Discute-se a suficiência do regramento tradicional de direito sucessório e legislação civil em geral para lidar com as repercussões éticas do tema[394]. Tal conjuntura motivou a apresentado projeto de lei no Senado Federal que almeja regular o uso da inteligência artificial no país[395].

---

392 FERRON, Diego. Amazon Alexa poderá imitar vozes de entes queridos falecidos. *Isto É Dinheiro*, 24 jun. 2022. Disponível em: *https://www.istoedinheiro.com.br/amazon-alexa-podera-imitar-vozes-de-entes-queridos-falecidos/*. Acesso em: 28 jun. 2022.

393 STOLZE, Pablo; MORAES, Rodrigo. Direito de Imagem Após a Morte: O Vácuo Normativo e a sua Perspectiva Patrimonial. *O Civilista*, [*s. l.*], 31 jan. 2023. Disponível em: *https://ocivilista.com.br/2023/01/31/*. Acesso em: 13 jul. 2023.

394 ALBUQUERQUE, Paula Falcão; EHRHARDT JÚNIOR, Marcos. Aspectos Jurídicos da Existência Virtual Post Mortem. In: SANCHEZ, P. C. (Coord.). DIAS, M. B.; PEREIRA, R. da C. (Orgs.). *Direito das Famílias e Sucessões na Era Digital.* Belo Horizonte: Instituto Brasileiro de Direito de Família – IBDFAM, 2021.

395 BRASIL. Senado Federal. *Projeto de Lei n. 2338*, de 2023. Dispõe sobre o uso da Inteligência Artificial. Disponível em: https://www25.senado.leg.br/web/atividade/materias/-/materia/157233. Acesso em: 20 jul. 2023.

A Coordenação-Geral de Fiscalização da ANPD – Associação Nacional de Proteção de Dados – publicou Nota Técnica elucidando que a LGPD não se aplica para a proteção de dados de pessoas falecidas, de forma a autorizar que a Polícia Rodoviária Federal – PRF – homenageasse servidores mortos através da inclusão de seus nomes em Memorial no Portal Web da PRF[396]. Essa ação é ponto favorável à continuidade da exploração econômica das informações pessoais pelos sucessores, caso não haja recusa justificável pelos titulares em vida.

Ainda com tais dúvidas, a inteligência artificial já tem alçado voos mais altos e pousado em polêmicas. Através da IA, a Volkswagen reuniu em um clipe duas das maiores vozes da música brasileira, mãe e filha, Elis Regina e Maria Rita, entoando juntas a canção "Como Nossos Pais", de Belchior[397]. O intuito foi lançar o vídeo publicitário para celebrar os 70 anos da empresa, e ainda divulgar a kombi elétrica. O comercial ganhou muita notoriedade, com mais de 17 milhões de visualizações em cerca de uma semana, especialmente por Elis Regina ter falecido há mais de 40 anos.

O vídeo demonstra que estão mais próximos "projetos que visam 'recriar' uma pessoa falecida, que poderá 'conversar' com seus parentes vivos, numa espécie de 'promessa de vida eterna' por meio da inteligência artificial, [...] a partir do armazenamento de todas as informações, *e-mails*, *chats*, redes sociais e fotos da pessoa falecida"[398].

---

396 BRASIL. AUTORIDAE NACIONAL DE PROTEÇÃO DE DADOS – ANPD. *Nota Técnica n. 3/2023/CGF/ANPD*, 17 mar. 2023. Coordenação-Geral de Fiscalização. Processo n. 00261.002079/2022-56. Disponível em: https://www.gov.br/anpd/pt-br/assuntos/noticias/NotaTecnica3CGF.ANPD.pdf. Acesso em: 11 abr. 2023.

397 VOLKSWAGEN DO BRASIL. *VW 70 anos* – Gerações – VW Brasil., 03 jul. 2023. YouTube: Volkswagen do Brasil. Disponível em: https://www.youtube.com/watch?v=aMl54-kqphE. Acesso em: 10 jul. 2023.

398 NEVARES, Ana Luiza Maia. Testamento Virtual: Ponderações sobre a Herança Digital e o Futuro do Testamento. In: TEIXEIRA, Ana Carolina Brochado; LEAL, Lívia Teixeira (Coords.). *Herança Digital*: Controvérsias e Alternativas. Indaiatuba: Foco, 2021,

O alcance da ação publicitária da Volkswagen atraiu diferentes desdobramentos pela especulação da legitimidade e regularidade da produção e comercialização do vídeo, o que resultou em representação ética pelo Conselho Nacional de Autorregulamentação Publicitária (CONAR)[399].

Em outra situação recente, a voz do falecido cantor Luiz Gonzaga foi recriada por inteligência artificial, como "participação do além", em show do cantor João Gomes, em São Paulo[400].

Como a tendência é que a tecnologia fique cada vez mais acessível, essa realidade deve ser recorrente no futuro próximo, o que motiva celebridades a manifestar previamente seus desejos. A cantora Madonna[401] e a atriz norte-americana Whoopi Goldberg[402] deixaram claro que não querem reproduções por hologramas ou correlatos após suas mortes. No caso de Whoopi, a atriz afirma que já deixou expresso em testamento há quinze anos tal proibição. Por outro lado, o ator Tom Hanks sinalizou de forma positiva que sua carreira poderá prosseguir mesmo após sua morte[403].

---

p. 184. A autora destaca o projeto de inteligência artificial que está sendo desenvolvido pelo neuropsicólogo formado pela Universidade de São Paulo (USP).

399 JORDÃO, Pedro. Conar abre representação ética contra propaganda da Volkswagen com Elis Regina. *CNN Brasil*, [*s. l.*], 10 jul. 2023. Disponível em: https://www.cnnbrasil.com.br/nacional/conar-abre-representacao-etica-contra-propaganda-da-volkswagen-com-elis-regina/. Acesso em: 13 jul. 2023.

400 CARVALHO, Bárbara. Luiz Gonzaga é recriado por inteligência artificial e canta com João Gomes em festival. *CNN Brasil*, [*s. l.*], 10 jul. 2023. Disponível em: https://www.cnnbrasil.com.br/entretenimento/luiz-gonzaga-e-recriado-por-inteligencia-artificial-e-canta-com-joao-gomes-em-festival/.Acesso em: 13 jul. 2023.

401 BOYLE, Simon. MATERIAL GIRL: Madonna leaves strict rules for how to manage her legacy after near-death hospital dash. *The Sun* – UK Edition, 09 jul. 2023. Disponível em: https://www.thesun.co.uk/tvandshowbiz/22988839/. Acesso em: 11 jul. 2023.

402 REDAÇÃO VOGUE. Whoopi Goldberg proíbe produção de holograma após sua morte em testamento. *Vogue* – Celebridades, [*s. l.*], 13 jul. 2023. Disponível em: https://vogue.globo.com/celebridades/noticia/2023/07/. Acesso em: 13 jul. 2023.

403 WEB DESK. Tom Hanks makes shocking revelation about AI technology in movies.

A partir das repercussões práticas ilustradas, questiona-se: como conciliar a teoria da intransmissibilidade de dados de natureza personalista, predominante no cenário brasileiro atualmente, com a reprodução de algo tão íntimo como a imagem e a fala *post mortem*? Inclusive, por meio de serviço que terá nítido caráter patrimonial, pela cobrança pelo serviço de uso do *software*, e pelos lucros eventualmente obtidos na divulgação dos produtos digitais. Como dito, a corrente teórica exposta da intransmissibilidade de bens existenciais possui incongruências, e o uso de inteligência artificial e da tecnologia *deepfake* para reprodução de pessoas mortas revela uma delas.

Ignorando as polêmicas, os exemplos confirmam que o prolongamento da exploração patrimonial *post mortem* é uma realidade acentuada pela inteligência artificial. Assim, se todos os negócios desenvolvidos por indivíduos no mundo analógico e corpóreo são integrados ao monte hereditário, critica-se a resistência à perpetuação da atividade comercial do falecido na internet.

De modo geral, "a possibilidade de monetizar ou continuar monetizando a conta, valendo-se do grande número de seguidores (que, como visto, tende a aumentar com a morte no primeiro momento) também parece ser terreno fértil para discussões na esfera judicial"[404].

São quatro as possibilidades fáticas aplicadas às contas digitais após o óbito dos titulares, especialmente em redes sociais: (*i*) o encerramento; (*ii*) a concessão de simples acesso aos dados pelos herdeiros; (*iii*) a conversão em memorial, sob administração de contato herdeiro e (*iv*) a continuidade da atividade ali desempenhada anteriormente pelo titular. É a última

Geo News, [*s. l.*], 17 maio 2023. Disponível em: https://www.geo.tv/latest/487901. Acesso em: 11 jul. 2023.

404 TERRA, Aline de Miranda Valverde; OLIVA, Milena Donato; MEDON, Filipe. Acervo Digital: controvérsias quanto à sucessão causa mortis. In: TEIXEIRA, Ana Carolina Brochado; LEAL, Lívia Teixeira (Coords.). *Herança Digital*: Controvérsias e Alternativas. Indaiatuba: Foco, 2021, p. 69.

possibilidade que ora se defende.

Karina Fritz reforça as controvérsias acerca do tema, mostrando aspecto positivo da quarta opção: o prolongamento da exploração patrimonial digital *post mortem*. Segundo ela, "a herança digital é transmitida aos herdeiros, salvo disposição expressa em sentido contrário"[405]. Na ausência de testamento ou outro documento que ateste expressamente a vontade inequívoca do usuário de vedar o acesso aos herdeiros, os sucessores têm direito de acessar e explorar esses dados. Conforme afirma a autora, as situações em que herdeiros de pessoas famosas mortas dão naturalmente continuidade à exploração das contas digitais são caminho para a observância da sucessão universal[406].

Para Everilda Brandão, deve haver separação entre perfis comerciais e exclusivamente pessoais. Os perfis de evidente conteúdo econômico, sem ligação direta a nome ou identidade pessoal, seriam facilmente transmitidos por sucessão:

> Perfis digitais de conteúdo econômico, como aqueles cujo nome é comercial, sem ligação com o nome de uma pessoa, ou ainda onde se vendem produtos, como cursos ou eventos, o trato é diferente. Neles é possível se falar em transmissão de titularidade. Seu conteúdo é comercial, e não pessoal, mesmo que em muitas postagens ou transmissão seja compartilhada a vida ou rotina do autor[407].

Os perfis pessoais em redes sociais, por outro lado, segundo a Professora

405 FRITZ, Karina Nunes. A Garota de Berlim e a Herança Digital. In: TEIXEIRA, Ana Carolina Brochado; LEAL, Lívia Teixeira (Coords.). *Herança Digital*: Controvérsias e Alternativas. Indaiatuba: Foco, 2021, p. 230.

406 FRITZ, Karina Nunes. A Garota de Berlim e a Herança Digital. In: TEIXEIRA, Ana Carolina Brochado; LEAL, Lívia Teixeira (Coords.). *Herança Digital*: Controvérsias e Alternativas. Indaiatuba: Foco, 2021, p. 241.

407 GUILHERMINO, Everilda Brandão. Direito de Acesso e Herança Digital. In: TEIXEIRA, Ana Carolina Brochado; LEAL, Lívia Teixeira (Coords.). *Herança Digital*: Controvérsias e Alternativas. Indaiatuba: Foco, 2021, p. 100.

Everilda, não permitem transmissão de titularidade *post mortem*, mas somente um direito de acesso pelos sucessores. Assevera que tratar "esses registros como coisa e, portanto, passível de sucessão, não nos parece adequado. Mas o direito a acessar esse acervo, sem alterá-lo, tem mais sintonia com sua natureza. Assim como um álbum de fotos corpóreo, o acervo digital requer acesso, não alteração"[408].

Em similar sentido, Giuseppe Marino afirma que o inventariante poderá acessar o registro de *e-mails* do falecido, a fim de levantar completamente o patrimônio hereditário. Em contrapartida, nunca poderá "imitar" o falecido, enviando *e-mail* através daquela conta[409].

Na problemática apresentada, a ideia delineada por Karina Fritz possui maior pertinência e adequabilidade. Ainda que se entenda as reticências de Everilda Brandão à continuação da exploração dos perfis sociais dos falecidos, os direitos dos herdeiros devem aqui ganhar prioridade. Veja-se:

> Apesar de a manutenção da conta da pessoa falecida em uma rede social parecer, num primeiro momento, uma atitude um tanto mórbida e, destarte, rechaçável, deve-se sopesar que a exploração econômica deste perfil, dentro de limites bem definidos, além de ajudar a manter viva a história do *de cujus*, pode render frutos mensais necessários para a subsistência dos herdeiros dependentes, especialmente quando a plataforma social foi a principal fonte de renda do morto, como já ocorre de forma bastante

408 GUILHERMINO, Everilda Brandão. Direito de Acesso e Herança Digital. In: TEIXEIRA, Ana Carolina Brochado; LEAL, Lívia Teixeira (Coords.). *Herança Digital*: Controvérsias e Alternativas. Indaiatuba: Foco, 2021, p. 101.

409 Conforme trecho: "Un esecutore testamentario potrebbe aver bisogno di accedere a tale catalogo, in ipotesi, al fine di redigere l'inventario completo del patrimonio ereditario. Per converso, costui non potrà mai «impersonare» il defunto inviando una *mail* attraverso il suo *account*". MARINO, Giuseppe. La successione digitale. *Osservatorio del diritto civile e commerciale*, n. 1, jan. 2018. p. 176, Disponível em: https://www.unipa.it/persone/docenti/m/giuseppe.marino/?pagina=pubblicazione&idPubblicazione=347933. Acesso em: 11 abr. 2020.

significativa no Brasil[410].

Em igual sentido: "é mórbido pensar numa 'economia da morte', mas, por outro lado, em muitas situações, o conteúdo inserido na rede constitui o trabalho e a produção intelectual do finado, o que não deixa de ser, em sentido vulgar, um 'legado' deixado aos seus sucessores"[411].

Os defensores da não transmissibilidade de ativos virtuais que envolvam aspectos da personalidade dos usuários defendem que "na eventualidade de sucessão de bens digitais existenciais, como contas em redes sociais, haverá vultosa propensão à violação da privacidade, da intimidade e da imagem-atributo do morto e de terceiros"[412]. Todavia, recorda-se que os próprios herdeiros necessários (cônjuge, ascendentes e descendentes) são os legitimados a requerer a proteção dos direitos de personalidade de pessoas falecidas, segundo os parágrafos únicos dos arts. 12 e 20 do Código Civil[413].

Além disso, não é simples dizer que os memoriais fornecidos por algumas plataformas digitais solucionam a problemática do respeito ao direito de herança, pois mesmo os memoriais criados para usuários falecidos nas redes sociais permitem a exploração financeira da conta pelos sucessores[414].

---

410 HONORATO, Gabriel; LEAL, Lívia Teixeira. Exploração econômica de perfis de pessoas falecidas. In: TEIXEIRA, Ana Carolina Brochado; LEAL, Lívia Teixeira (Coords.). *Herança Digital*: Controvérsias e Alternativas. Indaiatuba: Foco, 2021, p. 153.

411 BARBOSA, Heloísa Helena; ALMEIDA, Vitor. Tecnologia, Morte e Direito. In: TEIXEIRA, Ana Carolina Brochado; LEAL, Lívia Teixeira (Coords.). *Herança Digital*: Controvérsias e Alternativas. Indaiatuba: Foco, 2021, p. 17.

412 SILVA, A. de Oliveira da; FRANCO, L. Dutra. Direitos da personalidade e a herança digital: uma análise da defesa póstuma dos direitos personalíssimos face a sociedade digital. *Revista Vianna Sapiens*. Juiz de Fora, v. 13, n. 1, p. 185, 2022. Disponível em: https://viannasapiens.emnuvens.com.br/revista/article/view/782. Acesso em: 28 jun. 2022.

413 Ver notas de rodapé n. 184 e 185.

414 ANTONIETTO, Guilherme Galhardo; FRANCESCHET, Julio Cesar; DE OLIVEIRA, Edmundo Alves. Direito das Sucessões na Era Virtual: a questão da herança digital.

É claro que a atuação dos herdeiros no perfil após a morte do titular deve observar parâmetros mínimos, sem descaracterizar o perfil ou desrespeitar a imagem do usuário original, resguardando seus direitos da personalidade *post mortem*. A ressignificação promovida pelo cenário digital na ideia de privacidade não significa irrestrito poder de editoria de conteúdos já criados pelos titulares em vida. No âmbito de redes sociais, por exemplo, deve-se buscar "preservar ao máximo a conta como era em vida no que diz respeito a quem acessa o conteúdo publicado pelo perfil, bem como as suas configurações de privacidade"[415].

Um caminho para fiscalizar a preservação desses parâmetros pelos novos administradores do perfil seria a possibilidade de denúncias por outros usuários. Gabriel Honorato e Lívia Leal sugerem que, nos casos de perfis de pessoas famosas, "pode-se pensar, por exemplo, na possibilidade, ainda que excepcional, de um fã-clube ajuizar uma ação pleiteando a remoção de tais conteúdos, com vistas à preservação da memória da pessoa falecida"[416].

Deve, também, ser expressamente indicado na conta digital que o perfil passa a ser administrado por sucessores, e não mais pelo titular original, evitando-se o enquadramento no crime de "falsa identidade", previsto no art. 307 do Código Penal (Decreto-Lei n. 2.848/1940)[417].

Revista Brasileira de Direito Civil em Perspectiva, v. 6,·n. 1, p. 56-72, jan./jul. 2020. Disponível em: https://www.indexlaw.org/index.php/direitocivil/article/view/6508/pdf. Acesso em: 19 set. 2022.

415 TERRA, Aline de Miranda Valverde; OLIVA, Milena Donato; MEDON, Filipe. Acervo Digital: controvérsias quanto à sucessão causa mortis. In: TEIXEIRA, Ana Carolina Brochado; LEAL, Lívia Teixeira (Coords.). *Herança Digital*: Controvérsias e Alternativas. Indaiatuba: Foco, 2021, p. 67.

416 HONORATO, Gabriel; LEAL, Lívia Teixeira. Exploração econômica de perfis de pessoas falecidas. In: TEIXEIRA, Ana Carolina Brochado; LEAL, Lívia Teixeira (Coords.). *Herança Digital*: Controvérsias e Alternativas. Indaiatuba: Foco, 2021, p. 151.

417 "Art. 307: Atribuir-se ou atribuir a terceiro falsa identidade para obter vantagem, em proveito próprio ou alheio, ou para causar dano a outrem: Pena - detenção, de três

Os exemplos do cenário analógico indicados demonstram que a continuidade da exploração patrimonial da obra e da imagem de pessoas famosas não é inédita no direito. Os herdeiros de personalidades famosas como Anne Frank, Michael Jackson e Kafka assimilaram expressivas quantias financeiras com os frutos das obras e dos direitos de propriedade intelectual. A realidade digital não é diferente. Muda-se apenas o meio de aplicação.

O mundo é cada vez mais digital, com diferentes profissionais trabalhando com ativos virtuais. Assim, seria contra o direito à herança, e uma limitação injustificada, impedir os herdeiros de incorporar o patrimônio digital e de continuar exercendo e extraindo frutos da atividade do *de cujus*.

O *Instagram* se arroga nos direitos de usar, distribuir, modificar, veicular, entre outros atributos, o conteúdo compartilhado, publicado e carregado pelos usuários. Cria uma licença de uso do material, ainda que não reivindique expressamente a propriedade. Afirma que a licença vigorará até que o conteúdo seja excluído dos sistemas, segundo os termos de uso:

> Quando compartilha, publica ou carrega conteúdo protegido por direitos de propriedade intelectual (como fotos ou vídeos) em nosso Serviço ou em conexão com ele, você nos concede uma licença não exclusiva, gratuita, transferível, sublicenciável e válida mundialmente para hospedar, usar, distribuir, modificar, veicular, copiar, exibir ou executar publicamente, traduzir e criar trabalhos derivados de seu conteúdo (de modo consistente com suas configurações de privacidade e do aplicativo). Esta licença se encerrará quando seu conteúdo for excluído de nossos sistemas. Você pode excluir o conteúdo individualmente ou todo o conteúdo de uma vez excluindo sua conta[418].

Como há conteúdos que continuam presentes na página após a morte do

---

meses a um ano, ou multa, se o fato não constitui elemento de crime mais grave" BRASIL. Decreto-Lei n. 2.848, de 7 de dezembro de 1940. Código Penal. *Diário Oficial da União*, 31 dez. 1940. Disponível em: http://www.planalto.gov.br/ccivil_03/decreto-lei/del2848compilado.htm. Acesso em: 01 jun. 2021.

418 INSTAGRAM. *Termos de Serviço*. Disponível em: https://pt-br.facebook.com/help/

titular, de tal forma, interpreta-se que a licença autodesignada pelo *Instagram* resguarda os direitos de o provedor usufruir do conteúdo da conta, mesmo após o falecimento do usuário. Se pelos termos da plataforma o *Instagram* pode usar fotos e vídeos de usuários por tempo indeterminado, por que não teriam os herdeiros a mesma prerrogativa?

Destarte, o conteúdo ali existente gera repercussão econômica. De tal forma, os herdeiros têm a potencialidade de exigir remuneração pelo *Instagram*. O prolongamento da utilização de conta digital com objetivo econômico poderá ser permitido mesmo quando o usuário original houver expressamente negado tal possibilidade, desde que não se identifique legítima justificativa para a superação do princípio à sucessão universal.

Já foi demonstrado que as noções de sigilo ou privacidade, *a priori*, não inviabilizam a transmissão, pois "o sigilo das comunicações não é violado com a sucessão universal, tratem-se de comunicações analógicas ou digitais"[419]. Logo, se o usuário não manifestou expressamente desejo justificável de exclusão dos dados, deve ser franqueado aos herdeiros não apenas o acesso, como a possibilidade de dar continuidade à exploração patrimonial.

A prolongação da exploração patrimonial de bens digitais *post mortem* por sucessores e pessoas designadas em vida pelos usuários é, sobretudo no aspecto da patrimonialidade, condição essencial e garantia máxima da total transmissão sucessória da herança digital.

3.4 Cenário Legal

3.4.1 Caminhos normativos no Brasil

As controvérsias acerca do tema são tão fartas exatamente pela ausência

---

instagram/5810661655 81870. Acesso em: 01 jun. 2021.

419 FRITZ, Karina Nunes. A Garota de Berlim e a Herança Digital. In: TEIXEIRA, Ana Carolina Brochado; LEAL, Lívia Teixeira (Coords.). *Herança Digital*: Controvérsias e Alternativas. Indaiatuba: Foco, 2021, p. 232.

de disposição legal específica. Não há ainda no direito brasileiro previsão direta quanto à herança digital. A situação é de verdadeiro "limbo legislativo"[420], de vácuo legal, embora despontem projetos de lei no Congresso Nacional, conforme destacado adiante.

A essência é que há fundamentos para a transmissão *causa mortis* do patrimônio virtual no ordenamento jurídico nacional, ainda que as decisões judiciais a respeito da herança digital no país tenham, em sua maioria, negado o acesso de familiares a bens digitais de usuários falecidos. Há princípios e estratégias hermenêuticas que alcançam soluções para o tratamento *post mortem* de conteúdo eletrônico.

Os bens digitais compõem o patrimônio titularizado pelo *de cujus* e, pela regra da sucessão universal, devem ser transmitidos aos sucessores, transferindo-se globalmente dados digitais aos herdeiros. Aplica-se o disposto no art. 1.784 do Código Civil[421], sendo que, "como acontece com bens tangíveis e demais formas incontroversas de patrimônio, os direitos sobre bens armazenados virtualmente advindos da sucessão ficam, em regra, com os familiares mais próximos do falecido"[422], de acordo com a ordem de vocação hereditária, ou conforme orientações registradas em testamento válido. Seguindo o raciocínio:

> Desse modo, sendo a herança o patrimônio transmitido aos herdeiros e considerando a ideia expressa pelo código de 2002 de que o patrimônio inclui o complexo de relações jurídicas de valor econômico de uma determinada

420 LEAL, Lívia Teixeira. Tratamento jurídico do conteúdo disposto na Internet após a morte do usuário e a denominada herança digital. In: TEIXEIRA, Daniele Chaves (Coord.). *Arquitetura do planejamento sucessório*: Tomo II. 2. ed. 1. reimp. rev. ampl e atual. Belo Horizonte: Fórum, 2020, p. 236.

421 Ver nota de rodapé n. 20.

422 COSTA FILHO, Marco Aurélio de Farias. Herança digital: valor patrimonial e sucessão de bens armazenados virtualmente. *Revista Judiciária da Seção Judiciária de Pernambuco*. n. 9, 2016, p. 190-191. Disponível em: https://revista.jfpe.jus.br/index.php/RJSJPE/article/view/152. Acesso em: 10 out. 2019.

pessoa, percebe-se que arquivos digitais dotados de tal valor (sites, músicas, filmes, livros, bens virtuais e etc.) devem fazer parte da partilha. A crescente relevância dos bens digitais já possibilita a interferência desses na parcela legítima reservada aos herdeiros[423].

Algumas normas da legislação civil ditam parâmetros do direito sucessório a serem observados, destacando-se, no Código Civil brasileiro, disposições dos parágrafos únicos dos artigos 12 e 20, que tratam, respectivamente, da proteção de direitos de personalidade de pessoas falecidas[424], além das previsões acerca da transmissão de direitos e obrigações *causa mortis*. Há, ainda, aplicação de normas de proteção de propriedade intelectual e, em especial, de direitos autorais, além de previsões vedando a abusividade dos termos de uso das plataformas, sobretudo no Código de Defesa do Consumidor.

A temática também perpassa pela questão da proteção de dados, considerando a base principiológica decorrente do texto constitucional e enraizada pelo Marco Civil da Internet (Lei n. 12.965, de 2014) e pela Lei Geral de Proteção de Dados (Lei n. 13.709, de 2018), de valorização da liberdade de expressão, de comunicação e manifestação de pensamento.

Diante do suporte já existente no sistema jurídico brasileiro, nota-se que há balizas suficientes para a determinação da sucessão de bens digitais. Assim:

> Apesar da legislação pátria ainda não estar na mesma velocidade das tecnologias e inovações virtuais, temos de nos adaptar e respeitar as regras e às leis atuais, para chegar ao fim pretendido. Saber utilizar as ferramentas e mecanismos jurídicos é fundamental para proteger um patrimônio valioso

423 COSTA FILHO, Marco Aurélio de Farias. Herança digital: valor patrimonial e sucessão de bens armazenados virtualmente. *Revista Judiciária da Seção Judiciária de Pernambuco*. n. 9, 2016, p. 189-190. Disponível em: https://revista.jfpe.jus.br/index.php/RJSJPE/article/view/152. Acesso em: 10 out. 2019.

424 Ver notas de rodapé n. 184 e 185.

e garantir que fortunas virtuais não se percam[425].

A vida tecnológica provoca ressignificação de institutos e atrai o desafio de pensar o direito à luz da nova realidade. Ainda que os problemas sejam inusitados, é importante buscar soluções alternativas antes, deixando a elaboração de nova previsão legislativa para questões de maior necessidade. Portanto, não se olvida a importância de utilizar as ferramentas disponíveis no ordenamento, aqui mencionadas, além de diálogo de fontes, tratamento funcionalizado e aplicação de princípios. As disparidades doutrinárias e jurisprudenciais acerca do tema, todavia, inspiram a aprovação de texto legal que possibilite soluções uniformes.

A ausência de tratamento específico provoca situações em que familiares buscam solução judicial para acessar contas, senhas e arquivos armazenados em plataformas digitais e serviços de armazenamento em nuvem na internet, obtendo pronunciamentos judiciais contraditórios entre si. Buscar legislação específica é estratégia, assim, para limitar a atuação abusiva e ilegítima de provedores digitais, além de assegurar uniformidade de tratamentos e segurança jurídica:

> É preciso, pois, que haja balizas precisas, delimitando-se até onde as grandes companhias podem ir, sem que isto implique na violação de direitos de titulares de bens digitais, seus sucessores ou outros terceiros interessados. Deixar o Judiciário desguarnecido de um aparato legislativo atualizado e apto a enfrentar os inéditos dilemas não parece ser a medida mais adequada, no trato dos bens digitais[426].

Conclui-se que a aplicação ampla do direito sucessório é caminho hábil

---

425 MORENO, César; TOLENTINO, Ana Lúcia. Patrimônio virtual. *Migalhas*, [*s. l.*], 16 abr. 2021. Disponível em: https://www.migalhas.com.br/depeso/297189/patrimonio-virtual. Acesso em: 16 abr. 2021.

426 LACERDA, Bruno Torquato Zampier. *Bens Digitais*: Em busca de um microssistema próprio. In: TEIXEIRA, Ana Carolina Brochado; LEAL, Lívia Teixeira (Coords.). *Herança Digital*: Controvérsias e Alternativas. Indaiatuba: Foco, 2021, p. 45.

a solucionar tais desafios, embora a realidade digital requeira que se abarque novas demandas[427]. Em que pese a possível solução hermenêutica, pela identificação de parâmetros passíveis de aplicação em interpretação extensiva, a regulação legislativa do tema ganha relevância. Não por acaso já foram apresentados, no mínimo, doze proposições legais a respeito do destino de bens digitais. Critica-se, inclusive, que "o Estado há muito já deveria ter empenhado esforços legislativos para tanto"[428].

Os vários projetos de lei apresentados no Congresso Nacional despertam a necessidade de se debater a problemática. Apesar de incisivamente criticados por sua timidez, incipiência, generalidade[429] ou por atribuir à família do falecido o poder de escolher o que será feito com os ativos digitais transmitidos, mostram-se como caminho inevitável. Algumas proposições seguem a ideia de transmissão global, prevalecendo a lógica patrimonial da sucessão. Outras propostas, em contrapartida, merecem substanciais críticas pela insistência na ineficaz separação entre conteúdos de natureza existencial e econômica.

Os projetos identificados são retratados a seguir.

---

427 GUILHERMINO, Everilda Brandão. Direito de Acesso e Herança Digital. In: TEIXEIRA, Ana Carolina Brochado; LEAL, Lívia Teixeira (Coords.). *Herança Digital*: Controvérsias e Alternativas. Indaiatuba: Foco, 2021, p. 103.

428 PEREIRA, Gustavo Santos Gomes. *Herança digital no Brasil*: Os impactos de sua proposta de tutela sobre a defesa póstuma dos direitos da personalidade. 2. ed. Rio de Janeiro: Lumen Juris, 2020, p. 103.

429 DO VALE, M. R. A.; DINIZ, R. B.; OLIVEIRA NETO, J. W. de. Herança Digital: A (Im)Possibilidade Jurídica do Reconhecimento de Bens Armazenados Virtualmente como Parte do Patrimônio de Um Indivíduo e a Transmissão Desses Bens Após a Morte. 33. ed. *JNT- Facit Business and Technology Journal*, v. 2, p. 268, jan. 2022. Disponível em: http://revistas.faculdadefacit.edu.br. Acesso em: 28 jun. 2022.

3.4.2 Esforços legislativos brasileiros

As propostas legislativas brasileiras analisadas são, em caráter geral, tentativas de harmonização do conteúdo, com foco na ampliação da abrangência sucessória. Os trabalhos iniciais buscaram o tratamento global de todo o conteúdo digital, sem distinções entre contas ou conteúdos de natureza existencial e caráter patrimonial. É o caso do Projeto de Lei n. 4099/2012 e do Projeto de Lei n. 4847/2012 (este último, reproduzido em cópia fidedigna pelo Projeto de Lei n. 8562/2017), que sugeriam alterações pontuais no Código Civil.

Entre as proposições ainda tramitando no Congresso Nacional, também almejam alterar a legislação civil, regulando a ampla transmissão digital: o Projeto de Lei n. 5820/2019, que pretende incluir no art. 1.881 do Código Civil parágrafo 4º, com redação ampla; o Projeto de Lei n. 6468/2019, que propõe acréscimo de parágrafo único no art. 1.788 do Código Civil e o Projeto de Lei n. 3050/2020, de mesmo sentido. A propositura de caráter mais completo é o Projeto de Lei n. 3799/2019 que pretende reforma do Livro V do Código Civil, embora tenha ignorado a transmissão sucessória de bens digitais.

Há, ainda, o Projeto de Lei n. 1144/2021, que vai contra a tese defendida no presente trabalho, impedindo a sucessão de ativos virtuais com aspecto pessoal. De forma mais completa, o Projeto de Lei n. 365/2022 também proíbe o acesso de herdeiros e legatários a mensagens privadas, além de trazer outras informações pertinentes sobre a conceituação de herança digital e sua inclusão nas disposições testamentárias.

Surgiram também propostas de alteração do Marco Civil da Internet, pretendendo a exclusão de dados pessoais de usuários mortos, sendo o caso do Projeto de Lei n. 1331/2015 e do Projeto de Lei n. 7742/2017, ambos já arquivados. Todavia, permanece ainda em tramitação o Projeto de Lei n. 3051/2020, que reproduz o Projeto de Lei n. 7742/2017, sugerindo alteração no Código Civil e no Marco Civil da Internet, para incluir ativos com característica patrimoniais na herança digital.

Traça-se, a seguir, panorama com detida análise de cada um dos projetos acima citados.

O primeiro projeto no Congresso Nacional brasileiro relativo ao tema foi apresentado em 20 de junho de 2012, por iniciativa do Deputado Federal Jorginho Mello (PSDB/SC) e recebeu a numeração **Projeto de Lei n. 4099, de 2012**[430]. A proposta era acrescentar parágrafo único no art. 1.788 do Código Civil, autorizando a transmissão sucessória de todos os ativos digitais, incluindo contas e demais arquivos. Propôs-se a seguinte redação: "Serão transmitidos aos herdeiros todos os conteúdos de contas ou arquivos digitais de titularidade do autor da herança". Embora tenha sido aprovado pela Comissão de Constituição e Justiça e de Cidadania (CCJC) e encaminhado ao Senado Federal, foi arquivado em 30 de abril de 2019, pelo encerramento da legislatura.

A segunda proposta foi oficializada ainda em 2012 (em 12 de dezembro deste ano), pelo Deputado Federal Marçal Filho (PMDB/MS), culminando no **Projeto de Lei n. 4847/2012**[431] e foi em seguida apensada ao primeiro projeto. A iniciativa mostrou-se mais abrangente que a anterior. Propôs o acréscimo de três novos artigos no Código Civil, do 1.797-A ao 1.797-C.

No art. 1.797-A, foi inaugurada a definição de herança digital, pela seguinte redação:

> Art. 1.797-A. A herança digital defere-se como o conteúdo intangível do

430 BRASIL. Câmara dos Deputados. *Projeto de Lei n. 4099, de 2012.* Altera o art. 1.788 da Lei n.10.406, de 10 de janeiro de 2002, que "institui o Código Civil". Disponível em: https://www.camara.leg.br/proposicoesWeb/fichadetramitacao?idProposicao=548678. Acesso em: 13 mar. 2021.

431 BRASIL. Câmara dos Deputados. *Projeto de Lei n. 4847, de 2012.* Acrescenta o Capítulo II-A e os arts. 1.797-A a 1.797-C à Lei n.10.406, de 10 de janeiro de 2002. Disponível em: https://www.camara.leg.br/proposicoes Web/fichadetramitacao?idProposicao=563396. Acesso em: 13 mar. 2021.

falecido, tudo o que é possível guardar ou acumular em espaço virtual, nas condições seguintes:

I – senhas;

II – redes sociais;

III – contas da Internet;

IV – qualquer bem e serviço virtual e digital de titularidade do falecido.

No art. 1.797-B, em sequência, foi assegurada a transmissão aos herdeiros legítimos, na ausência de testamento do autor da herança. Por fim, o art. 1.797-C imputou aos herdeiros os poderes de definir o destino das contas digitais do falecido, decidindo pela transformação em memorial, pela exclusão de todos os dados armazenados ou pela remoção do perfil.

Desde o início, os projetos sofreram severas críticas, acusando-se de apresentar "proposta redacional simplista e desconectada da realidade em que se inserem os bens digitais"[432]. Nesse sentido, as duas proposições iniciais sobre o tema foram criticadas, sobretudo, pelo largo enquadramento, ao pretender tutelar indistintamente todos os ativos digitais. Aponta-se, ainda, que a simplicidade do conceito de herança digital desconsidera elementos como "a complexidade de aferição da propriedade sobre aquilo que, embora seja armazenado pelo titular, o é sob a concessão de licenças para a gestão de direitos autorais (*digital rights management*), como músicas e filmes em serviços de *streaming*"[433].

A violação ao direito de privacidade dos usuários também é crítica

432 MARTINS, Guilherme Magalhães; FALEIROS JÚNIOR, José Luiz de Moura. O planejamento sucessório da herança digital. In: TEIXEIRA, Daniele Chaves (Coord.). *Arquitetura do planejamento sucessório*: Tomo II. 2. ed. 1. reimp. rev. ampl e atual. Belo Horizonte: Fórum, 2020, p. 477.

433 MARTINS, Guilherme Magalhães; FALEIROS JÚNIOR, José Luiz de Moura. O planejamento sucessório da herança digital. In: TEIXEIRA, Daniele Chaves (Coord.). *Arquitetura do planejamento sucessório*: Tomo II. 2. ed. 1. reimp. rev. ampl e atual. Belo Horizonte: Fórum, 2020, p. 478.

frequente aos projetos de lei apresentados no Congresso Nacional brasileiro, pois, como retratado, há tendência de se assegurar a transmissibilidade geral aos herdeiros. Nesse sentido, a autora Lívia Leal defende que há maior expectativa de privacidade no âmbito digital e, ao analisar os dois primeiros projetos de lei, pontua que houve desconsideração da proteção do direito à privacidade de herdeiros que se comunicaram privadamente com o falecido, além da invasão à intimidade da própria pessoa falecida[434].

Entretanto, as considerações apresentadas neste trabalho, com fundamento no art. 1.784 do Código Civil e com amparo na orientação jurisprudencial alemã, na legislação espanhola e francesa em torno do tema, sobretudo, denotam que o impacto de direitos de personalidade não é óbice à transmissão da herança digital. A barreira imposta por senhas e chaves de acesso, no contexto eletrônico, não deve ser interpretada como especial expectativa de proteção da privacidade. De tal forma, Karina Fritz rebate o argumento de que as senhas das plataformas digitais inviabilizariam a transmissão dos conteúdos ali registrados:

> A ideia de que no mundo físico tem-se a ciência de que a morte acarretará a triagem de nossos pertences, enquanto no mundo *online* existe uma expectativa maior de privacidade, não parece se sustentar pelo simples fato de que o fenômeno sucessório *faz parte do ideário coletivo de toda a humanidade*, desde os primórdios até os dias atuais. Além disso, não se pode perder de vista que a exigência de cadastro de usuário e senha visam, em primeira linha, *garantir a segurança da rede de comunicação* e não a privacidade dos usuários[435].

Além disso, o melhor caminho para satisfazer aqueles que insistem na

434 LEAL, Lívia Teixeira. Tratamento jurídico do conteúdo disposto na Internet após a morte do usuário e a denominada herança digital. In: TEIXEIRA, Daniele Chaves (Coord.). *Arquitetura do planejamento sucessório*: Tomo II. 2. ed. 1. reimp. rev. ampl e atual. Belo Horizonte: Fórum, 2020, p. 223-238.

435 FRITZ, Karina Nunes. Herança digital: quem tem legitimidade para ficar com o conteúdo digital do falecido? In: MARTINS, Guilherme Magalhães; LONGHI, João Victor

preocupação com a preservação da privacidade de dados *post mortem* é o reforço à autonomia privada dos usuários. A garantia de vinculatividade à liberdade de disposição dos titulares dos dados, assim, mostra-se conveniente.

Os dois primeiros projetos foram arquivados por perda de oportunidade, com o encerramento da legislatura.

Seguindo o critério cronológico de análise, em 2015 foi apresentado o terceiro projeto legislativo referente ao tema, por iniciativa do Deputado Federal Alexandre Baldy (PSDB/GO). O **Projeto de Lei n. 1331, de 29 de abril de 2015**[436], propôs alteração no inciso X do art. 7º do Marco Civil da Internet (Lei n. 12.965, de 2014) para autorizar cônjuges, ascendentes e descendentes até o terceiro grau a requerer a remoção de dados pessoais de usuários falecidos. Referido projeto foi também arquivado pelo encerramento da legislatura.

No ano de 2017 foram apresentadas duas novas propostas à Câmara dos Deputados, sendo elas o Projeto de Lei n. 7.742 e o Projeto de Lei n. 8562. Ambos foram apensados e, igualmente, arquivados com o término da legislatura. Apesar do arquivamento, cumpre analisar o conteúdo e as inovações das referidas proposições.

O **Projeto de Lei n. 7742, de 2017**[437], de iniciativa do Deputado Federal

Rozatti (Coords.). *Direito digital*: direito privado e internet. 3. ed. atual. rev. e ampl. Indaiatuba: Foco, 2020, p. 199. Destaque da autora.

436 BRASIL. Câmara dos Deputados. *Projeto de Lei n. 1331, de 2015*. Altera a Lei n.12.965, de 23 de abril de 2014 - Marco Civil da Internet, dispondo sobre o armazenamento de dados de usuários inativos na rede mundial de computadores. Disponível em: https://www.camara.leg.br/proposicoesWeb/fichadetramitacao?idProposicao =1227967. Acesso em: 13 mar. 2021.

437 BRASIL. Câmara dos Deputados. *Projeto de Lei n. 7742, de 2017*. Acrescenta o art. 10-A à Lei n.12.965, de 23 de abril de 2014 (Marco Civil da Internet), a fim de dispor sobre a destinação das contas de aplicações de internet após a morte de seu titular. Disponível em: https://www.camara.leg.br/proposicoesWeb/fichadetramitacao

Alfredo Nascimento (PR/AM), foi proposto em 30 de maio de 2017. Em síntese, pretendia acrescentar o art. 10-A no Marco Civil da Internet (Lei n. 12.965, de 2014), estabelecendo como regra, no *caput*, a exclusão das contas com a comunicação e comprovação da morte dos usuários. A legitimidade para requerer a exclusão foi estabelecida no parágrafo 1º, com atribuição ao "cônjuge, companheiro ou parente, maior de idade, obedecida a linha sucessória, reta ou colateral, até o segundo grau". No parágrafo 2º, foi determinado o armazenamento desses ativos digitais por até um ano. No 3º e último parágrafo, foi autorizada a manutenção das contas após o óbito do titular, atendendo-se aos requisitos cumulativos de que a plataforma autorize e de que o herdeiro apresente requerimento dentro do prazo de um ano após a morte.

Ainda, o **Projeto de Lei n. 8562**[438], de iniciativa do Deputado Federal Elizeu Dionizio (PSDB/MS), foi apresentado em 12 de setembro de 2017 e apensado ao Projeto de Lei n. 7742/2017 no dia 29 do mesmo mês. Tal proposição é fiel cópia do Projeto de Lei n. 4847/2012, com até mesmo idêntica justificativa. Apesar de aprovado pela Comissão de Ciência e Tecnologia, Comunicação e Informática (CCTCI), foi arquivado em 31 de janeiro de 2019, como visto.

Após hiato de mais de dois anos, foram apresentadas três propostas no ano de 2019, sendo a primeira à Câmara dos Deputados e as duas últimas ao Senado Federal. As três se encontram ainda em tramitação, o que inspira análise mais criteriosa.

Em 31 de outubro de 2019, o Deputado Federal Elias Vaz (PSB/GO)

?idProposicao=2139508. Acesso em: 13 mar. 2021.

438 BRASIL. Câmara dos Deputados. *Projeto de Lei n. 8562, de 2017*. Acrescenta o Capítulo II-A e os arts. 1.797-A a 1.797-C à Lei n.10.406, de 10 de janeiro de 2002. Disponível em: https://www.camara.leg.br/proposicoesWeb/fichadetramitacao?idProposicao=2151223. Acesso em: 13 mar. 2021.

apresentou o **Projeto de Lei n. 5820**[439], ainda tramitando. A última movimentação registrada foi a designação da relatoria do Deputado Alê Silva (PSL-MG), na Comissão de Constituição e Justiça e de Cidadania (CCJC), em 12 de maio de 2021. Neste caso, pretende-se incluir no art. 1.881 do Código Civil parágrafo 4º, com a seguinte redação: "Para a herança digital, entendendo-se essa como vídeos, fotos, livros, senhas de redes sociais, e outros elementos armazenados exclusivamente na rede mundial de computadores, em nuvem, o codicilo em vídeo dispensa a presença das testemunhas para sua validade".

O texto também atrai a aplicação do instituto do codicilo para o âmbito digital, com a prudente adaptação de dispensa de testemunhas. Se aprovado, a respectiva futura lei autorizará que usuários manifestem seus desejos para o destino de ativos digitais por meio de gravação de vídeos simples, sem maiores exigências.

Em 13 de dezembro de 2019, o Senador Jorginho de Mello, autor do arquivado Projeto de Lei n. 4099, de 2012, apresentou nova proposta: o **Projeto de Lei n. 6468**[440]. O texto foi recebido pela Comissão de Constituição, Justiça e Cidadania e aguarda a designação de relator desde 18 de fevereiro de 2021. Em síntese, o projeto propõe acréscimo de parágrafo único no art. 1.788 do Código Civil, para assegurar a transmissão aos herdeiros de todos os conteúdos de contas ou arquivos digitais de titularidade do autor da herança, por meio da seguinte redação: "Serão transmitidos aos herdeiros

---

439 BRASIL. Câmara dos Deputados. *Projeto de Lei n. 5820, de 2019*. Dá nova redação ao art. 1.881 da Lei n.10.406, de 2002, que institui o Código Civil. Disponível em: https://www.camara.leg.br/proposicoesWeb/fichadetramitacao?idProposicao=2228037. Acesso em: 13 mar. 2021.

440 BRASIL. Senado Federal. *Projeto de Lei n. 6468, de 2019*. Altera o art. 1.788 da Lei n.º10.406, de 10 de janeiro de 2002, que institui o Código Civil, para dispor sobre a sucessão dos bens e contas digitais do autor da herança. Disponível em: https://www25.senado.leg.br/web/atividade/materias/-/materia/140239. Acesso em: 13 mar. 2021.

todos os conteúdos de contas ou arquivos digitais de titularidade do autor da herança". Pretende-se, logo, "fazer com que a sucessão de bens digitais ocorra como a de qualquer outro bem tangível, que não precisa de testamento para que se deixe clara sua aptidão para sucessão"[441].

As principais motivações do Projeto de Lei n. 6468/2019 envolvem a busca pela uniformidade das decisões judiciais, além de assegurar aos herdeiros total acesso e controle aos bens digitais deixados por usuários mortos.

Apesar das louváveis justificativas, fartas são as críticas apresentadas.

Critica-se, de início, a redação empregada, considerada insuficiente e genérica, que também peca por imprecisão e falta de técnica, além de perder a oportunidade de apresentar glossário, densificando os termos afetos ao tema[442]. Tal crítica tem parcial fundamento. Seria interessante que o legislador colocasse pá de cal nas discussões conceituais e estabelecesse, com clareza, o significado e a abrangência de termos como herança digital, bens digitais, conteúdo digital, autor da herança, sucessores, provedores de internet, dentre outros. Tal delimitação facilitaria demasiadamente os estudos e o debate sobre o assunto.

Procedem também as críticas de perda de oportunidade de impor limites ao poder unilateral de provedores digitais, coibindo excessivas restrições unilaterais impostas aos usuários nos termos de uso do serviço.

Outro ponto negativo do projeto foi a ausência de imposição da obrigatoriedade de "indicação de que aquele determinado perfil não estaria mais sendo administrado pelo seu titular originário (o sucedido), mas por pessoa

441 PEREIRA, Gustavo Santos Gomes. *Herança digital no Brasil*: Os impactos de sua proposta de tutela sobre a defesa póstuma dos direitos da personalidade. 2. ed. Rio de Janeiro: Lumen Juris, 2020, p. 92.

442 PEREIRA, Gustavo Santos Gomes. *Herança digital no Brasil*: Os impactos de sua proposta de tutela sobre a defesa póstuma dos direitos da personalidade. 2. ed. Rio de Janeiro: Lumen Juris, 2020, p. 105.

diversa (o sucessor)"[443], evitando-se a prática do crime de "falsa identidade", previsto no art. 307 do Código Penal (Decreto-Lei n. 2.848/1940)[444].

Aponta-se, ainda, a mera repetição de direitos já existentes no ordenamento brasileiro, sem apresentar disposições conscientes das especificidades dos bens digitais, bem como sem resguardar direitos de personalidade do autor da herança e de terceiros envolvidos. Neste ponto, afirma-se que o projeto "limitou-se a garantir aquilo que, pelas disposições do Código Civil, em especial os artigos 1.784, 1.786, 1.788, 1.829, 1.845, 1.846 e 1.857, já era juridicamente possível"[445]. Todavia, tal crítica não procede. Ainda que o ordenamento pátrio, a rigor, contenha dispositivos aplicáveis, diretamente ou elasticamente, à transmissão sucessória de bens digitais, é imperioso o tratamento específico do tema, para assegurar aplicação uniforme aos casos concretos, suprindo lacuna enxergada por aqueles que não concordam com a ampla sucessão de bens digitais.

O **Projeto de Lei n. 3799, de 2019**[446] trata da sucessão em geral e pretende a reforma do Livro V do Código Civil – Do Direito das Sucessões. Para tanto, contém disposições sobre as formas de sucessão legítima e testamentária, além de vários outros tópicos concernentes à transmissão *causa*

---

443 PEREIRA, Gustavo Santos Gomes. *Herança digital no Brasil*: Os impactos de sua proposta de tutela sobre a defesa póstuma dos direitos da personalidade. 2. ed. Rio de Janeiro: Lumen Juris, 2020, p. 106.

444 Ver nota de rodapé n. 417.

445 PEREIRA, Gustavo Santos Gomes. *Herança digital no Brasil*: Os impactos de sua proposta de tutela sobre a defesa póstuma dos direitos da personalidade. 2. ed. Rio de Janeiro: Lumen Juris, 2020, p. 101-102.

446 BRASIL. Senado Federal. *Projeto de Lei n. 3799, de 2019*. Altera o Livro V da Parte Especial da Lei n.10.406, de 10 de janeiro de 2002, e o Título III do Livro I da Parte Especial da Lei n.13.105, de 16 de março de 2015, para dispor sobre a sucessão em geral, a sucessão legítima, a sucessão testamentária, o inventário e a partilha. Disponível em: https://www25.senado.leg.br/web/atividade/materias/-/materia/137498. Acesso em: 13 mar. 2021.

mortis, como administração da herança, instauração do inventário, vocação hereditária, curatela dos bens, aceitação e renúncia da herança, exclusão e deserdação, herdeiros necessários, testemunhas em testamentos, testamento público, cerrado e particular, codicilos, rompimento de testamento, colação e partilha, conforme discorrido na explicação da ementa. A proposta foi apresentada pela Senadora Soraya Thronicke (PSL/MS) e desde 08 de agosto de 2019 se encontra com o relator designador, Senador Antonio Anastasia. No entanto, "não apresenta disposições a respeito da herança digital"[447]. Estabelece, tão somente, a possibilidade de realização de testamentos clássicos de forma eletrônica.

Em 2020, ainda, foram apresentadas duas proposições no Congresso brasileiro que também estão ainda em tramitação.

O **Projeto de Lei n. 3050, de 02 de junho de 2020**[448] foi apresentado pelo Deputado Federal Gilberto Abramo (REPUBLIC/MG) e tramita atualmente na Comissão de Constituição e Justiça e de Cidadania (CCJC). Na propositura, é sugerido acréscimo de parágrafo único no art. 1.788 do Código Civil – assim como o fizeram os projetos n. 4847/2012 e n. 6468/2019 –, com a seguinte redação: "Serão transmitidos aos herdeiros todos os conteúdos de qualidade patrimonial contas ou arquivos digitais de titularidade do autor da herança".

O parágrafo único sugerido mostra-se bastante similar, se não idêntico, ao parágrafo único proposto pelo Projeto de Lei n. 6468 para o mesmo dispositivo da legislação civil. Afirma-se, especificamente, que o "Projeto de

447 HONORATO, Gabriel; LEAL, Lívia Teixeira. Exploração econômica de perfis de pessoas falecidas. In: TEIXEIRA, Ana Carolina Brochado; LEAL, Lívia Teixeira (Coords.). *Herança Digital*: Controvérsias e Alternativas. Indaiatuba: Foco, 2021, p. 142.

448 BRASIL. Câmara dos Deputados. *Projeto de Lei n. 3050, de 2020*. Altera o art. 1.788 da Lei n.º 10.406, de 10 de janeiro de 2002. Disponível em: https://www.camara.leg.br/proposicoesWeb/fichadetramitacao?idProposicao=2254247. Acesso em: 13 mar. 2021.

Lei n. 3.050/2020, pelo menos, restringe o alcance da "herança digital" aos conteúdos de qualidade patrimonial das contas ou arquivos de titularidade do autor da herança, embora nem sempre tal qualificação seja tão nítida"[449].

O **Projeto de Lei n. 3051, também de 02 de junho de 2020**[450], igualmente apresentado pelo Deputado Federal Gilberto Abramo, foi apensado ao anterior e pretende acrescentar o art. 10-A ao Marco Civil da Internet, a fim de dispor sobre a destinação das contas de aplicações de internet após a morte de seu titular. A íntegra do projeto é fidedigna reprodução do arquivado Projeto de Lei n. 7742/2017. Como destacado em suas justificativas, o projeto almeja assegurar aos familiares a escolha entre a exclusão de contas virtuais de usuários falecidos e a criação de memoriais em plataformas digitais.

O penúltimo projeto identificado sobre o tema trata-se do **Projeto de Lei n. 1144, de 30 de março de 2021**[451], apresentado pela Deputada Federal Renata Abreu e também apensado ao Projeto de Lei n. 3050/2020. A proposta propõe alteração no Código Civil e no Marco Civil da Internet e, em síntese, "busca definir quem tem direito a recorrer em ações de danos contra a imagem de pessoas mortas, passa a incluir ativos digitais na herança e garante a possibilidade de que conteúdos sejam removidos após a morte"[452]. O texto

---

449 BARBOSA, Heloísa Helena; ALMEIDA, Vitor. Tecnologia, Morte e Direito. In: TEIXEIRA, Ana Carolina Brochado; LEAL, Lívia Teixeira (Coords.). *Herança Digital*: Controvérsias e Alternativas. Indaiatuba: Foco, 2021, p. 15.

450 BRASIL. Câmara dos Deputados. *Projeto de Lei n. 3050, de 2020*. Acrescenta o art. 10-A ao Marco Civil da Internet, a fim de dispor sobre a destinação das contas de aplicações de internet após a morte de seu titular. Disponível em: https://www.camara.leg.br/proposicoesWeb/fichadetramitacao?idProposicao=2254248. Acesso em: 13 mar. 2021.

451 BRASIL. Câmara dos Deputados. *Projeto de Lei n. 1144, de 2021*. Dispõe sobre os dados pessoais inseridos na internet após a morte do usuário. Disponível em: https://www.camara.leg.br/proposicoesWeb/fichadetramitacao?idProposicao=227594. Acesso em: 21 jul. 2021.

452 PROJETO de lei apresentado na Câmara busca regulamentar herança digital; autora

proposto, entretanto, afasta expressamente as mensagens privadas sem exclusiva finalidade econômica da transmissão sucessória. Este ponto, segundo a visão trabalhada no presente estudo, merece revisão.

Por outro lado, a proposta foi louvável ao determinar prazo mínimo de um ano para que as plataformas armazenem dados e registros de usuários falecidos. Igualmente, é positiva a definição de rol de legitimados a advogar pelos interesses de titulares de bens digitais, incluindo "qualquer pessoa com legítimo interesse".

Por sua vez, a última proposição se refere ao **Projeto de Lei n° 365, de 2022**[453], de iniciativa do Senador Confúcio Moura, e que se encontra em tramitação no Senado Federal. O projeto conceitua herança digital como "o conjunto de informações, dados, sons, imagens, vídeos, gráficos, textos, arquivos computacionais e qualquer outra forma de conteúdo de propriedade do usuário, armazenado em dispositivos computacionais". A proposta é louvável por autorizar a previsão de disposições testamentárias sobre herança digital nos próprios aplicativos de internet[454]. Entretanto, deve ser criticada a redação do art. 6º, que estabelece como regra geral a não transmissibilidade de mensagens privadas, pelos argumentos já exarados:

> Art. 6º. As contas em aplicações de mensagens eletrônicas privadas ou o próprio conteúdo das mensagens, além de todas as demais formas de conteúdo armazenado não publicado, não poderão ser acessadas por herdeiros

---

da proposta e especialistas comentam. *IBDFAM*, [*s. l.*], 06 maio 2021. Disponível em: https://ibdfam.org.br/noticias/8453. Acesso em: 21 jul. 2021.

453 BRASIL. Senado Federal. *Projeto de Lei n. 365, de 2022*. Dispõe sobre a herança digital. Disponível em: https://www25.senado.leg.br/web/atividade/materias/-/materia/151903. Acesso em: 29 jul. 2022.

454 NICOCELI, Artur. Como ficam os ativos digitais após morte do proprietário. *CNN Brasil Business*. São Paulo, 03 abr. 2022. Disponível em: https://www.cnnbrasil.com.br/business/como-ficam-os-ativos-digitais-apos-morte-do-proprietario/. Acesso em: 13 maio 2022.

ou legatários.

§ 1º. Mediante disposição testamentária expressa, e desde que essa funcionalidade seja oferecida pela aplicação, o usuário poderá autorizar o acesso a suas mensagens privadas ou a outras formas de conteúdo armazenado não publicado a um ou mais legatários, de forma integral ou parcial, limitando o acesso pela data de transmissão das comunicações, pelos interlocutores envolvidos ou por outros critérios.

§ 2º. O disposto neste artigo não veda o compartilhamento de senhas ou de outrasformas para acesso a contas pessoais, que serão equiparadas a autorizações expressas para acesso.

§ 3º. Desde tecnicamente possível, os conteúdos não publicados que tenham valor patrimonial ou que constituam obras intelectuais protegidas por direito autoral serão transmitidos aos sucessores.

§ 4º. É também permitido o acesso por herdeiro e legatário mediante decisão judicial que reconheça a importância dos conteúdos de que trata o caput deste artigo para fins de esclarecimentos relevantes para apuração de crime ou de infração administrativa.

A seguir, estrutura-se a situação dos projetos de lei apresentados sobre o tema:

Quadro 1

Projetos de Lei sobre herança digital apresentados no Brasil

PROJETO DE LEI	SITUAÇÃO	EMENTA	COMENTÁRIOS
4099/2012	**Arquivado** desde 30.04.2019, tendo antes sido aprovada Redação Final pela Câmara dos Deputados, com remessa ao Senado	Altera o art. 1.788 da Lei n. 10.406, de 10 de janeiro de 2002, que "institui o Código Civil".	Garante aos herdeiros a transmissão de todos os contéudos de contas e arquivos digitais. Primeira proposta legislativa sobre transmissão sucessória de patrimônio digital no Brasil.
4847/2012	**Arquivado** em 21.06.2019, tendo sido anteriormente apensado ao Projeto de Lei n. 4099/2012.	Acrescenta o Capítulo II-A e os arts. 1.797-A a 1.797-C à Lei n. 10.406, de 10 de janeiro de 2002.	Estabelece normas sobre herança digital. Propõe o acréscimo de três novos artigos no Código Civil, do 1.797-A ao 1.797-C, inaugurando definição legal sobre herança digital e assegurando aos herdeiros o direito à transmissão, que envolve a escolha entre criação de memoriais e exclusão das contas.

PROJETO DE LEI	SITUAÇÃO	EMENTA	COMENTÁRIOS
1331/2015	**Arquivado** em 31.01.2019, pelo encerramento da legislatura, após tramitar na Câmara dos Deputados.	Altera a Lei n. 12.965, de 23 de abril de 2014 - Marco Civil da Internet, dispondo sobre o armazenamento de	Propõe alteração no inciso X do artigo 7º do Marco Civil da Internet (Lei n. 12.965, de 2014) para autorizar cônjuges, ascendentes e descendentes até o terceiro grau a requerer a remoção de dados pessoais de usuários falecidos.
7742/2017	**Arquivado** em 31.01.2019, pelo encerramento da legislatura, na Câmara dos Deputados.	Acrescenta o art. 10-A ao Marco Civil da Internet, a fim de dispor sobre a destinação das contas de aplicações de internet após a morte de seu titular.	Almeja assegurar aos familiares a escolha entre a exclusão de contas virtuais de usuários falecidos e a criação de memoriais em plataformas digitais.

PROJETO DE LEI	SITUAÇÃO	EMENTA	COMENTÁRIOS
8562/2017	**Arquivado** em 31.01.2019, apesar de aprovado pela CCTCI da Câmara dos Deputados.	Acrescenta o Capítulo II-A e os arts. 1.797-A a 1.797-C à Lei n. 10.406, de 10 de janeiro de 2002.	Trata da herança digital. Similar ao do Projeto de Lei n. 4.847/2012, com idêntica justificativa.
5820/2019	**Em tramitação**. Aprovada redação final pela CCJC em 16.12.2021. Remetido ao Senado Federal em 08.02.2022.	Dá nova redação ao art. 1.881 da Lei n. 10.406, de 2002, que institui o Código Civil.	O texto atrai a aplicação do instituto do codicilo para o âmbito digital, com a prudente adaptação de dispensa de testemunhas. Se aprovado, a respectiva futura lei autorizará que os usuários manifestem seus desejos para o destino de seus ativos digitais por meio de gravação de vídeos simples, sem maiores exigências.

PROJETO DE LEI	SITUAÇÃO	EMENTA	COMENTÁRIOS
6468/2019	**Em tramitação** no Senado Federal. Aguardando designação de relatoria desde 18.02.2021	Altera o art. 1.788 da Lei n.º 10.406, de 10 de janeiro de 2002, que institui o Código Civil, para dispor sobre a sucessão dos bens e contas digitais do autor da herança.	Altera o Código Civil para determinar a transmissão aos herdeiros de todos os conteúdos de contas ou arquivos digitais de titularidade do autor da herança.
3799/2019	**Em tramitação** no Senado Federal. Aguardando designação de relator desde 02.02.2022.	Altera o Livro V da Parte Especial da Lei n. 10.406, de 10 de janeiro de 2002, e o Título III do Livro I da Parte Especial da Lei n. 13.105, de 16 de março de 2015, para dispor sobre a sucessão em geral, a sucessão legítima, a sucessão testamentária, o inventário e a partilha.	Pretende a reforma do Livro V do Código Civil – Do Direito das Sucessões. Não trata da herança digital.

PROJETO DE LEI	SITUAÇÃO	EMENTA	COMENTÁRIOS
3050/2020	**Em tramitação** na Comissão de Comunicação da Câmara dos Deputados.	Altera o art. 1.788 da Lei n.º 10.406, de 10 de janeiro de 2002.	Bastante similar, senão idêntico, ao Projeto de Lei n. 6468.
3051/2020	**Em tramitação**. Apensado ao Projeto de Lei n. 3050/2020.	Acrescenta o art. 10-A à","(Marco Civil da Internet), a fim de dispor	Idêntico ao Projeto de Lei n. 7742/2017.
1144/2021	**Em tramitação.** Apensado ao Projeto de Lei n. 3050/2020.	Dispõe sobre os dados pessoais inseridos na internet após a morte do usuário.	Busca definir os legitimados para ações de danos contra a imagem de pessoas mortas, inclui ativos digitais na herança e estabelece prazo para a exclusão de conteúdos de usuários mortos.

PROJETO DE LEI	SITUAÇÃO	EMENTA	COMENTÁRIOS
365/2022	**Em tramitação** na CCJC da Câmara dos Deputados. Aguardando designação de relatoria desde 02.05.2023.	Dispõe sobre a herança digital.	Conceitua herança digital e dispõe sobre sua inclusão nas disposições testamentárias, inclusive em aplicações de internet. Entretanto, como regra geral, proíbe o acesso de herdeiros e legatários a mensagens privadas.

Algumas das propostas mostram-se inclinadas ao melhor posicionamento: ampla transmissão sucessória de bens digitais. Todavia, as últimas proposições, em especial, pecam ao buscar afastar as mensagens de caráter privado do objeto transmissível.

Além da incerteza de posicionamento a ser adotado, falta clareza no tratamento do tema. Ainda, perde-se a oportunidade de reger melhor a matéria, incluindo disposições sobre a preservação da autonomia dos usuários na autodeterminação do destino de seus bens digitais *post mortem*, além da imposição de claras barreiras ao poder unilateral das plataformas digitais.

3.4.3. Importância de tratamento próprio da ampla sucessão digital

Os debates quanto à herança digital instigam reflexão em relação às disposições existentes, procurando soluções a partir dos caminhos já traçados. As considerações do presente trabalho demonstram que há suporte jurídico para se aplicar a ampla transmissão de patrimônio digital. No entanto, a atual situação de insegurança e de preponderância da impossibilidade de sucessão de bens existenciais sugere a necessidade de regulação expressa.

O patrimônio digital requer uma reconsideração das teorias jurídicas dos bens, mas também e, sobretudo, uma cuidadosa consideração das categorias de direitos subjetivos, apresentando o ambiente digital de casos que são inigualáveis na realidade[455]. Como as soluções existentes têm sido desconsideradas, ou se mostram infrutíferas, desponta-se a necessidade de novos horizontes. Se até as formas de tutela estão diferentes, é preciso redimensionar

455 Sobre o assunto: "Il patrimonio digitale richiede dunque un ripensamento dela teorie giuridiche dei beni ma anche e soprattutto un'attenta ponderazione delle categorie dei diritti soggettivi presentando l'ambiente digitale delle fattispecie che non trovano eguali nella realtà". MARINONI, Matilda. *Patrimonio digitale*: analisi comparata dei pro'ili successori. 2016. 128 f. Dissertação (Laurea Magistrale in Giurisprudenza) – Università degli Studi di Padova, Pádua, 2016, p. 22.

categorias.

Pela bandeira levantada neste trabalho, é necessário amplo tratamento dos bens digitais, defendendo-se a total inclusão no monte hereditário, em atenção ao princípio da sucessão universal, que rege o instituto da transmissão *causa mortis* no direito brasileiro. É, pois, "evidente a urgente necessidade de legislação específica, no ordenamento jurídico brasileiro, destinada a disciplinar a transmissibilidade ou não da herança digital, uma vez que tal omissão não impede a formação dos patrimônios digitais"[456]. De modo geral:

> O fato de a maioria das plataformas impedir a transferência de dados do perfil aos herdeiros necessários, testamentários ou a terceiros indicados pelo usuário demonstra o poder subjacente empresarial que caracteriza a problemática e a urgência de se transpor o vácuo normativo específico para sistematizar o tema[457].

Como detalhado, o artigo 1.784 do Código Civil aplica-se naturalmente a todo o patrimônio digital titularizado por usuários falecidos. Além da pertinência e adequabilidade da corrente da ampla transmissão sucessória de bens digitais, as demais teorias foram devidamente desconstruídas, pela imperativa lógica de transmissibilidade universal, e pela crítica à concessão de poder exclusivo aos provedores digitais quanto ao destino dos conteúdos.

As vastas implicações do assunto movimentam grandes comunidades internacionais, que já estão à frente no debate. Nos Estados Unidos e na União Europeia, por exemplo, o tema tem ganhado destaque nas discussões

---

456 FARIAS, Andressa de Figueiredo. *A possibilidade de transmissão da herança digital e a urgente necessidade de legislação específica no ordenamento jurídico brasileiro*. 2019. 70 f. Trabalho de Conclusão de Curso (Graduação em Direito) – Universidade Federal do Ceará, Faculdade de Direito, Fortaleza, 2019, p. 62. Disponível em: https://repositorio.ufc.br/handle/riufc/49335. Acesso em: 12 jul. 2022.

457 GARCIA, Fernanda Mathias de Souza. *Herança digital*: o direito brasileiro e a experiência estrangeira. Rio de Janeiro: Lumen Juris, 2022, p. 145.

legislativas há anos, especialmente com a aprovação dos princípios sobre o uso de ativos digitais pelo *European Law Institute*, e pelo trabalho da *Uniform Law Commission*, com o UFADAA, no âmbito estadunidense. Assim, é importante ter em vista o tratamento aplicado nas experiências internacionais, antes de se pensar na alteração normativa brasileira.

A edição de texto legal específico copia a tendência verificada em relevantes experiências internacionais, pois "os países ocidentais caminham no sentido de se estabelecer cada vez mais regras legislativas, a fim de se prevenir e resolver conflitos sobre o destino dos bens digitais"[458]. Nessa análise, uma proposta legal que pretenda tratar do tema no Brasil deve ter como foco assegurar a inclusão dos bens digitais no patrimônio sucessível, reconhecer a autonomia dos usuários para predeterminar o destino de seus ativos virtuais e impor limites à atuação das plataformas controladoras de dados.

Alertando para as vantagens e os perigos da regulação estatal, Yochai Benkler destaca que "uma lei que sistematicamente concede a algumas pessoas o poder de controlar opções ou preferências de outras prejudica a autonomia"[459]. De tal forma, sustenta o autor a importância de que as leis, especialmente no cenário do direito digital, foquem em assegurar o maior fluxo possível de informações aos usuários, criando um desenho institucional com foco na autonomia privada[460]. Tais considerações, em conjunto com a análise ora apresentada, reforçam que a liberdade dos usuários deve ser priorizada no tratamento legal da herança digital.

---

458 LACERDA, Bruno Torquato Zampier. Bens Digitais: Em busca de um microssistema próprio. In: TEIXEIRA, Ana Carolina Brochado; LEAL, Lívia Teixeira (Coords.). *Herança Digital*: Controvérsias e Alternativas. Indaiatuba: Foco, 2021, p. 50.

459 "A law that systematically gives some people the power to control the options perceived by, or the preferences of, others, is a law that harms autonomy". BENKLER, Yochai. *The Wealth of Networks*: How Social Production Transforms Markets and Freedom. New Heaven: Yale University Press, 2006. E-book, local. 149.

460 BENKLER, Yochai. *The Wealth of Networks*: How Social Production Transforms Markets and Freedom. New Heaven: Yale University Press, 2006. E-book, local. 151.

No que tange às dificuldades ainda a serem enfrentadas pelo legislador brasileiro na tentativa de regular o assunto, sugere-se o incremento do debate e a participação de organizações e especialistas:

> Embora em todas estas proposituras se constate uma insuficiência textual gritante, há de reconhecer alguns avanços, a começar pelo reconhecimento da herança digital, a previsão do testamento digital e a possibilidade de remoção dos conteúdos pelos herdeiros. Mesmo em tais condições, sopesando-se as diversas omissões dos projetos de lei (que poderiam regular mais adequadamente a matéria), é mister destacar, uma vez mais, a falta de participação de entidades que muito poderiam contribuir com estas novas legislações[461].

A complexidade do tema requer mais que simples modificações de dispositivos no Código Civil ou no Marco Civil da Internet, pois "não é uma simples alteração de um ou dois artigos no Livro das Sucessões que irá conceder a efetiva proteção a estes bens"[462]. Urge a necessidade de se criar lei própria, tratando das especificidades do tema, calcada, especialmente, no princípio de ampla transmissão, no princípio da autonomia privada e no princípio da segurança jurídica.

Ciente da relevância de lei própria, propõe-se esboço legal com pretensão de autorizar legalmente a ampla transmissibilidade *post mortem* de bens digitais, para alimentar os debates doutrinários sobre o tema, apropriando-se de parte da redação do Projeto de Lei n. 365/2022, com adaptações, ressalvadas eventuais correções de legística:

---

461 CARVALHO, Gabriel Honorato de; GODINHO, Adriano Marteleto. Planejamento sucessório e testamento digital: a proteção dinâmica do patrimônio virtual. In: TEIXEIRA, Daniele Chaves (Coord.). *Arquitetura do planejamento sucessório*: Tomo II. 2. ed. 1. reimp. rev. ampl e atual. Belo Horizonte: Fórum, 2020, p. 183.

462 LACERDA, Bruno Torquato Zampier. Bens Digitais: Em busca de um microssistema próprio. In: TEIXEIRA, Ana Carolina Brochado; LEAL, Lívia Teixeira (Coords.). *Herança Digital*: Controvérsias e Alternativas. Indaiatuba: Foco, 2021, p. 51.

Art. 1º. A herança compreende o patrimônio físico e digital do *de cujus*.

§1º. Considera-se herança digital o conjunto de informações, dados, sons, imagens, vídeos, gráficos, textos, arquivos computacionais e qualquer outra forma de conteúdo de propriedade do usuário, armazenado em dispositivos computacionais, independentemente do suporte utilizado, inclusive os armazenados remotamente, em aplicações de internet ou em outros sistemas acessíveis por redes de comunicação, desde que não tenham valor econômico.

§2º. Desde que tecnicamente possível, todos conteúdos publicados e não publicados, incluindo os que tenham valor pessoal, patrimonial serão transmitidos aos sucessores, ressalvada a proteção autoral.

§3º. As publicações removidas, alteradas ou acrescentadas por herdeiros ou legatários serão destacadas para evidenciar o fato de terem sido editadas, explicitando os responsáveis pelas modificações.

§4º. Salvo disposição testamentária em contrário, os dispositivos de armazenamento de propriedade do autor da herança digital e seu conteúdo serão tratados de forma unificada.

Art. 2º. Os usuários, por manifestação de vontade inequívoca, podem escolher destino diverso a seus dados digitais após sua morte, incluindo a destinação a terceiros ou a exclusão definitiva, o que deverá ser atendido pelas plataformas digitais e provedores de internet.

§1º. O usuário poderá conferir poderes específicos a um ou mais herdeiros ou legatários, de forma integral ou parcial, limitando a permissão pela data das publicações, pelos temas envolvidos ou por outros critérios que julgar apropriados.

§2º. Tal possibilidade não afetará o direito dos herdeiros de acessar o conteúdo que possa fazer parte do monte hereditário, nem a garantia da legítima.

§3º. Ainda que exista manifestação em sentido contrário do próprio usuário, decisão judicial poderá conceder acesso a herdeiros e legatários ao conteúdo de herança digital para fins de esclarecimentos relevantes para apuração de crime, infração administrativa ou de justo motivo.

Art. 3º. As determinações acerca da herança digital poderão ser consignadas

> em testamento ou diretamente nas aplicações de internet.
>
> §1º. Somente podem decidir sobre sua herança digital os aptos a testar.
>
> §2º. No caso de incapazes para testar, as determinações acerca da herança digital cabem aos responsáveis legais.
>
> §3º. As determinações relativas à herança digital consignadas diretamente em aplicações de internet serão equiparadas a testamento particular, sendo possível a dispensa das testemunhas, mediante manifestação expressa do usuário realizada com o uso de assinatura eletrônica.

Pretende-se, em síntese, garantir a ampla sucessão digital e respeitar manifestações prévias de usuários, desde que não impeçam injustificadamente os herdeiros de exercer o direito à sucessão, garantindo a continuidade da exploração patrimonial de bens digitais do *de cujus*.

A partir da redação sugerida para o §2º do art. 2º, defende-se que a vontade dos usuários poderá ser afastada quando não houver justificativa razoável para a limitação no direito dos herdeiros pretendida pelo titular dos dados. Ou seja, a vontade dos titulares poderá ser flexibilizada quando inviabilize injustificadamente o legítimo direito dos herdeiros à herança, pelo princípio da solidariedade familiar, a exemplo do esforço regulatório espanhol, que determinou a possibilidade de titulares dos dados proibirem o acesso de herdeiros a seu espólio digital, "não afetará o direito dos herdeiros de acessar o conteúdo que possa fazer parte do monte hereditário", conforme trecho do artigo 96, I, a da Lei Orgânica n. 3/2018[463].

A noção da ampla transmissão sustenta a lógica tradicional de que, identificados os elementos digitais como bens integrantes de massa patrimonial, devem compor a sucessão *causa mortis*. A autonomia privada assegura a preservação do direito de escolha do titular dos dados. E a máxima da segurança jurídica garante a coesão do sistema e cria, inclusive, suporte normativo seguro para que companhias estrangeiras invistam no país, sem garantir supremacia dos interesses das plataformas digitais.

463 Ver nota de rodapé n. 238.

As respostas apresentadas estão longe de resolver os problemas em torno do tema. Qualquer breve estudo da sucessão de bens digitais demonstra que a uniformidade entre as teorias defendidas é, ainda, utópica. É essencial que seja revista a aplicação da herança digital no direito brasileiro, em busca de soluções mais justas ou, no mínimo, menos díspares. Segundo construído no atual trabalho, os melhores caminhos devem passar pela adoção de tratamento normativo próprio aos bens digitais, que garanta o direito à ampla transmissão *post mortem* de patrimônio digital, seja pela aplicação sistemática do artigo 1.784 do Código Civil nacional, seja pela adoção de regulação legislativa própria, sugerindo-se, no último caso, a redação do esboço ora apresentado.

Considerações finais

O advento das novas tecnologias e a digitalização das relações humanas acarretam a valorização de novos instrumentos e técnicas de organização social, dotados de economicidade. Surgem outros conceitos de tempo, espaço e potencialidades de exploração financeira. O valor atribuído a vários negócios na atualidade se deve substancialmente à noção de intangibilidade, imersa na realidade digital. Atraem-se, especialmente, desafios para as situações de morte dos usuários, ante a realidade de verdadeiros "cemitérios digitais", com o crescimento de novo ramo de negócio: as empresas de gerenciamento de dados *post mortem*.

Os bens digitais são informações contidas no universo virtual, atribuídas a um sujeito, independentemente de caráter patrimonial. Assim, os bens ou ativos digitais serão bens jurídicos sempre que figurarem como objeto da relação jurídica. Por sua natureza e classificação, integram o patrimônio dos usuários, titulares dos dados, incluindo a expressão econômica na massa patrimonial. Por conseguinte, juridicamente, devem integrar o complexo hereditário na sucessão *causa mortis*.

No âmbito da transmissibilidade sucessória, defende-se a aplicação lógica e sistemática do princípio da sucessão universal contido no artigo 1.784 do Código Civil a todo o acervo digital de usuários falecidos.

A mera exclusão dos dados não é mais opção aos sistemas jurídicos, sobretudo, porque não há como se garantir que as plataformas digitais realmente apagarão dados eventualmente restritos aos interessados. É temerário e ingênuo vedar o acesso aos familiares e herdeiros, quando as plataformas digitais mantêm o monopólio dos conteúdos ali armazenados, auferindo notória expressão econômica pelo uso, manipulação e venda das informações dos usuários. Revela-se, de tal forma, e efetivo jogo de interesses.

É inconcebível e impraticável limitar a transmissão de bens digitais, simplesmente porque ofenderiam direitos de personalidade de usuários e falecidos, ou direitos de terceiro, quando não há tal preocupação no cenário analógico. Se algum usuário da rede desejar impedir acesso de herdeiros a seus dados digitais, que o faça expressamente em vida, no pleno exercício de sua liberdade e autonomia, assim como, desde o passado, é feito com as cartas missivas. Os defensores da separação da natureza dos bens digitais geram somente problemas, e em nada protegem os usuários. Muito pelo contrário. Ao mirar na "proteção" do acesso de familiares a conversas privadas, acertam o maior interesse das plataformas digitais: a exclusividade no acesso, armazenação e tratamento desses conteúdos, com potencialidades crescentes de uso. Ora, não há como simplesmente acreditar que esses dados serão excluídos pelas páginas e aplicativos de internet.

Há, ainda, o problema da impossibilidade de separação dos bens digitais, diante do exponencial volume de bens de natureza híbrida, com caráter patrimonial e financeiro convivendo simultaneamente. Não há como criar estruturas e técnicas sólidas e confiáveis para a separação desses dados, do que poderia ou não ser transmitido à família. Logo, a tese da transmissibilidade parcial também esboça impasses na triagem do material que compõe a herança digital, sendo possível prever infindáveis conflitos entre herdeiros, interessados e provedores virtuais.

Deve ser operada a ampla sucessão, assim como o fez a Alemanha no julgamento realizado pelo *Bundesgerichtshof*, no processo BGH III ZR 183/17, julgado em 12.07.2018, reconhecendo direito sucessório de herdeiros a acessar a conta de usuária falecida e todo o conteúdo ali armazenado, com base legal equiparada no direito brasileiro.

Dentre os pertinentes fundamentos do *leading case* alemão, destaca-se, em síntese, que:

- o conteúdo armazenado nas plataformas digitais integra o patrimônio do *de cujus* e deve ser transmitido sucessoriamente, pois todo o acervo (virtual ou analógico) de que era titular o falecido compõe a massa hereditária;
- as senhas e informações de acesso no âmbito digital não representam superior expectativa de privacidade nem óbice à transferência dos dados;
- é irrelevante buscar diferenciação dos dados digitais, pois com frequência terão funcionalidade híbrida, sendo impossível a separação categórica entre natureza existencial e patrimonial;
- na realidade analógica transmitem-se sucessoriamente documentos e cartas missivas, violando direitos autorais, direitos da personalidade e proteção de terceiros. Assim também se deve operar no contexto digital. A proteção, quando necessária, deve ser buscada à parte, a partir dos instrumentos jurídicos previstos pelo ordenamento, inclusive, pela via judicial.

Assim, a transmissão universal de bens digitais de usuários mortos assegura a valorização dos principais interesses em jogo – notadamente: dos usuários e herdeiros – deixando a malícia do interesse hegemônico das plataformas digitais para segundo plano.

Os termos de uso das plataformas digitais representam contratos de prestação de serviços marcados pela onerosidade e devem ser tomados com cautela. Eventuais cláusulas abusivas ou restritivas de direitos devem ser consideradas nulas, assim como fez o BGH ao declarar não escrita a cláusula de conversão automática da conta do *Facebook* em memorial após a morte do usuário. Em resumo, as disposições de provedores de internet devem ser preteridas pelos anseios dos usuários e pelos direitos dos herdeiros.

Em análise dos termos estabelecidos por redes sociais e serviços de armazenamento em nuvem selecionados, ainda se identificam restrições e limitações indevidas à transmissão sucessória de ativos digitais após a morte de usuários. Por outro lado, vislumbram-se tentativas de incorporar a possibilidade de transferência de acesso aos dados nas plataformas, como adotado pela *Apple* na atualização do iOS 15 e pela *Google*, por exemplo.

Nesse aspecto, deve-se prezar, sempre que possível, pela autonomia dos usuários na definição do destino de seus bens digitais *post mortem*, assegurando-lhes a possibilidade de serem autores de sua própria história, principalmente com a inclusão dos bens digitais nas disposições testamentárias.

Em situações específicas, a vontade dos usuários poderá ser superada pelo legítimo interesse dos herdeiros, seja para excluir ou acessar os dados, como projetado no ordenamento espanhol. Infelizmente, no cenário brasileiro, a ausência de definição de limites objetivos exige que o sopesamento envolva análise casuística. Logo, é essencial que a doutrina se debruce no estudo de casos, com o intuito de identificar elementos de análise e ofertar parâmetros decisórios, em prol da segurança jurídica, e, ainda, que identifique a importância de se estabelecer tratamento próprio à herança digital.

Os exemplos práticos apresentados sustentam a frequente utilidade econômica de ativos digitais que, comumente, representam a principal fonte de renda de usuários e familiares. Assim, ganha especial destaque a possibilidade de continuação da exploração patrimonial em contas digitais. No mundo analógico, tal possibilidade é facilmente franqueada aos herdeiros, e não se identifica justificativa para a restrição do mesmo direito no cenário virtual.

A jurisprudência brasileira se mostra incipiente, com seis julgados conhecidos tratando da herança digital, dos quais em apenas uma única oportunidade foi concedido acesso aos dados digitais de *e-mail* do *de cujus*. Apresenta-se, assim, contrária à tendência identificada no cenário internacional, especialmente no que toca à jurisprudência germânica e austríaca e às experiências legislativas em países como Espanha, França, Itália, China e Estados Unidos da América.

Embora o direito brasileiro possua fundamentos suficientes à aplicação da transmissão sucessória de bens digitais – especialmente pelo princípio de sucessão universal do artigo 1.784 do Código Civil –, as divergências doutrinárias e jurisprudenciais em torno do tema exigem tratamento legal específico. Os mais recentes projetos de lei indicados neste trabalho perdem a oportunidade de retratar tópicos deveras importantes e limitam a transmissão aos bens com expressão econômica, o que é uma infeliz escolha – no mínimo! – para tratamento do tema, pois viola o princípio da sucessão universal, ignora o direito dos herdeiros à herança, desconsidera a disposição legal que confere legitimidade aos herdeiros para defender os direitos de personalidade de pessoas falecidas *post mortem* e, ainda, coloca o conteúdo de caráter existencial ao pleno alvedrio das plataformas digitais. Defende-se, pois, a criação de lei própria, que contenha amplo tratamento da matéria e abarque as especificidades do tema. Com ousadia, sugere-se esboço preliminar sobre o tema.

A proposição legislativa sobre a herança digital no direito brasileiro deve ter como foco: assegurar a ampla inclusão dos bens digitais no patrimônio sucessível, reconhecer a autonomia dos usuários para predeterminar o destino de seus ativos virtuais e impor limites à atuação das plataformas controladoras de dados. Além disso, seria interessante a autorização normativa para a continuidade da exploração patrimonial de bens digitais do *de cujus* pelos herdeiros, bem como a autorização para a revogação de manifestações prévias de usuários, quando impeçam sem justificativas válidas os herdeiros de exercer o direito legítimo à sucessão.

Tais orientações garantiriam, no ordenamento jurídico brasileiro, a aplicação da melhor hipótese para a transmissão *post mortem* de bens digitais, decorrente do princípio norteador do direito sucessório, qual seja: a ampla e universal sucessão, que reconhece o jogo de interesses em debate e mitiga o predomínio irrestrito dos interesses das plataformas digitais.

Referências

10ª REGIÃO. Tribunal Regional do Trabalho. *Processo n. 0000025-43.2014.5.10.0802*. Relator: Des. Mário Macedo Fernandes Caron, 23 maio 2022. Disponível em: https://pje.trt10.jus.br/consultaprocessual/detalhe-processo/0000025-43.2014.5.10.0802/2#f1522fb. Acesso em: 29 jun. 2022.

ALBUQUERQUE, Paula Falcão; EHRHARDT JÚNIOR, Marcos. Aspectos Jurídicos da Existência Virtual *Post mortem*. In: SANCHEZ, P. C. (Coord.). DIAS, M. B.; PEREIRA, R. da C. (Orgs.). *Direito das Famílias e Sucessões na Era Digital*. Belo Horizonte: Instituto Brasileiro de Direito de Família – IBDFAM, 2021.

ALCANTARA, Chris *et al.* How Big Tech got so big: Hundreds of acquisitions. *The Washington Post* – Technology, Washington, 21 abr. 2021. Disponível em: https://www.washingtonpost.com/technology/interactive/2021/amazon-apple-facebook-google-acquisitions/. Acesso em: 28 abr. 2021.

ALEMANHA. Bundesgerichtshof. BGH Urteil III ZR 183/17. 12 jul. 2018. Disponível em: https://datenbank.nwb.de/Dokument/Anzeigen/741207/. Acesso em: 07 out. 2019.

ALEMANHA. Kammergericht Berlin. Geschäftsnummer 21 U 9/16, 31 maio 2017. Disponível em: http://www.berlin.de/gerichte/presse/pressemitteilungen-der-ordentlichen-gerichtsbarkeit/2017/pressemitteilung.596076.php. Acesso em: 07 out. 2019.

ALEMANHA. Landersgericht Berlin (20ª Câmara Cível do Tribunal Distrital de Berlim). Geschäftsnummer 20 O 172/15, 17 dez. 2015. Disponível em: https://dejure.org/ext/f551ef3d8be146b2dca4a1011db1feca. Acesso em: 07 out. 2019.

ALMEIDA, Mônica Silva; OLIVEIRA, Michelle Ivair Cavalcanti de. Herança digital no brasil e a ascensão do metaverso. *IBDFAM*, [*s. l.*], 03 jul. 2023. Disponível em: https://ibdfam.org.br/artigos/2001/Heran%C3%A7a+digital. Acesso em: 12 jul. 2023.

ANTONIETTO, Guilherme Galhardo; FRANCESCHET, Julio Cesar; DE OLIVEIRA, Edmundo Alves. Direito das Sucessões na Era Virtual: a questão da herança digital. *Revista Brasileira de Direito Civil em Perspectiva*, v. 6, n. 1, p. 56-72, jan./jul. 2020. Disponível em: https://www.indexlaw.org/index.php/direitocivil/article/view/6508/pdf. Acesso em: 19 set. 2022.

APPLE. *Bem-vindo ao iCloud*. Disponível em: https://www.apple.com/br/legal/internet-services/icloud/br/terms.html. Acesso em: 28 jul. 2022.

APPLE. *Como adicionar um Contato de Legado ao ID Apple*. Disponível em: https://support.apple.com/pt-br/HT212360. Acesso em: 28 jun. 2022.

APPLE. *Dados que um Contato de Legado consegue acessar*. Disponível em: https://support.apple.com/pt-br/HT212362. Acesso em: 28 jun. 2022.

APPLE. *iOS 14*. Disponível em: https://www.apple.com/br/ios/ios-14/. Acesso em: 10 jun. 2021

ASSET LOCK. Disponível em: https://assetlock.com/. Acesso em: 09 jun. 2021.

AZEVEDO, Naiara. 50 por cento. *Spotify*, [*s. l.*], 03 mar. 2022. Disponível em: https://open.spotify.com/album/0rSMQjWcNv9A4zD0XnTFR0?highlight=spotify:track:1d7Z2HUkWno2w4452Jaqt6. Acesso em: 29 jul. 2023.

AZEVEDO, Naiara. Naiara Azevedo - 50% Part. Marília Mendonça. *YouTube*, [*s. l.*], 03 mar. 2022. Disponível em:

https://www.youtube.com/watch?v=zhaTkKdovgM. Acesso em: 29 jul. 2023.

BALDUS, Christian. Il diritto tedesco delle successioni: forme e funzionalità delle disposizioni causa mortis. In: AMAYUELAS, Esther Arroyo et al. (Orgs.). *Casi controversi in materia di diritto delle successioni*: Esperienze straniere. Collana del Dipartimento di Scienze Giuridiche dell'Università di Verona. Napoli: Edizioni Scientifiche Italiane, 2019, v. 2.

BALINT, Benjamin. *O último processo de Kafka*: a disputa por um legado literário. 1. ed. Tradução de Rodrigo Breunig. Porto Alegre: Arquipélago, 2021.

BANTA, Natalie M. Death and Privacy in the Digital Age. *North Carolina Law Review*, v. 94, n. 927, 2016. Disponível em: https://ssrn.com/abstract=2798812. Acesso em: 31 out. 2019.

BANTA, Natalie M. Inherit the Cloud: The Role of Private Contracts in Distributing or Deleting Digital Assets at Death. *Fordham Law Review*, 2014, v. 83. Disponível em: https://ssrn.com/abstract=2561871. Acesso em: 22 out. 2019.

BARBOSA, Denis Borges. *Uma introdução à propriedade intelectual*. 2. ed. rev. e atual. Rio de Janeiro: Lumen Juris, 2010.

BARBOSA, Heloísa Helena; ALMEIDA, Vitor. Tecnologia, Morte e Direito. In: TEIXEIRA, Ana Carolina Brochado; LEAL, Lívia Teixeira (Coords.). *Herança Digital*: Controvérsias e Alternativas. Indaiatuba: Foco, 2021.

BARBOSA, Pedro Marcos Nunes. *Direito civil da propriedade intelectual: o caso da usucapião de patentes*. Rio de Janeiro: Lumen Juris, 2012. E-book.

BATUMAN, Elif. O último processo: A disputa jurídica e literária em torno do espólio de Franz Kafka. Tradução de Paulo Migliacci. *Folha de São Paulo*. São Paulo, 10 out. 2010. Literatura. Disponível em: https://www1.folha.uol.com.br/fsp/ilustrissima/il1010201006.htm.

Acesso em: 12 mar. 2021.

BAUMAN, Zygmunt. *Modernidade Líquida*. Tradução de Plínio Dentzien. Rio de Janeiro: Zahar, 2001.

BELING, Fernanda. Os 10 maiores canais do YouTube. *Oficial da NET*, [*s. l.*], 27 jun. 2023. Disponível em: https://www.oficinadanet.com.br/post/13911-os-10-maiores-canais-do-youtube. Acesso em: 13 jul. 2023.

BENKLER, Yochai. *The Wealth of Networks*: How Social Production Transforms Markets and Freedom. New Heaven: Yale University Press, 2006. E-book.

BHANDARI, Vrinda. Improving Internet Connectivity During COVID-19. *Digital Pathways at Oxford Paper Series*. Reino Unido: Oxford, 2020, n. 4. Disponível em: https://ssrn.com/abstract=3688762. Acesso em: 10 dez. 2020.

BLANKE, Tobias. *Digital Asset Ecosystems*: Rethinking crowds and clouds. Kidlington: Chandos Publishing, 2014.

BLOCKCHAIN, inteligência artificial e dados: como eles já estão impactando a vida de milhares de pessoas. *Social Good Brasil*, [*s. l.*], 05 maio 2019. Disponível em: https://socialgoodbrasil.org.br/2019/05/05/blockchain-inteligencia-artificial-e-dados-como-eles-ja-estao-impactando-a-vida-de-milhares-de-pessoas-2/. Acesso em: 17 abr. 2021.

BOURDIEU, Pierre. *O Poder Simbólico*. Tradução de Fernando Tomaz. Rio de Janeiro: Bertrand, 1989.

BOYLE, Simon. MATERIAL GIRL: Madonna leaves strict rules for how to manage her legacy after near-death hospital dash. *The Sun* – UK Edition, 09 jul. 2023. Disponível em: https://www.thesun.co.uk/tvandshowbiz/22988839/. Acesso em: 11 jul. 2023.

BRASIL. AUTORIDAE NACIONAL DE PROTEÇÃO DE DADOS – ANPD. *Nota Técnica n. 3/2023/CGF/ANPD*, 17 mar. 2023. Coordenação-Geral de Fiscalização. Processo nº 00261.002079/2022-56.

Disponível em: https://www.gov.br/anpd/pt-br/assuntos/noticias/NotaTecnica3CGF.ANPD.pdf. Acesso em: 11 abr. 2023.

BRASIL. Câmara dos Deputados. *Projeto de Lei n. 1144, de 2021*. Dispõe sobre os dados pessoais inseridos na internet após a morte do usuário. Disponível em: https://www.camara.leg.br/proposicoesWeb/fichadetramitacao?idProposicao=227594. Acesso em: 21 jul. 2021.

BRASIL. Câmara dos Deputados. *Projeto de Lei n. 1331, de 2015*. Altera a Lei n. 12.965, de 23 de abril de 2014 - Marco Civil da Internet, dispondo sobre o armazenamento de dados de usuários inativos na rede mundial de computadores. Disponível em: https://www.camara.leg.br/proposicoesWeb/fichadetramitacao?idProposicao=1227967. Acesso em: 13 mar. 2021.

BRASIL. Câmara dos Deputados. *Projeto de Lei n. 3050, de 2020*. Acrescenta o art. 10-A ao Marco Civil da Internet, a fim de dispor sobre a destinação das contas de aplicações de internet após a morte de seu titular. Disponível em: https://www.camara.leg.br/proposicoesWeb/fichadetramitacao?idProposicao=2254248. Acesso em: 13 mar. 2021.

BRASIL. Câmara dos Deputados. *Projeto de Lei n. 4099, de 2012*. Altera o art. 1.788 da Lei n. 10.406, de 10 de janeiro de 2002, que "institui o Código Civil". Disponível em: https://www.camara.leg.br/proposicoesWeb/fichadetramitacao?idProposicao=548678. Acesso em: 13 mar. 2021.

BRASIL. Câmara dos Deputados. *Projeto de Lei n. 4847, de 2012*. Acrescenta o Capítulo II-A e os arts. 1.797-A a 1.797-C à Lei n. 10.406, de 10 de janeiro de 2002. Disponível em: https://www.camara.leg.br/proposicoesWeb/fichadetramitacao?idProposicao=563396. Acesso em: 13 mar. 2021.

BRASIL. Câmara dos Deputados. *Projeto de Lei n. 5820, de 2019*. Dá nova redação ao art. 1.881 da Lei n. 10.406, de 2002, que institui o Código Civil. Disponível em: https://www.camara.leg.br/proposicoesWeb/

fichadetramitacao?idProposicao=2228037. Acesso em: 13 mar. 2021.

BRASIL. Câmara dos Deputados. Projeto de Lei n. 7742, de 2017. Acrescenta o art. 10-A à Lei n. 12.965, de 23 de abril de 2014 (Marco Civil da Internet), a fim de dispor sobre a destinação das contas de aplicações de internet após a morte de seu titular. Disponível em: https://www.camara.leg.br/proposicoesWeb/fichadetramitacao?idProposicao=2139508. Acesso em: 13 mar. 2021.

BRASIL. Câmara dos Deputados. Projeto de Lei n. 8562, de 2017. Acrescenta o Capítulo II-A e os arts. 1.797-A a 1.797-C à Lei n. 10.406, de 10 de janeiro de 2002. Disponível em: https://www.camara.leg.br/proposicoesWeb/fichadetramitacao?idProposicao=2151223. Acesso em: 13 mar. 2021.

BRASIL. Constituição da República Federativa do Brasil de 1988. Brasília, 5 de outubro de 1988. Disponível em: http://www.planalto.gov.br/ccivil_03/constituicao/constituicao.htm. Acesso em: 10 abr. 2021.

BRASIL. Decreto-Lei n. 2.848, de 7 de dezembro de 1940. Código Penal. Diário Oficial da União, 31 dez. 1940. Disponível em: http://www.planalto.gov.br/ccivil_03/decreto-lei/del2848compilado.htm. Acesso em: 01 jun. 2021.

BRASIL. Lei n. 8.078, de 11 de setembro de 1990. Dispõe sobre a proteção do consumidor e dá outras providências. Diário Oficial da União. Brasília, 12 set. 1990. Disponível em: http://www.planalto.gov.br/ccivil_03/leis/l8078compilado.htm. Acesso em: 02 jul. 2021.

BRASIL. Lei n. 9.610, de 19 de fevereiro de 1998. Altera, atualiza e consolida a legislação sobre direitos autorais e dá outras providências. Diário Oficial da União. Brasília, 20 fev. 1998. Disponível em: http://www.planalto.gov.br/ccivil_03/leis/l9610.htm. Acesso em: 11 abr. 2021.

BRASIL. Lei n. 10.406, de 10 de janeiro de 2002. Institui o Código Civil. Diário Oficial da União. Brasília, 11 jan. 2002. Disponível em: http://www.planalto.gov.br/ccivil_03/leis/2002/l10406compilada.htm.

Acesso em: 11 abr. 2021.

BRASIL. Lei n. 12.965, de 23 de abril de 2014. [Marco Civil da Internet]. Estabelece princípios, garantias, direitos e deveres para o uso da Internet no Brasil. Diário Oficial da União, Brasília, 24 abr. 2014. Disponível em: http://www.planalto.gov.br/ccivil_03/_ato2011-2014/2014/lei/l12965.htm. Acesso em: 15 abr. 2021.

BRASIL. Lei n. 13.105, de 16 de março de 2015. Código de Processo Civil. Diário Oficial da União. Brasília, 16 mar. 2015. Disponível em: https://www.planalto.gov.br/ccivil_03/_Ato2015-2018/2015/Lei/L13105.htm. Acesso em: 04 ago. 2023.

BRASIL. Lei n. 13.709, de 14 de agosto de 2018. Lei Geral de Proteção de Dados. Diário Oficial da União, Brasília, 15 ago. 2018. Disponível em: http://www.planalto.gov.br/ccivil_03/_ato2015-2018/2018/lei/l13709.htm. Acesso em: 15 abr. 2021.

BRASIL. Lei n. 14.478, de 21 de dezembro de 2022. Dispõe sobre diretrizes a serem observadas na prestação de serviços de ativos virtuais e na regulamentação das prestadoras de serviços de ativos virtuais. Diário Oficial da União. Brasília, 21 dez. 2022. Disponível em: http://www.planalto.gov.br/ccivil_03/_ato2019-2022/2022/lei/L14478.htm. Acesso em: 15 fev. 2023.

BRASIL. Lei n. 14.620, de 13 de julho de 2023. Dispõe sobre o Programa Minha Casa, Minha Vida [...]. Diário Oficial da União. Brasília, 14 jul. 2023. Disponível em: https://www.planalto.gov.br/ccivil_03/_Ato2023-2026/2023/Lei/L14620.htm. Acesso em: 04 ago. 2023.

BRASIL. Receita Federal esclarece sobre declaração de operações com criptoativos. Receita Federal – Declarações, 31 mar. 2023, 16h26. Disponível em: https://www.gov.br/receitafederal/pt-br/assuntos/noticias/ 2023/. Acesso em: 18 jul. 2023.

BRASIL. Senado Federal. Projeto de Lei n. 2338, de 2023. Dispõe sobre o uso da Inteligência Artificial. Disponível em:

https://www25.senado.leg.br/web/atividade/materias/-/materia/157233. Acesso em: 20 jul. 2023.

BRASIL. Senado Federal. Projeto de Lei n. 365, de 2022. Dispõe sobre a herança digital. Disponível em: https://www25.senado.leg.br/web/atividade/materias/-/materia/151903. Acesso em: 29 jul. 2022.

BRASIL. Senado Federal. Projeto de Lei n. 3799, de 2019. Altera o Livro V da Parte Especial da Lei n. 10.406, de 10 de janeiro de 2002, e o Título III do Livro I da Parte Especial da Lei n. 13.105, de 16 de março de 2015, para dispor sobre a sucessão em geral, a sucessão legítima, a sucessão testamentária, o inventário e a partilha. Disponível em: https://www25.senado.leg.br/web/atividade/materias/-/materia/137498. Acesso em: 13 mar. 2021.

BRASIL. Senado Federal. Projeto de Lei n. 6468, de 2019. Altera o art. 1.788 da Lei n.º10.406, de 10 de janeiro de 2002, que institui o Código Civil, para dispor sobre a sucessão dos bens e contas digitais do autor da herança. Disponível em: https://www25.senado.leg.br/web/atividade/materias/-/materia/140239. Acesso em: 13 mar. 2021.

BRASIL. Superior Tribunal de Justiça (Segunda Seção). Recurso Especial 1633254/MG. Relatora: Minª. Nancy Andrighi, 11 mar. 2020. Diário da Justiça Eletrônico, 18 mar. 2020. Disponível em: https://processo.stj.jus.br/processo/revista/documento/mediado/?componente=ITA&sequencial=1895580&num_registro=201602761090&data=20200318&formato=PDF. Acesso em: 22 maio 2022.

BRASIL. Superior Tribunal de Justiça (Terceira Turma). Recurso Especial 1444008/RS. Relatora: Minª. Nancy Andrighi, 25 out. 2016. Diário da Justiça Eletrônico, 09 nov. 2016. Disponível em: https://scon.stj.jus.br/SCON/GetInteiroTeorDoAcordao?num_registro=201400646460&dt_publicacao=09/11/2016. Acesso em: 12 abr. 2021.

BRASIL. Superior Tribunal de Justiça (Terceira Turma). Recurso Especial

1878651/SP. Relator: Min. Moura Ribeiro, 04 out. 2022. Diário da Justiça Eletrônico, 07 out. 2022. Disponível em: https://scon.stj.jus.br/SCON/GetInteiroTeorDoAcordao?num_registro=201900721713&dt_publicacao=07/10/2022. Acesso em: 12 abr. 2023.

BRASIL. Superior Tribunal de Justiça. Súmula nº. 642. O direito à indenização por danos morais transmite-se com o falecimento do titular, possuindo os herdeiros da vítima legitimidade ativa para ajuizar ou prosseguir a ação indenizatória. Brasília, 15 dez. 2010. Diário da Justiça Eletrônico, 10 fev. 2011. Disponível em: https://www.stj.jus.br/publicacaoinstitucional/index.php/sumstj/author/proofGalleyFile/11573/11697. Acesso em: 28 jun. 2022.

BRETT, Jason. U.S. House Passes Bill To Create First Crypto Task Force On Digital Assets. Forbes, [s. l.], 22 abr. 2021. Disponível em: https://www.forbes.com/sites/jasonbrett/2021/04/22/us-house-passes-bill-to-create-first-crypto-task-force-on-digital-assets/?sh=132515d06612. Acesso em: 18 jun. 2021.

BROWN, A.; FREEMAN, A. The Highest-Paid YouTube Stars: MrBeast, Jake Paul And Markiplier Score Massive Paydays. Forbes – Social Media, [s. l.], 14 jun. 2022. Disponível em: https://www.forbes.com/sites/abrambrown/2022/01/14/the-highest-paid-youtube-stars-mrbeast-jake-paul-and-markiplier-score-massive-paydays/. Acesso em: 12 set. 2022.

BURILLE, Cíntia; HONORATO, Gabriel. Perspectivas para a sucessão de contas em redes sociais. In: SANCHEZ, P. C. (Coord.). DIAS, M. B.; PEREIRA, R. da C. (Orgs.). Direito das Famílias e Sucessões na Era Digital. Belo Horizonte: Instituto Brasileiro de Direito de Família – IBDFAM, 2021, p. 475-498.

BURILLE, Cíntia; HONORATO, Gabriel; LEAL, Livia Teixeira. Danos morais por exclusão de perfil de pessoa falecida? Comentários ao acórdão proferido na Apelação Cível nº 1119688-66.2019.8.26.0100 (TJSP). In: Revista Brasileira de Direito Civil. Belo Horizonte, v. 28, p. 207-227, abr./jun. 2021. Disponível em: https://rbdcivil.ibdcivil.org.br/rbdc/article/view/737. Acesso em: 15 set. 2022.

CAHN, Naomi R., Postmortem Life On-Line. Probate & Property, v. 25, n. 4, jul./ago. 2011. Disponível em: https://ssrn.com/abstract=2026628. Acesso em: 23 jul. 2020.

CALDAS, L. Figueiredo de Lima; MORAIS, R. Rodrigues Medeiros Mitchell de. Herança Digital: Bens Virtuais Como Patrimônio Sucessório. Revista de Estudos Jurídicos do UNI-RN, n. 3, 28 nov. 2019. Disponível em: http://revistas.unirn.edu.br/index.php/revistajuridica/article/view/. Acesso em: 28 jun. 2022.

CANTOR, Matthew. Facebook could have 4.9bn dead users by 2100, study finds. The Guardian, Londres, 30 abr. 2019. Disponível em: https://www.theguardian.com/technology/2019/apr/29/facebook-dead-users-2100-oxford. Acesso em: 09 mar. 2021.

CARVALHO, Bárbara. Luiz Gonzaga é recriado por inteligência artificial e canta com João Gomes em festival. CNN Brasil, [s. l.], 10 jul. 2023. Disponível em: https://www.cnnbrasil.com.br/entretenimento/luiz-gonzaga-e-recriado-por-inteligencia-artificial-e-canta-com-joao-gomes-em-festival/.Acesso em: 13 jul. 2023.

CARVALHO, Gabriel Honorato de; GODINHO, Adriano Marteleto. Planejamento sucessório e testamento digital: a proteção dinâmica do patrimônio virtual. In: TEIXEIRA, Daniele Chaves (Coord.). Arquitetura do planejamento sucessório: Tomo II. 2. ed. 1. reimp. rev. ampl e atual. Belo Horizonte: Fórum, 2020.

CASTELLS, Manuel. A sociedade em rede. 19. ed. rev. e atual. Tradução de Roneide Venancio Majer. Rio de Janeiro, São Paulo: Paz & Terra, 2018.

CASTELLS, Manuel. A Sociedade em Rede: do Conhecimento à Política. In: CASTELLS, Manuel; CARDOSO, Gustavo (Orgs.). A Sociedade em

Rede: Do Conhecimento à Acção Política. Conferência. Belém: Imprensa Nacional, 2005. Disponível no site: https://egov.ufsc.br/portal/. Acesso em: 04 abr. 2020.

CEOLIN, Ana Caroline Santos. O patrimônio sob a ótica do direito privado. 2003. 172 f. Dissertação (Mestrado em Direito) – Faculdade de Direito, Universidade Federal de Minas Gerais, Belo Horizonte, 2003.

COELHO, Luiza Tângari. O direito moral do autor na correspondência. Revista do CAAP, n. 1, jan./jun. 2010. Disponível em: https://revistadocaap.direito.ufmg.br/index.php/revista/issue/view/11. Acesso em: 20 mar. 2020.

COSTA FILHO, Marco Aurélio de Farias. Herança digital: valor patrimonial e sucessão de bens armazenados virtualmente. Revista Judiciária da Seção Judiciária de Pernambuco. n. 9, 2016, p. 189-190. Disponível em: https://revista.jfpe.jus.br/index.php/RJSJPE/article/view/152. Acesso em: 10 out. 2019.

CREA, R. M. et. al. Metamorphosis: Digital Assets and the U.S. Securities Laws. Eureka Hedge, set. 2018. Disponível em: https://www.eurekahedge.com/Research/News/1808/K-and-L-Gates-Metamorphosis-Digital-Assets-and-the-US-Securities-Laws. Acesso em: 28 mar. 2021.

CRUZ, Felipe Branco. 'Música da discórdia' de Marília Mendonça e Naiara Azevedo enfim é lançada. Veja, [s. l.], 04 mar. 2022. Disponível em: https://veja.abril.com.br/cultura/musica-da-discordia-de-marilia-mendonca-e-naiara-azevedo-enfim-e-lancada/. Acesso em: 12 maio 2022.

DA REUTERS. Apple é 1ª a atingir US$3 trilhões em valor de mercado. Forbes, [s. l.], 03 jan. 2022. Disponível em: https://forbes.com.br/forbes-money/2022/01/apple-e-primeira-empresa-a-atingir-us-3-trilhoes-em-valor-de-mercado/. Acesso em: 28 mar. 2022.

DEAD MAN'S SWITCH. Disponível em:

https://www.deadmansswitch.net/. Acesso em: 09 jun. 2021.

DECISÕES da Justiça negam o direito à herança digital. FCR Law News, [s. l.], 18 maio 2021. Disponível em: https://news.fcrlaw.com.br/news/decisoes-da-justica-negam-o-direito-a-heranca-digital/. Acesso em: 15 jun. 2021.

DELAWARE. The Delaware Code Online. Chapter 50: Fiduciary Access to Digital Assets and Digital Accounts. Disponível em: http://delcode.delaware.gov/title12/c050/index.html. Acesso em: 17 jun. 2021.

DELGADO, Mário Luiz. Direito fundamental de herança: sob a ótica do titular do patrimônio. Indaiatuba, SP: Editora Foco, 2023.

DELGADO, Mário Luiz. Transmissão hereditária de bens digitais na sucessão testamentária. Consultor Jurídico, [s. l.], 11 jun. 2023. Disponível em: https://www.conjur.com.br/2023-jun-11/processo-familiar-legado-bens-digitais. Acesso em: 21 jul. 2023.

DIÁRIO de Anne Frank continua vivo 75 anos após sua morte. Exame, [s. l.], 13 abr. 2020. Casual. Disponível em: https://exame.com/casual/diario-de-anne-frank-continua-vivo-75-anos-apos-sua-morte/. Acesso em: 11 nov. 2020.

DO VALE, M. R. A.; DINIZ, R. B.; OLIVEIRA NETO, J. W. de. Herança Digital: A (Im)Possibilidade Jurídica do Reconhecimento de Bens Armazenados Virtualmente como Parte do Patrimônio de Um Indivíduo e a Transmissão Desses Bens Após a Morte. 33. ed. JNT- Facit Business and Technology Journal, v. 2, jan. 2022. Disponível em: http://revistas.faculdadefacit.edu.br. Acesso em: 28 jun. 2022.

DROPBOX. Como posso acessar a conta do Dropbox de uma pessoa que faleceu? Disponível em: https://help.dropbox.com/pt-br/accounts-billing/settings-sign-in/access-account-of-someone-who-passed-away#:~:text=Se%20algu%C3%A9m%20pr%C3%B3ximo%20a%20voc%C3%AA,com%20suas%20contas%20on%2Dline. Acesso em: 11 fev.

2021.

DUARTE, Raquel Pita Guerreiro Marcelino. Case Study: Facebook In Face of Crisis. 2020. 88 f. Dissertação (Mestrado em Gestão e Administração de Empresas) – Universidade Católica Portuguesa, 2020. Disponível em: https://repositorio.ucp.pt/bitstream/10400.14/29693/1/152118129_. Acesso em: 10 maio 2022.

EDWARDS, Lilian; HARBINJA, Edina. What Happens to My Facebook Profile When I Die?: Legal Issues Around Transmission of Digital Assets on Death. In: MACIEL, Cristiano. PEREIRA, Vinícius Carvalho (Eds.). Digital Legacy and Interaction: Post-mortem issues. Nova York: Springer, 2013.

ESPANHA. Ley Orgánica 3/2018, de 5 de diciembre, de Protección de Datos Personales y garantía de los derechos digitales. Boletín Oficial del Estado, n. 294, 06 dez. 2018. Disponível em: https://www.boe.es/eli/es/lo/2018/12/05/3/con. Acesso em: 25 out. 2020.

EURONEWS. Ireland fines Instagram €405 million over protection of children's data. Biztech news, 06 set. 2022. Disponível em: https://www.euronews.com/next/2022/09/06/ireland-fines-instagram-405-million-over-protection-of-childrens-data. Acesso em: 06 jun. 2022.

EUROPEAN LAW INSTITUTE. Access to Digital Assets. Disponível em: https://www.europeanlawinstitute.eu/projects-publications/current-projects-upcoming-projects-and-other-activities/current-projects/access-to-digital-assets/. Acesso em: 02 set. 2022.

E-Z-SAFE. Disponível em: http://www.e-z-safe.com/#. Acesso em: 09 jun. 2021.

FACEBOOK Digital Assets and Digital Legacy Tutorial. Digital Legacy Association. Disponível em: https://digitallegacyassociation.org/facebook-tutorial/. Acesso em: 11 fev. 2021.

FACEBOOK é condenado a pagar R$ 6,6 mi por vazar dados de usuários. Gov.br – Ministério da Justiça e Segurança Pública, Brasília, 23 ago.

2022. Disponível em: https://www.gov.br/mj/pt-br/assuntos/noticias/facebook-e-condenado-a-pagar-r-6-6-mi-por-vazar-dados-de-usuarios. Acesso em: 24 ago. 2022.

FACEBOOK. Termos de Serviço. Disponível em: https://pt-br.facebook.com/terms/. Acesso em: 26 set. 2022.

FARIAS, Andressa de Figueiredo. A possibilidade de transmissão da herança digital e a urgente necessidade de legislação específica no ordenamento jurídico brasileiro. 2019. 70 f. Trabalho de Conclusão de Curso (Graduação em Direito) – Universidade Federal do Ceará, Faculdade de Direito, Fortaleza, 2019. Disponível em: https://repositorio.ufc.br/handle/riufc/49335. Acesso em: 12 jul. 2022.

FAZIO, Marie. The World Knows Her as 'Disaster Girl.' She Just Made $500,000 Off the Meme. The New York Times – Arts. Nova York, 01 maio 2021. Disponível em: https://www.nytimes.com/2021/04/29/arts/disaster-girl-meme-nft.html. Acesso em: 03 maio 2021.

FELIX, Bruno de Carvalho. A sucessão dos bens e contas digitais do autor da herança: análise do projeto de lei 75/2013. 2017. 33 f. Trabalho de Conclusão de Curso (Graduação em Direito) – Curso de Direito, Departamento de Direito, Universidade Federal do Rio Grande do Norte, Caicó, 2017. Disponível em: https://monografias.ufrn.br/jspui/handle/123456789/5459. Acesso em: 10 out. 2019.

FERRON, Diego. Amazon Alexa poderá imitar vozes de entes queridos falecidos. Isto É Dinheiro, [s. l.], 24 jun. 2022. Disponível em: https://www.istoedinheiro.com.br/amazon-alexa-podera-imitar-vozes-de-entes-queridos-falecidos/. Acesso em: 28 jun. 2022.

FLORIDI, Luciano. A Look into the Future Impact of ICT on Our Lives. The Information Society, v. 1, n. 23, p. 59-64, jan. 2007. Disponível em: https://papers.ssrn.com/sol3/papers.cfm?abstract_id=3844463. Acesso em: 05 jan. 2020.

FLUMIGNAN, S. J. G.; FLUMIGNAN, W. G. G. Herança Digital: Barreiras e Possíveis Soluções. In: DE LUCCA, N.; SIMÃO FILHO, A.; DE LIMA, C. R. P.; MACIEL, R. M. (Coords.). Direito e Internet IV: Sistema de Proteção de Dados Pessoais. São Paulo: Quartier Latin, 2019, p. 287-301.

FRANÇA. Loi n. 2016-1321, du 7 octobre 2016 pour une République numérique. Journal officiel Lois et Décrets n. 0235, 08 out. 2016. Disponível em: https://www.legifrance.gouv.fr/eli/loi/2016/10/7/ECFI1524250L/jo/texte. Acesso em: 17 jun. 2021.

FRANÇA. Loi n. 78-17, du 6 janvier 1978 relative à l'informatique, aux fichiers et aux libertés. Loi Informatique et Libertés. CNIL. Disponível em: https://www.cnil.fr/fr/la-loi-informatique-et-libertes#article40. Acesso em: 17 jun. 2021.

FRANÇA. Loi n. 78-17, du 6 janvier 1978 relative à l'informatique, aux fichiers et aux libertés. Loi Informatique et Libertés. CNIL. Disponível em: https://www.cnil.fr/fr/la-loi-informatique-et-libertes#article40. Acesso em: 17 jun. 2021.

FRAZÃO, Ana. Economia do compartilhamento e tecnologias disruptivas. JOTA – Tecnologia, [s. l.], 14 jun. 2017. Disponível em: https://www.jota.info/opiniao-e-analise/colunas/constituicao-empresa-e-mercado/economia-do-compartilhamento-e-tecnologias-disruptivas-14062017. Acesso em: 08 mar. 2023.

FRAZÃO, Ana. O poder das plataformas digitais. JOTA – Tecnologia, [s. l.], 11 jul. 2017. Disponível em: https://www.jota.info/opiniao-e-analise/colunas/constituicao-empresa-e-mercado/o-poder-das-plataformas-digitais-11072017. Acesso em: 08 mar. 2023.

FRITZ, Karina Nunes. A Garota de Berlim e a Herança Digital. In: TEIXEIRA, Ana Carolina Brochado; LEAL, Lívia Teixeira (Coords.).

Herança Digital: Controvérsias e Alternativas. Indaiatuba: Foco, 2021.

FRITZ, Karina Nunes. Herança digital: quem tem legitimidade para ficar com o conteúdo digital do falecido? In: MARTINS, Guilherme Magalhães; LONGHI, João Victor Rozatti (Coords.). Direito digital: direito privado e internet. 3. ed. atual. rev. e ampl. Indaiatuba: Foco, 2020.

FRITZ, Karina Nunes. Leading case: BGH reconhece a transmissibilidade da herança digital. Migalhas – German Report, [s. l.], 13 ago. 2019. German Report. Disponível em: https://www.migalhas.com.br/GermanReport/133,MI308578,51045-. Acesso em: 07 out. 2019.

FRITZ, Karina. 14 mil páginas são insuficientes para garantir a transmissão da herança digital. Migalhas – German Report, [s. l.], 01 out. 2019. Disponível em: https://www.migalhas.com.br/coluna/german-report/312092. Acesso em: 10 out. 2019.

GARCIA, Fernanda Mathias de Souza. Herança digital: o direito brasileiro e a experiência estrangeira. Rio de Janeiro: Lumen Juris, 2022.

GIOTTI, Giancarlo Barth; MASCARELLO, Ana Lúcia Camargo de. Herança Digital. 5º Simpósio de Sustentabilidade e Contemporaneidade nas Ciências Sociais. TEDx – Centro Universitário FAG. COOPEX, 21, 22 e 23 jul. 2017. Disponível em: https://www.fag.edu.br/coopex. Acesso em: 13 abr. 2021.

GOMES, Orlando. Sucessões. 17. ed. rev. e atual. por Mario Roberto C. de Faria. BRITO, Edvaldo (Coord.). Rio de Janeiro: Forense, 2019.

GONÇALVES, Carlos Roberto. Direito Civil Brasileiro: Direito das Coisas. 16. ed. São Paulo: Saraiva, 2021, v. 5. E-book.

GONÇALVES, Carlos Roberto. Direito Civil Brasileiro: Parte Geral. 10. ed. São Paulo: Saraiva, 2012, v. 1. E-book.

GONÇALVES, Thatiane Rabelo. A promoção dos ativos intangíveis e a mudança de valor no mercado. In: PARENTONI, Leonardo (Coord.). GONTIJO, B. M.; LIMA, H. C. S. (Orgs.). Direito, Tecnologia e

Inovação. Belo Horizonte: D'Plácido, 2018, v. 1.

GOOGLE DRIVE. Termos de Serviço adicionais do Google Drive. Disponível em: https://www.google.com/drive/terms-of-service/. Acesso em: 11 fev. 2021.

GOOGLE, Ajuda da Conta do Google. Enviar uma solicitação a respeito da conta de um usuário falecido. Disponível em: https://support.google.com/accounts/troubleshooter/6357590?hl=pt-BR#:~:text. Acesso em: 11 fev. 2021.

GOOGLE, Ajuda da Conta do Google. Sobre o Gerenciador de contas inativas. Disponível em: https://support.google.com/accounts/answer/3036546. Acesso em: 11 fev. 2021.

GREENBURG, Zack O'Malley.; ROBEHMED, Natalie. The highest-paid dead celebrities of 2018. Forbes, [s. l.], 31 out. 2018. Disponível em: https://www.forbes.com/sites/zackomalleygreenburg/2018/10/31/the-highest-paid-dead-celebrities-of-2018/?sh=45e41bac720c. Acesso em: 30 abr. 2021.

GUILHERMINO, Everilda Brandão. Acesso e compartilhamento: a nova base econômica e jurídica dos contratos e da propriedade. Migalhas, [s. l.], 23 set. 2019. Disponível em: https://www.migalhas.com.br/coluna/migalhas-contratuais/311569. Acesso em: 07 jun. 2020.

GUILHERMINO, Everilda Brandão. As titularidades de direito difuso e as relações privadas. 2017. 233 f. Tese (Doutorado em Direito) – Programa de Pós-Graduação em Direito, Universidade Federal de Pernambuco, Recife, 2017.

GUILHERMINO, Everilda Brandão. Direito de Acesso e Herança Digital. In: TEIXEIRA, Ana Carolina Brochado; LEAL, Lívia Teixeira (Coords.). Herança Digital: Controvérsias e Alternativas. Indaiatuba: Foco, 2021.

GUILHERMINO, Everilda Brandão; EHRHARDT JÚNIOR, Marcos. Registro de bens digitais: uma reflexão a partir da teoria clássica. Fórum – Coluna Direito Civil, [s. l.], 17 maio 2022. Disponível em:

https://www.editoraforum.com.br/noticias/. Acesso em: 25 jun. 2022.

HARBINJA, Edina. International: Digital inheritance and post-mortem privacy in the US and Canada. Data Guidance, [s. l.], set. 2019. Disponível em: https://www.dataguidance.com/opinion/international-digital-inheritance-and-post-mortem. Acesso em: 12 dez. 2019.

HAWORTH, Samantha D. Laying Your Online Self to Reset: Evaluating the Uniform Fiduciary Access to Digital Assets Act. University of Miami Law Review. Miami, v. 68, n. 2, 2014. Disponível em: https://repository.law.miami.edu/umlr/vol68/iss2/10/. Acesso em: 23 jul. 2020.

HENRIQUE, Matheus. China aprova lei que garante direito de receber herança em criptomoedas. Livecoins, [s. l.], 30 maio 2020. Disponível em: https://livecoins.com.br/china-aprova-lei-que-garante-direito-de-receber-heranca-em-criptomoedas/. Acesso em: 30 ago. 2020.

HERANÇA DIGITAL. NEWS: Apple autoriza acesso a dados do usuário falecido. Instagram: @herancadigital, 09 jun. 2021. Disponível em: https://www.instagram.com/p/CP6kxmMDmnZ/. Acesso em: 10 jun. 2021.

HONG, Euny. How Does Bitcoin Mining Work. Investopedia, [s. l.], 5 abr. 2021. Disponível em: https://www.investopedia.com/tech/how-does-bitcoin-mining-work/. Acesso em: 13 abr. 2021.

HONORATO, Gabriel; LEAL, Lívia Teixeira. Exploração econômica de perfis de pessoas falecidas: reflexões jurídicas a partir do caso Gugu Liberato. In: Revista Brasileira de Direito Civil. Belo Horizonte, v. 23, jan./mar. 2020. Disponível em: https://rbdcivil.ibdcivil.org.br/rbdc/article/view/523. Acesso em: 30 abr. 2021.

HONORATO, Gabriel; LEAL, Lívia Teixeira. Exploração econômica de perfis de pessoas falecidas. In: TEIXEIRA, Ana Carolina Brochado; LEAL, Lívia Teixeira (Coords.). Herança Digital: Controvérsias e Alternativas. Indaiatuba: Foco, 2021.

HONORATO, Gabriel; LEAL, Lívia Teixeira. Propostas para a regulação da herança digital no direito brasileiro. In: EHRHARDT JÚNIOR, Marcos; CATALAN, Marcos; MALHEIROS, Pablo (Coord.). Direito Civil e Tecnologia. Belo Horizonte: Fórum, 2020.

IAMICELI, Paola. Unità e separazione dei patrimoni. Padova: CEDAM, 2003.

INSTAGRAM. Denúncia de conta de uma pessoa falecida. Disponível em: https://pt-br.facebook.com/help/instagram/264154560391256. Acesso em: 11 fev. 2021.

INSTAGRAM. Termos de Serviço. Disponível em: https://pt-br.facebook.com/help/instagram/581066165581870. Acesso em: 01 jun. 2021.

ITÁLIA. Decreto Legislativo 10 ago. 2018, n. 101. Disposizioni per l'adeguamento della normativa nazionale alle disposizioni del regolamento (UE) 2016/679 del Parlamento europeo e del Consiglio, del 27 aprile 2016, relativo alla protezione delle persone fisiche con riguardo al trattamento dei dati personali, nonche' alla libera circolazione di tali dati e che abroga la direttiva 95/46/CE (regolamento generale sulla protezione dei dati). Gazzetta Ufficiale, a. 159, n. 205, 04 set. 2018. Disponível em: https://www.gazzettaufficiale.it/eli/id/2018/09/04/18G00129/sg. Acesso em: 05 nov. 2019.

IX JORNADA DE DIREITO CIVIL – Comemoração dos 20 anos da Lei n. 10.406/2002 e da Instituição da Jornada de Direito Civil. Enunciados Aprovados. Brasília: Conselho da Justiça Federal, Centro de Estudos Judiciários, 2022. 56 p. Disponível em: https://www.cjf.jus.br/cjf/corregedoria-da-justica-federal/centro-de-estudos-judiciarios-1/publicacoes-1/jornadas-cej/enunciados-aprovados-2022-vf.pdf. Acesso em: 12 jul. 2022.

JORDÃO, Pedro. Conar abre representação ética contra propaganda da Volkswagen com Elis Regina. CNN Brasil, [s. l.], 10 jul. 2023. Disponível em: https://www.cnnbrasil.com.br/nacional/conar-abre-representacao-etica-contra-propaganda-da-volkswagen-com-elis-regina/. Acesso em: 13 jul. 2023.

KLEIN, J. S. B.; ADOLFO, L. G. S. Herança digital: diretrizes a partir do leading case do Der Bundesgerichtshof. In: Revista Brasileira de Direito Civil. Belo Horizonte, v. 30, n. 04, out./dez. 2021. Disponível em: https://rbdcivil.ibdcivil.org.br/rbdc/article/view/687. Acesso em: 30 jul. 2022.

LACERDA, Bruno Torquato Zampier. Bens digitais: cybercultura, redes sociais, e-mails, músicas, livros, milhas aéreas, moedas virtuais. 2. ed. Indaiatuba: Foco Jurídico, 2021.

LACERDA, Bruno Torquato Zampier. Bens Digitais: Em busca de um microssistema próprio. In: TEIXEIRA, Ana Carolina Brochado; LEAL, Lívia Teixeira (Coords.). Herança Digital: Controvérsias e Alternativas. Indaiatuba: Foco, 2021, p. 41-52.

LANA, Henrique Avelino; FERREIRA, Cinthia Fernandes. A herança digital e o direito sucessório: nuances da destinação patrimonial digital. IBDFAM, [s. l.], 02 jun. 2023. Disponível em: https://ibdfam.org.br/artigos/1989/. Acesso em: 12 jul. 2023.

LARA, Moisés Fagundes. Herança digital. Porto Alegre: S.C.P., 2016.

LEAL, Livia Teixeira. Internet e a morte do usuário: a necessária superação do paradigma da herança digital. In: Revista Brasileira de Direito Civil, Belo Horizonte, v. 16, abr./jun. 2018. Disponível em: https://rbdcivil.ibdcivil.org.br/rbdc/article/view/237. Acesso em: 07 out. 2019.

LEAL, Lívia Teixeira. Internet e morte do usuário: Propostas para o tratamento jurídico *post mortem* do conteúdo inserido na rede. 2. ed. Rio de Janeiro: GZ, 2020.

LEAL, Lívia Teixeira. Tratamento jurídico do conteúdo disposto na Internet após a morte do usuário e a denominada herança digital. In: TEIXEIRA, Daniele Chaves (Coord.). Arquitetura do planejamento sucessório: Tomo II. 2. ed. 1. reimp. rev. ampl e atual. Belo Horizonte: Fórum, 2020.

LEITE, Gabriela Pereira. Herança digital: a sucessão dos bens digitais. 2021.

25 f. Trabalho de Conclusão de Curso (Curso de Direito) – Pontifícia Universidade Católica de Goiás – PUC Goiás, Escola de Direito, Negócios e Comunicação, Goiânia, 2021.

LEVENSON, Michael. Canadian Court Rules 👍 Emoji Counts as a Contract Agreement. The New York Times, [s. l.], 10 jul. 2023. Disponível em: https://www.nytimes.com/2023/07/07/world/canada/canada-thumbs-up-emoji-contract.html. Acesso em: 13 jul. 2023.

LIBERATO, Gugu. Hoje uma dica de um programa imperdível, que faz a gente começar o dia em alto astral, perfeito para ouvir durante o café da manhã. Trata-se do "Papo das 9", live diária feita por André Trigueiro, um dos grandes nomes do nosso jornalismo [...]. Instagram: @guguliberato, 22 abr. 2021. Disponível em: https://www.instagram.com/p/CN9tMl7n6Gu/. Acesso em: 30 abr. 2021.

LIBERATO, Gugu. Recomendamos a leitura deste artigo: logo no início da pandemia a atriz norte-americana Emily Grace Tucker criou um clube de dança com fitas coloridas para incentivar a autoexpressão, construir uma comunidade e desestressar [...]. Instagram: @guguliberato, 19 abr. 2021. Disponível em: https://www.instagram.com/p/CN1_DI7Hlyg/. Acesso em: 30 abr. 2021.

LIMA, Marcos Aurélio Mendes. Herança Digital: Transmissão *post mortem* de bens armazenados em ambiente virtual. 2016. 95f. Monografia (Graduação) – Curso de Direito, Universidade Federal do Maranhão, São Luís, 2016.

LISBOA, Alveni. O que é NFT e como isso está movimentando a internet. CanalTech, [s. l.], 20 mar. 2021. Mercado. Negócios. Disponível em: https://canaltech.com.br/negocios/o-que-e-nft-non-fungible-tokens-180693/. Acesso em: 18 maio 2021.

LOPEZ, Alberto B. Posthumous privacy, decedent intent, and post-mortem access to digital assets. George Mason Law Review, 2016, v. 24, n. 1. Disponível em: https://www.georgemasonlawreview.org/wp-content/uploads/Lopez_ReadyforJCI.pdf. Acesso em: 11 nov. 2019.

MANGO, Carolina Mattioti Martino; GARLA FILHO, Celso. A aceitação da herança digital no Brasil e no mundo. Migalhas, [s. l.], 30 jun. 2020. Disponível em: https://www.migalhas.com.br/depeso/329849. Acesso em: 30 ago. 2020.

MANIACI, Arturo. Eredità digitale: cos'è e come si può trasmettere, Altalex, [s. l.], 18 jun. 2020. Nuove Tecnologie. Disponível em: https://www.altalex.com/guide/eredita-digitale-cos-a-e-come-si-puo-trasmettere#paragrafo5. Acesso em: 13 set. 2020.

MARÍLIA Mendonça: equipe da cantora lança EP 'Decretos Reais', início de projeto póstumo; ouça. G1 – Pop & Arte, [s. l.], 21 jul. 2022. Disponível em: https://g1.globo.com/pop-arte/musica/noticia/2022/07/21/marilia-mendonca-equipe-da-cantora-lanca-ep-decretos-reais-inicio-de-projeto-postumo-ouca.ghtml. Acesso em: 29 jul. 2022.

MARINO, Giuseppe. La successione digitale. Osservatorio del diritto civile e commerciale, n. 1, jan. 2018. p. 176, Disponível em: https://www.unipa.it/persone/docenti/m/giuseppe.marino/?pagina=pubblicazione&idPubblicazione=347933. Acesso em: 11 abr. 2020.

MARINONI, Matilda. Patrimonio digitale: analisi comparata dei pro'ili successori. 2016. 128 f. Dissertação (Laurea Magistrale in Giurisprudenza) – Università degli Studi di Padova, Pádua, 2016.

MARTINS, Guilherme Magalhães; FALEIROS JÚNIOR, José Luiz de Moura. O planejamento sucessório da herança digital. In: TEIXEIRA, Daniele Chaves (Coord.). Arquitetura do planejamento sucessório: Tomo II. 2. ed. 1. reimp. rev. ampl e atual. Belo Horizonte: Fórum, 2020.

MARTINS-COSTA, Judith. Usucapião de coisa incorpórea: breves notas sobre um velho tema sempre novo. In: TEPEDINO, Gustavo; FACHIN, Luiz Edson (Coords.). O direito e o tempo: embates jurídicos e utopias contemporâneas – Estudos em homenagem ao Professor Ricardo

Pereira Lira. Rio de Janeiro: Renovar, 2008.

MATHUR, Richa; BANDIL, Devesh; PATHAK, Vibhakar. Analyzing Sentiment of Twitter Data using Machine Learning Algorithm. Journal of Inventions in Computer Science and Communication Technology (JICSCT). Índia, v. 4, n. 2, 2018. Disponível em: www.gadlonline.com. Acesso em: 23 abr. 2021.

MATO GROSSO DO SUL. Tribunal de Justiça do Mato Grosso do Sul (1ª Vara do Juizado Especial Central). Processo n. 0001007-27.2013.8.12.0110. Juíza Vania de Paula Arantes, 19 mar. 2013.

MATTELART, Armand. A era da informação: a gênese de uma denominação descontrolada. Tradução de Francisco Rüdiger. Revista FAMECOS. Porto Alegre. n. 15, ago. 2001. Disponível em: https://revistaseletronicas.pucrs.br/ojs/index.php/revistafamecos/article/download/5399/3937. Acesso em: 07 abr. 2021.

MEMINTO. Disponível em: https://meminto.com/. Acesso em: 09 jun. 2021.

MENDES, Laura Schertel Ferreira, FRITZ, Karina Nunes. Case Report: corte alemã reconhece a transmissibilidade da herança digital. Revista Direito Público. Porto Alegre, v. 15, n. 85, 2019 p. 194. Disponível em: https://www.portaldeperiodicos.idp.edu.br/direitopublico/article/view/3383. Acesso em: 07 out. 2019.

MENDONÇA, Marilia. Todos os seus sonhos continuarão sendo realizados! A Inspiração não pode acabar. #mariliamendoncabyoceane. Instagram: @mariliamendoncacantora, 14 dez. 2021. Disponível em: https://www.instagram.com/reel/CXd-aTdDA_w/?utm_source=ig_web_copy_link. Acesso em: 09 mar. 2022.

MENEZES, Joyceane Bezerra de; CIRÍACO, Patrícia K. de Deus. Direito à morte do corpo virtual: (im)possibilidade de um direito à sucessão de bens virtuais existenciais. In: TEIXEIRA, D. C. (Coord.). Arquitetura do Planejamento Sucessório: Tomo III. 3. ed. Belo Horizonte: Fórum,

2022.

MI LEGADO DIGITAL. Disponível em: https://www.milegadodigital.com/. Acesso em: 09 jun. 2021.

MICHAEL Jackson já faturou R$ 11 bilhões de reais depois de morto. L'Officiel, [s. l.], 06 nov. 2020. Hommes. Disponível em: https://www.revistalofficiel.com.br/hommes/como-michael-jackson-ja-faturou-r-11-bilhoes-de-reais-mesmo-depois-de-morto. Acesso em: 11 nov. 2020.

MICROSOFT. Acessar o Outlook.com, o OneDrive e outros serviços da Microsoft quando alguém tiver o falecido. Disponível em: https://support.microsoft.com/pt-br/office/acessar-o-outlook-com-o-onedrive-e-outros-servi%C3%A7os-da-microsoft-quando-algu%C3%A9m-tiver-o-falecido-ebbd2860-917e-4b39-9913-212362da6b2f#:~:text=A%20Microsoft%20deve%20primeiro%20receber,%2C%20Live.com%2C%20Hotmail. Acesso em: 11 fev. 2021.

MILAGRES, Marcelo de Oliveira. Manual de direito das coisas. 1. ed. Belo Horizonte: D'Plácido, 2020.

MINAS GERAIS. Tribunal de Justiça de Minas Gerais (11ª Câmara Cível). Apelação Cível 1.0000.22.028736-1/002. Relatora: Desª. Mônica Libânio, 15 fev. 2023. Diário de Justiça Eletrônico, 15 fev. 2023. Disponível em: https://www5.tjmg.jus.br/jurisprudencia/pesquisaNumeroCNJEspelhoAcordao.do;jsessionid=8B87A5329C339118A244FE195522631E.juri_node2?numeroRegistro=1&totalLinhas=1&linhasPorPagina=10&numeroUnico=1.0000.22.028736-1%2F002&pesquisaNumeroCNJ=Pesquisar. Acesso em: 10 jun. 2023.

MINAS GERAIS. Tribunal de Justiça de Minas Gerais (3ª Câmara Cível). Processo n. 1.0000.21.190675-5/001. Relator: Des. Albergaria Costa, 27 jan. 2022. Disponível em: https://www5.tjmg.jus.br/jurisprudencia/pesquisaNumeroCNJEspelhoAcordao.do;jsessionid=81F6E3E5F13AD3D99D037C2CE9D095B5.juri_node1?numeroR egistro=1&totalLinhas=1&linhasPorPagina=10&numeroUnico=1.0000.21.190675-5%2F001&pesquisaNumeroCNJ=Pesquisar. Acesso em: 30 jan. 2022.

MINAS GERAIS. Tribunal de Justiça de Minas Gerais (Vara Única da Comarca de Pompeu). Processo n. 0023375-92.2017.8.13.0520. Juiz Manoel Jorge de Matos Junior, 08 jun. 2018. Disponível em: https://www.jusbrasil.com.br/processos/161468053/processo-n-00233759220178130520-do-tjmg. Acesso em: 22 maio 2021.

MORENO, César; TOLENTINO, Ana Lúcia. Patrimônio virtual. Migalhas, [s. l.], 16 abr. 2021. Disponível em: https://www.migalhas.com.br/depeso/297189/patrimonio-virtual. Acesso em: 16 abr. 2021.

MOURA, Thaís. Brasil multa Facebook por compartilhamento indevido de dados. Poder 360, [s. l.], 30 dez. 2019. Disponível em: https://www.poder360.com.br/justica/brasil-multa-facebook-por-compartilhamento-indevido-de-dados/. Acesso em: 23 abr. 2021.

MURATORI, Patricia. O impacto do YouTube no Brasil em 2021. Youtube Official Blog – Notícias e Eventos, [s. l.], 31 ago. 2022. Disponível em: https://blog.youtube/intl/pt-br/news-and-events/relatorio-de-impacto-2021/. Acesso em: 15 fev. 2023.

MURPHY, Andrea; TUCKER, Hank. Forbes Global 2000: quais são as maiores empresas do mundo em 2023. Forbes, [s. l.], 09 jun. 2023. Disponível em: https://forbes.com.br/forbes-money/2023/06/forbes-global-2000-quais-sao-as-10-maiores-empresas-do-mundo-em-2023/. Acesso em: 22 jun. 2023.

MY DIGITAL EXECUTOR. Disponível em: http://www.mydigitalexecutor.co.uk/. Acesso em: 09 jun. 2021.

NASCIMENTO, Thamires Oliveira. Herança Digital: O direito da sucessão do acervo digital. 2017. 57 f. Trabalho de Conclusão de Curso (Graduação em Direito) – Universidade Federal do Pernambuco, Centro de Ciências Jurídicas, Recife, 2017. Disponível em:

https://repositorio.ufpe.br/bitstream/123456789/21969/1/Heran%C3%A7a%20Digital.%20O%20direito%20da%20sucess%C3%A3o%20do%20acervo%20digital.pdf. Acesso em: 12 maio 2022.

NATIONAL CONFERENCE OF STATE LEGISLATURES. Access to Digital Assets of Decedents. Washington, 26 mar. 2021. Disponível em: https://www.ncsl.org/research/telecommunications-and-information-technology/access-to-digital-assets-of-decedents.aspx. Acesso em: 17 jun. 2021.

NATIONAL CONFERENCE OF STATE LEGISLATURES. Ind. Code § 29-1-13-1.1. Right of personal representative to access decedent's electronic communications and other digital assets. Disponível em: https://www.ncsl.org/research/telecommunications-and-information-technology/access-to-digital-assets-of-decedents.aspx. Acesso em: 17 jun. 2021.

NEVARES, Ana Luiza Maia. Testamento Virtual: Ponderações sobre a Herança Digital e o Futuro do Testamento. In: TEIXEIRA, Ana Carolina Brochado; LEAL, Lívia Teixeira (Coords.). Herança Digital: Controvérsias e Alternativas. Indaiatuba: Foco, 2021.

NEW features available with iOS 15: iOS 15 Preview. Apple. Disponível em: https://www.apple.com/ios/ios-15-preview/features/. Acesso em: 10 jun. 2021.

NICOCELI, Artur. Como ficam os ativos digitais após morte do proprietário. CNN Brasil Business. São Paulo, 03 abr. 2022. Disponível em: https://www.cnnbrasil.com.br/business/como-ficam-os-ativos-digitais-apos-morte-do-proprietario/. Acesso em: 13 maio 2022.

NINGELISKI, Adriane de Oliveira. Herança digital: uma reflexão acerca da transmissibilidade imediata de contas em redes sociais à luz do direito fundamental à privacidade e intimidade. In: FREITAS, R. S.; LANNES, Y. N. da C.; SILVA, L. G. da. (Coords). Direitos e garantias fundamentais I. V Encontro Virtual do CONPEDI. Florianópolis: CONPEDI, 2022.

O'BRIEN, Matt. Who owns your digital afterlife? The Mercury News, [s. l.], 15 set. 2015. Business. Disponível em: https://www.mercurynews.com/2015/08/28/who-owns-your-digital-afterlife/. Acesso em: 11 nov. 2019.

ÖHMAN, Carl; FLORIDI, Luciano. The Political Economy of Death in the Age of Information: A Critical Approach to the Digital Afterlife Industry. Minds & Machines, [s. l.], set. 2017, v. 27. Disponível em: https://doi.org/10.1007/s11023-017-9445-2. Acesso em: 18 mar. 2020.

OLIVEIRA, Danielle. Perfil de Marília Mendonça ultrapassa 40 milhões de seguidores com comoção após morte. G1 Goiás, [s. l.], 06 nov. 2021. Disponível em: https://g1.globo.com/go/goias/noticia/2021/11/06/perfil-de-marilia-mendonca-ultrapassa-40-milhoes-de-seguidores-com-comocao-apos-morte.ghtml. Acesso em: 09 mar. 2022.

OLIVEIRA, Marcelo. Aumento de seguidores de Gugu reacende debate sobre herança digital. UOL, [s. l.], 2 dez. 2019. Cotidiano. Disponível em: https://noticias.uol.com.br/cotidiano/ultimas-noticias/2019/12/02/aumento-de-seguidores-de-gugu-reacende-debate-sobre-heranca-digital.htm. Acesso em: 30 abr. 2021.

PATTI, Francesco Paolo; BARTOLINI, Francesca. Digital inheritance and *post mortem* data protection: the italian reform. Bocconi Legal Studies Research Paper Series. n. 3397974, jun. 2019. Disponível em: https://ssrn.com/abstract=3397974. Acesso em: 31 out. 2019.

PEREIRA, Caio Mário da Silva. Instituições de Direito Civil. 30. ed. rev. e atual. por Maria Celina Bodin de Moraes. Rio de Janeiro: Forense, 2017, v. 1. E-book.

PEREIRA, Caio Mário da Silva. Instituições de Direito Civil: Direitos Reais. 25. ed. rev. e atual. por Carlos Edison do Rêgo Monteiro Filho. Rio de

Janeiro: Forense, 2017, v. 4. E-book.

PEREIRA, Gustavo Santos Gomes. Herança digital no Brasil: Os impactos de sua proposta de tutela sobre a defesa póstuma dos direitos da personalidade. 2. ed. Rio de Janeiro: Lumen Juris, 2020.

PEREIRA, Lafayette Rodrigues. Direito das Coisas. Brasília: Superior Tribunal de Justiça, 2004, v. 1. Disponível em: http://www2.senado.leg.br/bdsf/handle/id/496209. Acesso em: 30 abr. 2021.

PONTES DE MIRANDA. Tratado de Direito Privado: Parte Especial – Tomo LV – Direito das Sucessões. 3. ed. 2. reimp. São Paulo: RT, 1984.

PRESSE, France. Revolução na arte: primeira obra com certificado NFT da história vai a leilão em Nova York. G1, [s. l.], 07 jun. 2021. Disponível em: https://g1.globo.com/pop-arte/noticia/2021/06/07/revolucao-na-arte-primeira-obra-com-certificado-nft-da-historia-vai-a-leilao-em-nova-york.ghtml. Acesso em: 08 jun. 2021.

PROJETO de lei apresentado na Câmara busca regulamentar herança digital; autora da proposta e especialistas comentam. IBDFAM, [s. l.], 06 maio 2021. Disponível em: https://ibdfam.org.br/noticias/8453. Acesso em: 21 jul. 2021.

QUANTO dinheiro o Facebook ganha com você (e como isso acontece). BBC, [s. l.], 10 nov. 2016. Disponível em: https://www.bbc.com/portuguese/internacional-37898626. Acesso em: 06 out. 2019.

QUEIROZ, Tatiane. Mãe pede na Justiça que Facebook exclua perfil de filha morta em MS. G1, [s. l.], 26 abr. 2013. Mato Grosso do Sul. Disponível no site: http://g1.globo.com/mato-grosso-do-sul/noticia/2013/04/mae-pede-na-justica-que-facebook-exclua-perfil-de-filha-falecida-em-ms.html. Acesso em: 22 maio 2021.

RAZO, Val. Top 11 highly profitable Instagram niches for 2021. Sellfy, [s. l.], 2020. Disponível em: https://blog.sellfy.com/instagram-niches. Acesso em: 19 abr. 2021.

RECUERO, Raquel. Redes Sociais na Internet. Porto Alegre: Sulina, 2009, p.

102.

REDAÇÃO VOGUE. Whoopi Goldberg proíbe produção de holograma após sua morte em testamento. Vogue – Celebridades, [s. l.], 13 jul. 2023. Disponível em: https://vogue.globo.com/celebridades/noticia/2023/07/. Acesso em: 13 jul. 2023.

REINO UNIDO. UK Data Protection Act, 2018. Disponível em: https://www.legislation.gov.uk/ukpga/2018/12/contents/enacted. Acesso em: 15 abr. 2021.

RESTA, Giorgio. La "morte" digitale. Il diritto dell'informazione e dell'informatica. Milão: Giuffrè, a. 29, v. 6, 2014.

RESTA, Giorgio. La successione nei rapporti digitali e la tutela post-mortale dei dati personali. In: AMAYUELAS, Esther Arroyo et al. (Orgs.). Casi controversi in materia di diritto delle successioni: Esperienze straniere. Collana del Dipartimento di Scienze Giuridiche dell'Università di Verona. Napoli: Edizioni Scientifiche Italiane, 2019, v. 2.

RIBEIRO, Desirée Prati. A herança digital e o conflito entre o direito à sucessão dos herdeiros e o direito à privacidade do de cujus. 2016. 52 f. Monografia (Graduação em Direito) – Universidade Federal de Santa Maria, Santa Maria, 2016.

RIVA, Ilaria. L'impatto del Regolamento UE 650/2012 sull'ordinamento italiano. In: SCOLA, Sara; TESCARO, Mauro (Orgs.). Casi controversi in materia di diritto delle successioni: Esperienze italiane. Collana del Dipartimento di Scienze Giuridiche dell'Università di Verona. Napoli: Edizioni Scientifiche Italiane, 2019, v. 1.

RODOTÀ, Stefano. Il diritto di avere diritti. Roma-Bari: Laterza, 2012.

RODRIGUES, Silvio. Direito Civil: parte geral. 34. ed. São Paulo: Saraiva, 2007, v. 1.

ROSA, Conrado Paulino da; BURILLE, Cíntia. A Regulação da Herança Digital: Uma breve análise das experiências espanhola e alemã. In: TEIXEIRA, Ana Carolina Brochado; LEAL, Lívia Teixeira (Coords.).

Herança Digital: Controvérsias e Alternativas. Indaiatuba: Foco, 2021.

SANZI, Júlia. Herança digital e direito sucessório. Valor econômico, [s. l.], 20 ago. 2018. Disponível em: https://valor.globo.com/noticia/2018/08/20/heranca-digital-e-direito-sucessorio.ghtml. Acesso em: 22 maio 2021.

SÃO PAULO. Tribunal de Justiça de São Paulo (8ª Câmara de Direito Privado). Apelação Cível 1021037-74.2021.8.26.0602. Relator: Des. Alexandre Coelho; 30 set. 2022; Data de Registro: 30/09/2022). Diário da Justiça Eletrônico, 30 set. 2022. Disponível em: https://esaj.tjsp.jus.br/cjsg/getArquivo.do?cdAcordao=16102053&cdForo=0. Acesso em: 18 jul. 2023.

SÃO PAULO, Tribunal de Justiça de São Paulo (10ª Vara Cível de Guarulhos). Processo n. 1036531-51.2018.8.26.0224. Juiz Lincoln Andrade de Moura, 27 fev. 2020. Disponível em: https://www.jusbrasil.com.br/processos/208802324/processo-n-1036531-5120188260224-do-tjsp. Acesso em: 20 abr. 2021.

SÃO PAULO. Tribunal de Justiça de São Paulo (14ª Câmara de Direito Privado). Agravo de Instrumento 2127776-80.2022.8.26.0000. Relator: Des. César Zalaf, 27 jul. 2022. Diário da Justiça Eletrônico, 27 jul. 2022. Disponível em: https://esaj.tjsp.jus.br/cjsg/getArquivo.do?cdAcordao=15887966&cdForo=0. Acesso em: 18 jul. 2023.

SÃO PAULO. Tribunal de Justiça de São Paulo (31ª Câmara de Direito Privado). Apelação Cível 1119688-66.2019.8.26.0100. Relator: Des. Francisco Casconi, 30 mar. 2021. Diário da Justiça Eletrônico, 30 mar. 2021. Disponível em: https://esaj.tjsp.jus.br/cjsg/getArquivo.do?cdAcordao=14499526&cdForo=0. Acesso em: 28 abr. 2021.

SÃO PAULO. Tribunal de Justiça de São Paulo (36ª Câmara de Direito Privado). Agravo de Instrumento 2087863-57.2023.8.26.0000. Relator: Des. Arantes Theodoro, 30 maio 2023. Diário de Justiça Eletrônico, 30 maio 20253. Disponível em:

https://esaj.tjsp.jus.br/cjsg/getArquivo.do?cdAcordao=16803554&cdForo=0. Acesso em: 18 jul. 2023.

SARLET, Gabrielle Bezerra Sales. Notas sobre a identidade digital e o problema da herança digital: uma análise jurídica acerca dos limites da proteção póstuma dos direitos da personalidade na internet no ordenamento jurídico brasileiro. In: RODRIGUES JUNIOR, Otavio Luiz (Coord.). Revista de Direito Civil Contemporâneo. São Paulo: Revista dos Tribunais, v. 17, a. 5, out./dez. 2018.

SECURESAFE. About us. Disponível em: https://www.securesafe.com/en/about-us. Acesso em: 09 jun. 2021.

SERVIÇOS digitais: novas regras para um ambiente em linha mais seguro e aberto. Parlamento Europeu, Comunicado de Imprensa, Sessão Plenária [s. l.], 05 jul. 2022. Disponível em: https://www.europarl.europa.eu/news/pt/press-room/20220701IPR34364. Acesso em: 13 jul. 2022.

SILVA, A. de Oliveira da; FRANCO, L. Dutra. Direitos da personalidade e a herança digital: uma análise da defesa póstuma dos direitos personalíssimos face a sociedade digital. Revista Vianna Sapiens. Juiz de Fora, v. 13, n. 1, 2022. Disponível em: https://viannasapiens.emnuvens.com.br/revista/article/view/782. Acesso em: 28 jun. 2022.

SILVA, Mariana Maria. Com quase 5 milhões, Brasil é o 2º país com mais investidores de NFTs e sai na frente de EUA e China. Exame, [s. l.], 14 jun. 2022. Disponível em: https://exame.com/future-of-money/com-quase-5-milhoes-brasil-e-o-2o-pais-com-mais-investidores-de-nfts-e-sai-na-frente-de-eua-e-china/. Acesso em: 12 jul. 2022.

SILVA, Raquel Torres de Brito; DIAS, Clara Angélica Gonçalves Cavalcanti. Herança digital: a reverberação de uma neófita realidade no ordenamento jurídico pátrio. Revista Direitos Fundamentais & Democracia. Curitiba, v. 26, n. 1, jan./abr. 2021. Disponível em: https://dspace.almg.gov.br/handle/11037/40466. Acesso em: 30 nov.

2022.

SOARES, Rebeca. Meme mais caro do mundo: Doge é vendido como NFT por R$ 20 mi. Estadão – Comportamento. São Paulo, 17 jun. 2021. Disponível em: https://einvestidor.estadao.com.br/comportamento/meme-mais-caro-do-mundo. Acesso em: 17 jun. 2021.

SPENDING on cloud computing hits $42 bn worldwide: tracker. Techxplore, [s. l.], 30 abr. 2021. Business. Disponível em: https://techxplore.com/news/2021-04-cloud-bn-worldwide-tracker.html. Acesso em: 03 maio 2021.

STOCCO, Gabriela; SOMAN, Márcia. Empresas cuidam de "legado digital" e oferecem até postagens depois da morte. Folha de São Paulo. São Paulo, 06 dez. 2015. Negócios. Disponível em: http://classificados.folha.uol.com.br/negocios/2015/12/1715154-empresas-cuidam-de-legado-digital-e-oferecem-ate-postagens-depois-da-morte.shtml. Acesso em: 09 jun. 2021.

STOLZE, Pablo; MORAES, Rodrigo. Direito de Imagem Após a Morte: O Vácuo Normativo e a sua Perspectiva Patrimonial. O Civilista, [s. l.], 31 jan. 2023. Disponível em: https://ocivilista.com.br/2023/01/31/. Acesso em: 13 jul. 2023.

TARTUCE, Flávio. Herança digital e sucessão legítima: primeiras reflexões. Revista Jurídica Luso-Brasileira, a. 5, n. 1, 2019. Disponível em: http://www.cidp.pt/revistas/rjlb/2019/1/2019_01_0871_0878.pdf. Acesso em: 03 out. 2019.

TEIXEIRA, Ana Carolina Brochado; KONDER, Carlos Nelson. O enquadramento dos bens digitais sob o perfil funcional das situações jurídicas. In: TEIXEIRA, Ana Carolina Brochado; LEAL, Lívia Teixeira (Coords.). Herança Digital: Controvérsias e Alternativas. Indaiatuba: Foco, 2021.

TEIXEIRA, Ana Carolina Brochado; LEAL, Lívia Teixeira. Tutela Jurídica dos Bens Digitais ante os regimes de bens comunheiros. In: EHRHARDT JÚNIOR, Marcos; CATALAN, Marcos; MALHEIROS,

Paulo (Coords.). Direito Civil e Tecnologia. Belo Horizonte: Editora Fórum, 2020.

TEIXEIRA, Daniele Chaves (Coord.). Arquitetura do planejamento sucessório: Tomo II. 2. ed. 1. reimp. rev. ampl e atual. Belo Horizonte: Fórum, 2020.

TERRA, Aline de Miranda Valverde; OLIVA, Milena Donato; MEDON, Filipe. Acervo Digital: controvérsias quanto à sucessão causa mortis. In: TEIXEIRA, A. C. B.; LEAL, L. T. (Coords.) Herança Digital: Controvérsias e Alternativas. Indaiatuba: Ed. Foco, 2021.

TERRA, Aline de Miranda Valverde; OLIVA, Milena Donato; MEDON, Filipe. Aspectos controvertidos sobre herança digital: Análise da apelação cível 1119688-66.2019.8.26.0100 do TJ/SP. Migalhas, [s. l.], 9 abr. 2021. Disponível em: https://www.migalhas.com.br/depeso/343356/aspectos-controvertidos-sobre-heranca-digital. Acesso em: 12 abr. 2021.

TERRA, Aline de Miranda Valverde; OLIVA, Milena Donato; MEDON, Filipe. Herança digital e proteção ao consumidor contra cláusulas abusivas. Revista de Direito do Consumidor, v. 135. p. 335-350. maio/jun. 2021. Disponível em: <http://amvt.com.br/wp-content/uploads/2021/06/Heran%C3%A7a-digital-e-prote%C3%A7%C3%A3o-do-consumidor-contra-cl%C3%A1usulas-abusivas-Terra-Oliva-e-Medon.pdf>. Acesso em: 01 jul. 2021. Versão digital.

THE DIGITAL BEYOND. Disponível em: https://www.thedigitalbeyond.com/. Acesso em: 09 jun. 2021.

TUDO que você precisa saber sobre a monetização do YouTube. Remessa Online, [s. l.], 5 fev. 2020. Disponível em: https://www.remessaonline.com.br/blog. Acesso em: 22 fev. 2021.

UNESCO. Concept of Digital Heritage. Disponível em: https://en.unesco.org/themes/information-preservation/digital-heritage/concept-digital-heritage. Acesso em: 10 out. 2020.

UNIÃO EUROPEIA. Diretiva (UE) 2019/770 do Parlamento Europeu e do

Conselho, de 20 de maio de 2019. Jornal Oficial da União Europeia, 20 maio 2019. Disponível em: https://eur-lex.europa.eu/legal-content/PT/TXT/PDF/?uri=CELEX:32019L0770&from=EN. Acesso em: 14 abr. 2021.

UNIÃO EUROPEIA. Regulamento (UE) 2016/679. Proteção das pessoas singulares no que diz respeito ao tratamento de dados pessoais e à livre circulação desses dados, 27 abr. 2016. Disponível em: https://eur-lex.europa.eu/legal-content/PT/LSU/?uri=celex%3A32016R0679. Acesso em: 10 out. 2019.

UNIFORM LAW COMISSION. Fiduciary Access to Digital Assets Act, 2015. Conn. Gen. Stat. § 45a-334b et seq. Chapter 802b. Disponível em: https://www.cga.ct.gov/current/pub/chap_802b.htm#sec_45a-334b. Acesso em: 17 jun. 2021.

UNIFORM LAW COMISSION. Fiduciary Access to Digital Assets Act, 2015. Revised. Disponível em: https://www.uniformlaws.org/ committees/community-home?CommunityKey=f7237fc4-74c2-4728-81c6-b39a91ecdf22. Acesso em: 17 jun. 2021.

VALADARES, Maria Goreth Macedo; COELHO, Thais Câmara M. Fernandes. Aspectos Processuais Relacionados à Herança Digital. In: TEIXEIRA, Ana Carolina Brochado; LEAL, Lívia Teixeira (Coords.). Herança Digital: Controvérsias e Alternativas. Indaiatuba: Foco, 2021.

VERSIANI, Fernanda Valle. Usufruto de participações societárias: Uma visão de planejamento sucessório em empresas familiares. Belo Horizonte: D'Plácido, 2017.

VOLKSWAGEN DO BRASIL. VW 70 anos – Gerações – VW Brasil., 03 jul. 2023. YouTube: Volkswagen do Brasil. Disponível em: https://www.youtube.com/watch?v=aMl54-kqphE. Acesso em: 12 jul. 2023.

VOYTKO, Lisette. As 13 celebridades mortas mais bem pagas de 2022. Forbes, [s. l.], 31 out. 2022. Disponível em:

https://forbes.com.br/forbeslife/2022/10/as-13-celebridades-mortas-mais-bem-pagas-de-2022/. Acesso em: 12 jul. 2023.

WARWICK, Stephen. Apple ordered to give iCloud access to relatives of deceased person in Austrian court case. iMore, [s. l.], 30 jun. 2020. Disponível em: https://www.imore.com/apple-ordered-give-icloud-access-relatives-deceased-person-austrian-court-case. Acesso em: 25 out. 2020.

WEB DESK. Tom Hanks makes shocking revelation about AI technology in movies. Geo News, [s. l.], 17 maio 2023. Disponível em: https://www.geo.tv/latest/487901. Acesso em: 11 jul. 2023.

WHAT are the most valuable global brands in 2022? Kantar, [s. l.], 15 jun. 2022. Disponível em: https://www.kantar.com/inspiration/brands/. Acesso em: 28 jun. 2022.

WORLD INTELLECTUAL PROPERTY ORGANIZATION. Patent n. WO/2007/010427, 27 jan. 2007. Disponível em: https://bit.ly/2Cp7sjc. Acesso em: 11 jun. 2021.

YOUTUBE. Termos de Serviço. Disponível em: https://www.youtube.com/static?gl=BR&template=terms&hl=pt. Acesso em: 11 fev. 2021.

Marco
Teórico
Editora

Made in United States
Orlando, FL
04 November 2026

90203581R00162